南昌航空大学学术文库
江西省高校人文社会科学研究项目(TY18101)资助

我国体育产业知识产权保护与开发研究

张玉超　著

中国矿业大学出版社
·徐州·

内 容 提 要

本书在国家知识产权战略及《体育产业发展"十三五"规划》的指导下，借鉴体育产业发达国家的体育知识产权管理经验和法律制度，结合我国体育产业知识产权创造、保护、运用及产业发展现状，提出我国体育产业知识产权保护方式及运用策略。对我国体育赛事产业法律保护、奥林匹克知识产权法律保护、体育赛事新媒体转播权法律保护及市场开发、体育用品业知识产权创新机制及对策研究等方面的研究，不仅丰富了我国体育产业理论体系，而且完善了我国体育产业知识产权保护法律体系，为我国体育产业健康可持续发展提供法律支持。

本书可为相关专业人员提供借鉴、参考，也可供广大教师教学和学生学习使用。

图书在版编目(CIP)数据

我国体育产业知识产权保护与开发研究 / 张玉超著. — 徐州 ：中国矿业大学出版社，2020.11

ISBN 978 - 7 - 5646 - 4833 - 6

Ⅰ. ①我… Ⅱ. ①张… Ⅲ. ①体育—知识产权保护—研究—中国 Ⅳ. ①D923.404

中国版本图书馆 CIP 数据核字(2020)第 236731 号

书　　名　我国体育产业知识产权保护与开发研究
著　　者　张玉超
责任编辑　何晓明
出版发行　中国矿业大学出版社有限责任公司
　　　　　　(江苏省徐州市解放南路　邮编 221008)
营销热线　(0516)83884103　83885105
出版服务　(0516)83995789　83884920
网　　址　http://www.cumtp.com　**E-mail**:cumtpvip@cumtp.com
印　　刷　江苏凤凰数码印务有限公司
开　　本　787 mm×1092 mm　1/16　**印张** 11.75　**字数** 210 千字
版次印次　2020 年 11 月第 1 版　2020 年 11 月第 1 次印刷
定　　价　58.00 元

前　言

体育产业是我国新型绿色产业。经核算，2018年，全国体育产业总规模（总产出）为26 579亿元，增加值为10 078亿元，体育产业增加值占国内生产总值的比重达到1.1%。体育产业领域的知识产权主要涉及体育赛事产业的赛事标志、会徽、会歌、会旗、吉祥物、体育赛事节目、体育用品业商标、专利权等，加强体育产业知识产权保护有利于体育产业高质量发展。2019年世界知识产权日主题为“奋力夺金：知识产权和体育”，世界知识产权组织（WIPO）首次将知识产权与体育领域结合，对于促进体育领域的知识产权发展具有重要意义。

体育产业知识产权具有较高的经济价值和竞争力。体育市场竞争日益激烈，而我国体育产业却缺乏相关的知识产权保护制度，企业和群众缺乏知识产权保护意识，造成大量体育赛事标志、转播权、体育赛事节目、体育用品业的商标与专利被侵权，法院判决的滞后性与不一致性导致很多侵权行为不能被及时制止和惩罚，这不仅使企业的积极性受到打击，而且给经济带来严重影响。我国每年都要举办上千场国内外体育赛事，由于我国体育赛事产业知识产权开发力度较弱，大部分体育赛事处于亏损状态。体育赛事转播权购买放开以后，国内很多企业花费巨资竞购国内外体育赛事转播权，由于没有先期较为成熟的盈利模式，很多购买了体育赛事转播权的企业却难以盈利。我国体育用品业国际竞争力的提升需要加大知识产权保护与开发，这不仅可以维护体育用品业合法权益、打击侵权行为，而且可以壮大体育用品业科技研发人员队伍，提高体育用品企业创新能力。我们要大力开发新技术、新产品，不断增加企业拥有自主知识产权的技术和产品数量，从根本上提升体育用品企业的市场竞争力。如何促进我国体育产业知识产权保护与开发，成为当前我国体育产业高质量发展亟待解决的问题。

本书主要围绕以下方面的问题展开研究：

(1) 体育产业知识产权保护与开发的基本理论研究

阐述体育赛事标志、体育赛事转播权、体育赛事节目、体育用品业自主知识产权等基本概念；介绍体育产业发展与知识产权保护的关系；围绕知识产权创造、管理、开发、保护内容及其对体育产业自主创新和竞争力提升所发挥的重要作用，分析体育产业知识产权的保护发展。

(2) 我国体育赛事产业知识产权保护与开发研究

分析欧美国家关于体育赛事标志、体育赛事转播权和体育赛事节目的保护观点、判决案例、法律制度，分析各国对体育赛事标志和体育赛事节目网络保护对策；重点分析我国奥林匹克知识产权保护经验、问题及改进措施；通过分析美国、澳大利亚等国家奥林匹克知识产权保护制度，结合中国奥林匹克知识产权保护现状，提出我国体育赛事产业的法律保护体系。分析国内外体育赛事转播权、体育赛事节目的法律性质、权利归属、保护方式、侵权形式、救济措施，提出我国体育赛事转播权法律保护策略；结合我国体育产业发展的宏观背景、现状与问题，提出多元化的体育赛事转播权法律保护体系。分析我国大型体育赛事知识产权开发模式、我国体育赛事新媒体转播权及体育赛事节目市场开发模式，分析美国 ESPN(Entertainment and Sports Programs Network，娱乐与体育电视网)市场开发模式及启示。

(3) 我国体育用品业自主知识产权形成机制研究

分析国际体育产业发达国家体育用品业自主知识产权发展经验，结合我国体育产业相关政策和制度，提出我国体育用品业知识产权形成机制及评价体系。

在国家知识产权战略及《体育产业发展“十三五”规划》的指导下，借鉴体育产业发达国家的体育知识产权管理经验和法律制度，结合我国体育产业知识产权创造、保护、运用及产业发展现状，提出我国体育产业知识产权保护方式及运用策略。研究体育赛事产业知识产权保护与体育用品业自主知识产权形成机制、发展路径、存在问题、影响因素、市场开发等问题，对国内外体育产业知识产权研究动态比较分析，总结经验，查找不足，对推动体育产业知识产权保护与开发及自主知识产权形成机制具有理论指导意义。

本书既丰富了我国体育产业理论体系，又完善了我国体育产业知识产权法律保护体系，为我国体育产业健康可持续发展提供法律支持。

本书在2016年教育部人文社科基金和2018年江西省高校人文社科研究项目的基础上进行修改完善，书稿出版得到了南昌航空大学学术文库的大力支持，也得到了董样社、李长鑫、张颜颜、刘晓雯、吴春艳等研究生的鼎力帮助，在此表示感谢！本书还存在诸多不足之处，恳请读者批评指正。

著　者

2020年7月

目　录

第1章 绪 论

1.1 选题依据

1.1.1 研究背景

(1) 知识产权成为各国创新发展的核心组成部分

在知识经济时代,各国开始将知识产权列为国家战略和提升国际竞争力的核心组成部分。我国经济发展已进入新常态,发展的动力即为创新,知识产权成为创新发展的制度支撑和法律保障。新一轮科技革命和产业变革蓬勃兴起,与我国加快转变经济发展方式形成历史性交汇。国务院于 2016 年印发了《"十三五"国家知识产权保护和运用规划》,明确提出"十三五"知识产权工作的发展目标和主要任务,对全国知识产权工作进行了全面部署。鉴于我国当前的品牌发展落后于经济发展、产品核心技术不高、缺乏创新等问题的存在,经国务院批准,自 2017 年起将每年的 5 月 10 日设立为"中国品牌日",以引领品牌发展建设,体现了国家对品牌建设的高度重视和实施品牌战略的坚定决心。

(2) 体育赛事产业是我国体育产业的核心产业

体育产业的发展历程,是一个体育运动逐渐商业化、职业化并与其他行业融合的过程。党的十一届三中全会之后,我国体育产业实践活动开始起步。以此为起点,我国体育产业的发展历程由三个阶段构成:1978—1992 年的萌芽阶段、1992—2001 年的探索阶段和 2001 年至今的发展阶段。体育产业作为一个新兴的朝阳产业,在改革开放之后尤其是在 2001 年我国取得奥运会举办权之后,取得了举世瞩目的发展。根据未来学大师托夫勒的理论,人类经济发展的历史表现主要包括产品经济、服务经济和体验经济三个时代。因此,可以根据人类经济的发展阶段将体育产业划分为体育产品业、体育服务业以及体育体验业。三者之间是建立在经济的基础上逐渐递增的等级关系，体育物质产品的生产和经营属于体育产品业；体育产业的中级阶段是体育服务业，主要由体育竞赛表演、健身娱乐和咨询培训等产业构成，体育服务业是采用劳资方式通过向社会提供各种各样的体育服务来获取经济效益的行业；而体育产业的高级阶段则是体育体验业，是通过体育旅游、健身、休闲等活动方式给社会提供直接参与体育活动的机会，满足人们在体育活动中进行身心体验，并获得乐趣的体验式产业。同时，作为体育产业的主体和支柱，体育赛事产业对其他体育产业的发展起到了引导作用。我国体育产业发展极不平衡，体育用品业为体育产业总产值的重头，而体育本体产业亟待开发。受制于固有产业格局，体育产业本体产业发展严重滞后，传统体育产业中的体育竞赛表演业、体育场馆运营业以及健身娱乐休闲业有巨大前景。为了能够更加有效地提高我国体育产业产值，在保持体育制造业的基础上，我国体育赛事产业应进一步开发。

体育赛事产业作为体育产业的核心产业，它的发展将会带动我国体育产业快速和良性发展。我国每年会举办上千场次的体育赛事，而举办体育赛事需要大量的人力、物力和财力作为支撑，在此过程中必然会涉及有关体育赛事产业的法律保障问题。为了进一步加快体育产业发展的进程，提高体育消费水平，国务院在 2014 年发布了《国务院关于加快发展体育产业促进体育消费的若干意见》(国发〔2014〕46 号)，为体育产业发展过程中出现的规模较小、活力不足以及相关体制问题提供了解决的可能。我国体育产业的发展目标是：到 2025 年，基本建立布局合理、功能完善、门类齐全的体育产业体系，体育产品和服务更加丰富，市场机制不断完善，消费需求愈加旺盛，对其他产业带动作用明显提升，体育产业总规模超过 5 万亿元，成为推动经济社会持续发展的重要力量。为了落实《国务院关于加快发展体育产业促进体育消费的若干意见》，国家体育总局发布了《体育总局关于推进体育赛事审批制度改革的若干意见》(体改字〔2014〕124 号)，鼓励社会承办体育赛事，调动企业、观众和赛事组织者参与体育赛事的积极性。

(3) 体育用品业是我国体育产业重要的组成部分

我国体育产业在“十二五”期间取得了较大的进展，体育产业规模逐步扩大。随着知识经济的迅猛发展，知识财产已远远超过了物质财产而成为重要的财产形态，体育产业的市场化、社会化、信息化和国际化发展速度日益提高，知识产权在体育产业中的作用日渐凸显。现代体育产业的发展处处体现着科技与创新，知识产权开始大量涌现。人们逐渐意识到，体育除了能够在竞技赛场上为国家赢得荣誉外，也在我国经济发展过程中发挥着重要的作用，为国家的经济建设贡献力量。当下全民参与健身的热潮及国内外大小型体育赛事举办次数的日趋增多等为体育用品业的发展打下了良好的基础，提供了更加广阔的发展空间。

(4) 知识产权创新机制形成将成为我国体育用品业发展的重要战略

在实施《国家知识产权战略纲要》《体育产业发展"十三五"规划》的背景下，要打破体育用品业仅局限于生产、制造环节的现状，提高关键技术和产品的自主创新能力，重视对知识产权的运用和保护等，为体育用品业拓展更为广阔的天地。重点发展体育用品业，按照"品牌引领、科技支撑、融入时尚、提升层级"的思路，以科技创新引领体育用品制造销售业转型升级，着力培育一批具有本土优势和较强竞争力的龙头企业以及专业化中小企业。在体育用品业发展道路上大力推进体育用品智能化生产、品牌营销，鼓励打造智能化工厂和数字化生产车间，坚持培养智能制造的龙头企业及创新团队，努力建设一批体育用品制造基地和体育用品制造特色乡镇，引导体育用品企业由制造加工型向研发型转变。

1.1.2 研究理论价值与实践价值

(1) 理论价值

要在国家知识产权战略及《体育产业发展"十三五"规划》的指导下，借鉴体育产业发达国家的体育产业知识产权管理经验和法律制度，结合我国体育产业知识产权创造、保护、运用及产业发展现状，提出我国体育产业知识产权保护方式及运用策略，通过对体育赛事转播权、体育赛事节目法律性质、权利归属、保护模式、政策制度、体育用品业品牌建设及专利申请等方面研究，丰富我国体育产业理论体系，完善我国体育产业知识产权保护法律体系，为我国体育产业健康可持续发展提供法律支持。体育产业知识产权具有较高的经济价值和竞争力，但是随着市场竞争的日益激烈，体育用品企业因缺乏知识产权保护意识，而造成大量的商标与专利难以得到合法运用和保障。本书通过研究体育用品业自主知识产权形成机制存在的问题，总结经验，查找不足，以期推动体育用品业知识产权形成机制快速发展。

(2) 实践价值

本书对科学制定体育产业知识产权战略，出台体育产业发展政策制度，推动体育产业自主创新及产业发展具有参考意义。从宏观调控、市场规制、利益平衡及可持续发展等理论和实证角度分析我国体育企业在体育产业全球化激烈竞争的背景下如何生存，如何充分利用知识产权制度培育我国体育产业创新主体，为其参与体育产业自主研发及市场化应用提供知识产权保护。全面分析体育用品业自主知识产权发展现状，总结体育用品业自主知识产权发展过程中存在的问题，通过现状及问题研究，较为详细地分析了体育用品业自主知识产权机制形成的整体过程，为政府、体育用品企业相关政策的制定和实施提供参考，对于促进体育用品业创新升级、健全发展具有较大的促进作用，同时能为体育用品业自主知识产权的发展提供借鉴。体育赛事产业的发展主要依靠体育赛事标志及体育赛事转播权的法律保护，我国体育赛事标志保护比较成功，成功举办了2008年北京奥运会，国务院专门为此出台了《奥林匹克标志保护条例》等一系列的法律法规，各行政执法部门积极介入，对奥林匹克标志保护力度较大。然而，对于体育赛事转播权的保护，尤其是对于体育赛事节目的法律保护缺乏相关法律法规，因此出现了许多侵权现象和侵权纠纷，法院判决也不一致，给体育赛事转播权的权利人利益带来了极大损害。随着体育赛事转播权竞购放开，体育赛事转播权转让价格日益上升，由于没有先期成熟的盈利模式，购买了体育赛事节目的企业依然难以盈利。通过本书，可了解国内外体育赛事节目开发模式，汲取成功经验，为我国体育赛事产业健康发展尽绵薄之力。

1.1.3 文献综述

1.1.3.1 国内研究现状

(1) 体育赛事产业的研究

王美等(2005)在《体育赛事法律问题初探》一文中通过对现阶段我国体育赛事概念的界定、分类及其在运作过程中出现的法律问题进行研究，得出我国现阶段体育赛事方面存在的法律问题主要有：体育法律的缺陷，适应当前社会发展形势需求的新的法律缺位以及相应的法律组织、法律手段的缺位或缺陷。为此，本书从关于体育赛事的法律立法的全面性、体育法律组织的建立和完善以及法律手段方面，提出立法(全面立法)和完善现有的法律、建立体育调解制度、尽快建立和完善体育法律组织、提高体育赛事组织和管理者的法律素质等各项措施。

公健(2011)在《我国体育产业法律制度研究》一文中从体育产业的发展历程、法律问题分析和俱乐部的法律地位三个方面对我国职业体育产业法律制度进行研究，并提出应建立适应竞技体育市场化需求的体育法制、加强职业体育俱乐部立法、完善体育纠纷解决机制的制度支持。

姬建忠(2014)在《基于资源视角的济南市体育赛事产业的发展研究》一文中对体育赛事及其产业定义、体育赛事进行分类研究，从体育赛事产业的现状、存在问题方面进行分析，并提出相应建议。

房晓勇(2009)在《上海体育赛事产业核心竞争力的研究》一文中从体育赛事产品的特点，产业的形成、概念和地位，产业市场结构、供给方式以及体育联盟的重要性等几个方面出发，诠释了体育赛事产业的具体内容，突出了体育赛事产业的核心竞争力。

综上所述，学者们从不同的侧重点对体育赛事产业进行研究，均涉及体育赛事产业概述内容，主要从体育赛事产业的定义、发展历程、分类、影响等几个方面进行概述。通过这些研究结果，发现体育赛事产业界定不够全面，涵盖度欠缺。

(2) 体育赛事转播权的研究

张玉超等(2014)在《体育赛事转播权的法律属性研究》一文中对国内外体育赛事转播权法律性质界定存在的赛场准入权说、娱乐服务提供说、企业权利说和商品化权说等观点进行分析，得出"体育赛事转播权法律性质的多学说论和各类法律权利的交叉使得赛事转播权的归属存在着不确定性。为明确体育赛事转播权法律性质及其权利归属，需要对体育赛事转播权和体育赛事节目分开讨论，它们是两种不同性质且容易混淆的权利，两者权利归属不相同，法律保护方式有区别"的结论。另外，张玉超(2013)在《体育赛事转播权法律性质及权利归属》一文中也提到相关问题，并针对体育赛事转播权法律性质进行分析研究，认为体育赛事转播权应分成直播权意义上的转播权和字面意义上的转播权两个部分，前者是体育组织拥有的转播权，它是一种商品化权，受合同法保护；后者是电视台和新媒体机构拥有的转播权，它是一种广播组织权，受著作权法等法律法规保护。

陈锋(2010)在《体育赛事转播的法律问题》一文中主要研究了赛事转播权的法律性质、权利归属和保护问题，体育赛事转播权商业开发的反垄断问题，体育赛事转播行为的法律规制问题；最后从体育赛事转播权保护法律规范体系、体育赛事转播权商业开发反垄断法的适用和体育赛事转播行为法律规制等角度进行思考，阐述了我国立法和法律适用方面存在的不足，提出了完善我国法律制度的建议。常保荣等(2015)在《论体育赛事转播权法律问题及其保护》一文中针对我国体育赛事转播的特点，重点分析了我国体育赛事转播权的法律性质，指出了我国体育赛事转播中客观存在的问题；从现阶段我国体育赛事转播权所存在的法律问题出发，提出了健全和完善我国体育赛事转播权法律体系、加强体育赛事转播权法律的执行力的必要性，并提出了如何更好地对我国体育赛事转播权进行相关法律保护，从而为我国体育事业的发展提供相应参考。

转播权侵权方面，张志伟(2013)在《体育赛事转播权法律性质研究：侵权法权益区分的视角》一文中主要针对侵权法权益进行区分，将体育赛事转播权定性为侵权法意义上的权利，既能满足理论上的逻辑要求，又符合我国侵权法司法实践的方向；根据侵权法中的权益区分理论，体育赛事转播权虽不是法定权利，但属于侵权法意义上的权利，侵权法可对其提供原则保护而非例外保护，当遭到侵害时，根据过错责任原则确定侵权责任。张新萍(2013)在《体育赛事新媒体转播中侵权行为及法律规制》一文中也指出，在体育赛事的新媒体转播中，新技术的日新月异使相关法律规制相对滞后，侵权现象频发，法律纠纷数量剧增，其中既有传统问题，如转播权出售中的垄断与竞争，更多的则是涉及网络环境中的版权侵权；通过对国内外相关法律条文和若干案例的评析，对体育赛事新媒体转播权的界定、转播中侵权行为性质的认定逐一进行阐释，为促进体育赛事新媒体转播的有序发展提供借鉴。

以上学者主要以体育赛事转播权为研究方向，分析体育赛事转播权的性质、权利归属、侵权行为等方面的内容，发现存在的问题并提出相应的措施或建议。通过众多学者对体育赛事转播权的研究可知，体育赛事转播权方面存在的法律问题较多，由于我国没有专门的法律对其进行约束，而使体育赛事转播权侵权现象较多。

(3) 体育赛事标志的研究

余其刚等(2007)在《我国保护奥林匹克标志的局限性及法律对策》一文中以奥林匹克标志和赛事标志为基础，指出我国奥林匹克标志法律保护的局限性，表现为专门法上的疏漏，专门法与国际法、普通法的衔接不流畅，法理上的冲突使赛事标志保护的理论有待完善，执法成本控制不足造成政府资源和司法的浪费等；提出借鉴国外的先进经验和立法技术，对赛事标志权的保护做进一步明晰规范，增强执法的可操作性的对策；提出完善我国赛事标志权保护体系的构想。

柴晓亮(2011)在《特殊标志的知识产权研究：兼评〈特殊标志管理条例〉》一文中以《特殊标志管理条例》为基准，对特殊标志的概念、权利属性等内容加以概述，分析了特殊标志的保护模式及市场化模式，进而从管理制度和使用制度两个方面提出修改建议。

综上所述，这些学者从不同的角度对体育赛事标志进行研究，为体育赛事标志的保护提供了借鉴。体育赛事标志尤其是奥运会标志受到了很好的法律保护，但是其他的体育赛事标志却没有受到很好的法律保护。目前对这方面进行法律保护研究的文献较少，需要进行进一步的研究以保障体育赛事标志健康发展。

(4) 体育赛事其他方面的法律研究

黄海峰(2009)在《大型体育赛事风险管理研究》一文中从赛事组织者角度出发，依据风险管理程序，对大型体育赛事运作中面临的风险因素进行风险分类、风险识别、风险评估分析、风险应对等环节的理论研究，并将部分研究内容的理论、方法运用到实证研究中。通过对郑汴国际马拉松赛的定性、定量研究，以期人们对大型体育赛事风险管理的程序、方法有更进一步的了解。

向会英等(2011)在《大型体育赛事体育暴力的法律规制》一文中从竞赛暴力和观众暴力两个层面对体育暴力的法律规制进行探讨，提出对竞赛暴力进行行业内部处罚，适当追究民事责任和刑事责任，同时提出在进行刑法干预时要谨慎，并根据现实情况提出了完善相关法律的建议。

王霖(2011)在《虚拟空间体育赛事隐性营销行为之法律问题研究》一文中从我国网络体育赛事隐性营销行为的概念、典型表现形式出发，剖析其行为的法律适用，评析现行相关立法规制的不足，并提出完善现行相关法律法规、构建与虚拟空间体育赛事隐性营销行为相适应的法律体系，尽快出台网络体育赛事隐性营销行为法律适用的司法解释，加大反网络体育赛事隐性营销行为的监管力度，强化知识产权保护意识的建议。

胡永南等(2011)在《我国体育赛事合同特点与法律适用研究》一文中分析了体育赛事合同的特点和法律适用，提出赛事合同具有无名、双务有偿、主体特殊、内容丰富等特点，并提出适用的法律规范，对体育赛事合同的完善和适用具有一定的参考意义。

钱雪芹(2014)在《我国体育赛事门票纠纷的成因分析及其规制》一文中分析了我国体育赛事门票纠纷的成因，并认为通过完善我国体育赛事法律法规，加强法律对体育赛事门票市场的干预，实行门票生产、销售、运营的规范化和程序化，清晰界定法律适用于体育赛事门票纠纷边界，加强司法对纠纷案件判罚的公正力和执行力等措施，可以有效维护我国体育赛事门票市场的健康发展。

以上学者分别从体育赛事的风险、体育暴力、营销、合同、门票等方面对体育赛事进行研究，以保障体育赛事健康稳定的发展。通过多方面、多角度对体育赛事产业进行研究，说明体育赛事涉及面较广，研究方向涉及各个方面。

(5) 关于体育用品业发展现状的研究

孔令夷(2013)在《我国体育用品业发展现状、特征及趋势预测》一文中对体育产业相关概念及我国体育用品业现状进行分析，全面概述了中国体育产业及细分的体育用品业增加值、产值及销售额的快速增长，剖析了该产业企业数量庞大、集中度低、开放程度高、产品标准化程度低等特征，对我国体育用品进出口贸易进行实证分析，阐释内外资企业的各自优劣势，对该产业进行展望，并认为该产业将有高速发展、重组进程加快、自力更生创新能力增强、全球范围竞争合作、高端化发展的五大趋势，最后预测了未来体育用品市场需求。

李世笑(2015)在《我国体育用品业发展现状分析：以李宁公司为例》一文中认为我国体育用品业经过黄金 20 年的发展，受到经济增速放缓的影响，已进入了调整洗牌期。李宁公司作为曾经的本土第一体育用品公司，却面临着 2013—2015 年连续三年亏损的困境。文中对李宁公司的经营现状进行了总结，运用 PEST(Politics，Economy，Society，Technology)分析方法分析了李宁公司面临的外部困境，从市场营销、渠道拓展、产品生产方面归纳总结出了李宁公司面临的内部困境。在以上分析的基础上，就李宁公司如何应对当前困境提出建议。

王大贵(2010)在《我国体育用品业的发展瓶颈及其可持续发展路径研究》一文中对我国体育用品业的发展现状进行研究。研究结果表明，我国体育用品业总体发展势头良好，但我国体育用品企业创新能力不强，自有品牌在整体上与国际著名品牌相比还存在很大差距，体育用品的标准化体系还不完善，多数体育用品企业不能积极主动承担社会责任，而且不善于承担社会责任。在此基础上，提出我国体育用品业可持续发展战略，为我国体育用品业的战略规划提供科学的决策依据。

窦洁洁(2016)在《我国体育用品业的发展现状及市场前景分析》一文中采用文献资料法、对比分析法、逻辑分析法和数理统计法对我国体育用品业的发展历程、经济运行现状、品牌现状进行了分析，同时从 GDP 总量、进出口情况、居民收入和消费情况等方面进行了市场格局分析，认为在当前复杂的经济环境背景下，我国体育用品业面临着拥有庞大市场需求、雄厚产业基础的优势和技术落后、缺乏创新型人才的劣势，指出了体育产业的发展应当充分把握赛事全球化、企业国际化和市场需求带来的机遇，同时也要应对劳动力比较优势和全球化发展带来的挑战。最后从体育用品业的发展进程、发展路线和经营模式对未来体育用品业的发展方向和趋势进行了预测分析。

(6) 关于体育用品业品牌的研究

吕永飞等(2012)在《我国体育用品业品牌营销探析》一文中认为随着我国社会经济的快速发展,体育用品业作为体育产业中最具产业规模的基础产业,获得了广阔的发展前景,从我国体育用品业推行品牌营销的必要性进行分析,阐述了我国体育用品行业的现状及体育用品品牌营销过程中存在的问题,并在此基础上深入探讨了我国体育用品业的品牌营销策略。

孙义良(2010)在《我国体育产业品牌发展战略研究:基于体育用品业自主知识产权创新的实证分析》一文中首先在技术创新方面分析了我国体育产业品牌发展的战略环境,对我国体育用品业品牌发展战略进行了 SWOT 分析,认为我国体育产业要想走品牌之路,必须转换发展思路与模式,重视企业自主知识产权。在此基础上,阐述了体育企业品牌发展战略并构建了企业绩效评价模型。

郭惠杰等(2012)在《基于 AHP-SWOT 的产业集群区域品牌战略研究:以江浙地区体育用品业为例》一文中运用定性与定量结合的 AHP-SWOT 为基本分析框架,对江苏、浙江地区体育用品产业集群区域品牌发展的战略优势与劣势、机会与威胁进行识别,进而运用 AHP 层次分析法对 SWOT 因素进行定量测度。研究结果表明,江浙地区体育用品产业集群区域品牌发展战略 SWOT 影响程度为:W(劣势)>O(机遇)>S(优势)>T(威胁)。最后,针对性地提出相应的发展策略。

顾立骏(2010)在《论我国体育用品业的品牌营销》一文中阐述了我国体育用品企业进行品牌建设的紧迫性和必要性,从品牌文化是体育用品品牌的核心资源出发,说明实施体育品牌战略能够加强我国体育品牌的国际竞争能力,促进我国对外贸易的发展,振兴体育产业。

王景丽(2007)在《我国体育用品业品牌化运营中存在的问题分析》一文中剖析了我国体育用品行业内品牌运营中存在的问题,认为我国与国外体育用品的强势品牌相比,本土企业的品牌管理还处在初级阶段,要充分借鉴国外大公司在品牌管理方面的成功经验,并结合自身实际,大力加强品牌管理的创新。只有这样,才能不断提高本土体育用品品牌的影响力,逐步缩小与国外著名品牌之间的差距。

江亮(2016)在《"品类定位"视域下中国体育用品业品牌打造路径研究》一文中以体育用品业为研究对象,以"品类定位"为视角,运用文献资料法、专家访谈法、逻辑分析等方法进行研究,提出我国体育用品业品类打造路径包括三个步骤:首先,把握趋势,从科技创新、运动项目特征和消费者特点出发开创新品类；其次，以新品类为主体，实施聚焦，形成细分市场；最后，借鉴品类营销理念和优化营销方法提高传播效用，占据消费者心智阶梯。

庄志勇等(2007)在《提升我国体育用品业品牌竞争力的战略思考：以福建泉州为例》一文中结合实际阐述了品牌竞争力的内涵，对当时我国体育用品业品牌竞争力现状进行了调查分析，并以福建省泉州市体育用品业为例进行研究，认为我国必须积极实施品牌战略，认真思考寻找提升品牌竞争力的有效途径，并对如何提升我国体育用品品牌的竞争力提出了具体建议。

(7) 关于体育用品业竞争力的研究

朱允卫等(2008)在《体育用品业的自主创新能力研究》一文中对我国体育用品业的发展现状进行了阐述，认为我国体育用品业正面临着严峻的挑战，迫切需要提高企业和整个行业的自主创新能力，通过企业的自主创新培育世界知名体育用品品牌，只有这样，才能逐步提高我国体育用品业在国际产业分工中的地位，实现整个体育用品产业的可持续发展。

何冰等(2007)在《中国体育用品业国际竞争力的理论与实证研究》一文中认为我国体育用品生产和经营的国际化是行业发展的必然趋势，越来越多的世界名牌体育用品进入我国市场，使我国体育用品业面临严峻挑战。国内各体育用品企业应审时度势，积极抓住机会，努力提高民族体育用品品牌的质量和国际知名度，提升中国体育用品业的国际竞争力水平。

闵健等(2010)在《提升我国体育用品业自主创新能力的对策与建议》一文中以科学发展观和建设创新型国家的重大战略为指导，采用规范分析法专题研究了我国体育用品业的自主创新问题，探索提升体育用品业竞争力的路径，并为体育用品业的健康、协调、可持续发展提供新的思路和方法。

杜海超等(2011)在《我国体育用品业自主创新能力障碍因素研究》一文中对我国体育用品业自主创新能力进行研究，对影响我国体育用品自主创新能力的障碍因素进行系统分析，找出其成因，进而提出提高我国体育用品业自主创新能力的发展对策，提出了一些对我国体育用品业自主创新有益的建议，以期给国内体育用品业以借鉴，促进我国体育用品业又好又快发展。

(8) 关于体育用品业专利的研究

周召勇等(2017)在《体育用品上市企业的专利竞争力研究》一文中采用文献资料法等方法基于新的专利竞争力评价模型，对国内外体育用品上市企业的中国专利竞争力进行研究。他们认为，企业专利竞争力是企业利用专利这一特殊资源持续获取竞争优势的能力，建议国内企业重视研发，协调提高三种专利的数量和质量，提升专利的整体竞争力。

宋亚刚(2017)在《基于专利视角的我国体育用品企业技术创新能力评价研究》一文中对体育用品企业的概念进行了界定。综合运用文献资料法、专利信息分析法、对比分析法、访谈法、数理统计法及专家打分法等方法开展研究，认为技术创新引领行业发展是未来我国体育用品企业健康、快速发展的必然趋势，对我国体育用品企业技术创新能力水平进行了客观、科学的测度，认为制约我国体育用品企业技术创新能力快速提升的因素是多方面的。

(9) 关于体育用品业知识产权制度的研究

张玉超(2014)在《我国体育知识产权的基本法律问题研究》一文中采用文献资料法、逻辑思维等方法分析了体育知识产权的概念、主体、客体、法律特征、运用方式、未来发展走向等基本理论问题，对体育知识产权概念进行了界定，认为知识产权是经济发展的战略资源，自主知识产权是提升我国企业竞争力的核心。体育产业是经济发展的重要产业和朝阳产业，体育知识产权将成为我国体育产业发展过程中的战略资源。

1.1.3.2 国外研究现状

(1) 体育标志权

《保护奥林匹克会徽内罗毕条约》是国际上最早用于保护体育标志的国际条约，其仅用于保护奥运五环标志。国际奥委会在《奥林匹克宪章》中详细规定了保护奥林匹克知识产权的条款，而且还要签署奥林匹克运动会主办城市合同，要求政府承诺加强奥林匹克知识产权保护。对奥林匹克标志进行立法保护的国家有美国、澳大利亚、希腊、英国、中国等国家。澳大利亚是世界上第一个为奥林匹克运动专门立法的国家，对所有与奥林匹克有关的标志全部加以保护。美国法律为体育标志提供了有力的保护依据，美国的体育标志大体上都适用于美国商标法的保护范畴，美国商标法保护的前提是体育标志要注册成为商标，对于未注册为商标的体育标志，美国一些州的法律中也有相关的条款进行保护。英国法律规定奥林匹克标志权远远大于商标权，对奥林匹克标志的保护期限并不局限于举办奥运会期间。

(2) 体育赛事转播权

体育赛事转播权早已成为欧美国家体育赛事产业收入的支柱，现代奥运会市场开发的收入超过半数来自转播权的开发，对体育赛事转播权的认定经历了赛场准入权说、娱乐服务提供说、企业权利说等观点。英美法系国家对体育赛事节目的创新程度要求较低，对于体育赛事节目均以视听作品和广播节目的形式加以著作权法保护。美国国会 1976 年通过的版权法规定："职业体育联盟比赛的电视节目可以享受联邦政府的版权保护。"这为体育赛事节目享受版权保护提供了相关依据。英国 1988 年颁布了《版权、设计和专利法案》,其中第一部分“版权”中规定作品的形态包括“录音、电影、广播和有线节目”。国外学者从 20 世纪就开始关注转播权的交易问题。在研究过程中,不同的学者关注的问题主要集中于体育转播权的产权归属以及体育赛事转播权的开发及利润分配。学者们多采用实证分析的方法,即对具体案例的具体问题进行分析研究,结合经济学领域中的不完全竞争、供给需求等理论对转播权交易问题进行深入的分析和探讨。

在国外研究中,有学者对体育赛事转播权的营销方式展开研究,如 Falconieri 等(2004)在 *Collective versus individual sale of television rights in league sports* 一文中用经济模型分析了足球联赛转播权两种不同的销售模式——联合销售和单独销售,并提出在大型体育联盟中分售模式会带来更大经济利益。随着技术的跨越式发展及新媒体的出现,很多学者开始关注科技的发展对新媒体转播权开发的影响,如特纳探讨了科技对转播权营销的影响,他提出新媒体的出现为数字媒体转播权的产生、发展提供了契机;Evens 等(2011)在 *Watching the football game:broadcasting rights for the European digital television market* 一文中讨论了在数字媒体环境下,上游因素及下游因素对赛事转播权销售的影响及启示,认为在赛事组织方所能控制的下游领域,应当做到产品细分,针对受众需求在不同渠道提供不同内容的产品,让客户更多地参与到赛事中,与此同时创造更多盈利机会。

(3) 体育用品业知识产权

体育产业发达国家非常重视体育用品的知识产权创造、运用与保护。例如,耐克公司就非常重视知识产权,专门成立专业的研发团队,每年投入大量的研发资金,不仅在专利数量上领先,在专利质量上也比较高。耐克公司加大对专利技术的保护,向其他国家申请专利保护。随着美国经济的快速发展,美国中产阶级崛起,体育运动得到越来越多人的热爱,体育业在美国蓬勃发展,所创造的经济价值越来越大。许多体育队伍和组织为了更好地维护经营商标、增加经济来源,开始推行商标保护和许可计划,纷纷把体育标记和会徽等注册为商标,开始禁止未经许可的商标使用,结束了免费使用体育商标的历史,美国的体育业也进入了一个新的时代。经过 30 多年的商标保护,美国体育业迅速成长,发展成为巨大的市场。美国著名学者 Stephenson(2005)在 *Aspects of intellectual property management* 一文中强调知识产权管理中最重要的就是确保知识产权的安全。

目前,国内外已有的研究成果对体育知识产权研究大部分集中于奥林匹克标志的研究，而对于其他大型体育赛事知识产权保护的研究还不太系统；体育赛事转播权的研究主要集中于市场开发和市场营销方面，从法律角度探讨体育赛事转播权的法律性质和归属还存在很大分歧，存在法律制度空白、侵权现象频发、维权缺乏法律依据的现象；体育用品业竞争力研究较多，已有的研究多从经济学和管理学角度分析，较少从法律层面研究体育产业自主知识产权保护、运用问题，对于体育产业具体知识产权（包括体育专利、体育标志、体育商标）的保护、运用研究较少，对体育产业从自主研发到市场化应用内容关注不多。本书在分析我国体育产业发展及法律保护现状基础上，比较国内外体育产业知识产权保护、运用经验，研究如何有效地运用知识产权制度，提高我国体育赛事产业的自主知识产权保护水平和体育用品的自主创新能力，打造一批具有自主知识产权的体育赛事和体育用品知名品牌。

1.2 研究主要内容、重点、难点、主要目标

1.2.1 研究主要内容

（1）体育产业知识产权保护与开发的基本理论研究

阐述体育赛事标志、体育赛事转播权、体育赛事节目、体育用品业自主知识产权等基本概念，研究体育产业发展与知识产权保护的关系，围绕知识产权创造、管理、运用、保护内容及其对体育产业自主创新和竞争力提升所发挥的重要作用，分析体育产业知识产权保护发展的路径。

（2）我国体育赛事产业知识产权保护与开发

分析欧美国家关于体育赛事标志、体育赛事转播权和体育赛事节目的保护观点、判决案件、法律制度，分析各国对体育赛事标志和体育赛事节目的网络保护对策；分析我国体育赛事标志、转播权保护制度缺陷及完善对策，我国体育赛事标志、转播权的侵权现状及救济措施；结合我国体育产业发展的宏观背景、现状与问题，提出多元化的体育赛事知识产权保护体系；分析我国大型体育赛事知识产权开发模式、我国体育赛事转播权及体育赛事节目市场开发模式，分析美国 ESPN 市场开发模式及启示。

（3）我国体育用品业自主知识产权形成机制研究

分析体育产业发达国家体育用品业自主知识产权发展经验，结合我国体育产业相关政策和制度，提出我国体育用品业知识产权形成机制及评价体系。

（4）我国体育产业知识产权保护与开发的保障研究

从体育产业配套政策、法律支持、管理机构、文化培育、人才培养、经费支持、侵权救济等方面研究体育产业知识产权保护与开发的保障问题。

1.2.2 研究重点与难点

(1) 研究重点

体育产业包含体育用品和相关产品制造业、体育竞赛表演活动等11个类别的产业,涉及面较为广泛。然而,体育产业增加值主要依赖于体育用品业和体育赛事产业,体育赛事产业和体育用品业的知识产权保护与开发问题是本书研究的重点。

(2) 研究难点

体育产业知识产权保护与开发研究包含体育产业知识产权创造、运用、管理、保护等多方面内容,如何协调体育赛事产业与体育用品业的知识产权保护和开发之间的关系,做到既加强知识产权保护,又提高知识产权开发效果,是本课题研究的难点。

1.2.3 主要目标

(1) 体育产业知识产权界定明确

做到体育产业知识产权交易过程中各相关主体权利明确、责任落实到位,权利保护严格。

(2) 构建完善的体育产业知识产权法律制度体系

根据知识产权发展的宏观环境,结合体育产业的特色,分析我国体育产业知识产权的保护现状、问题、法律特征、侵权形式、救济措施、发展趋势,完善我国体育产业知识产权保护制度。

(3) 建立利于交易的体育产业知识产权市场

促进体育知识产权的交易流通顺畅,即各类体育产业知识产权主体以谋求利益最大化为目的,依法在体育产业发展市场上自由流动、有效运营。

(4) 提高我国体育产业知识产权制度建设的国际化程度

借鉴体育产业发达国家体育知识产权制度制定经验,使我国体育产业知识产权保护制度紧跟国际形势,与体育产业发达国家的体育产业知识产权保护制度接轨。

(5) 提升我国体育产业自主知识产权创新能力

促进我国体育主管部门重视体育产品品牌建设,推动体育企业实施商标战略、专利战略,提升我国体育产品的国际市场竞争力。

1.3 研究思路、研究方法

1.3.1 研究思路

本书将运用法学、经济学、管理学、体育学等学科知识，采用纵向比较与横向比较、理论分析与实证分析相结合等研究方法，通过分析我国奥林匹克知识产权保护方面的经验、成就、存在问题，借鉴其他国家在体育赛事知识产权保护方面的经验，结合我国体育产业发展的内部环境和外部环境，提出我国体育赛事产业知识产权保护与开发制度。广泛调研我国体育用品业知识产权现状、问题、影响因素、自主创新能力，分析国外体育用品业自主创新模式、自主知识产权形成路径以及我国其他行业自主知识产权保护与开发情况，提出我国体育用品业自主知识产权形成机制与创新路径。

1.3.2 研究方法

（1）文献资料法

体育产业知识产权既属于知识产权范畴，又属于体育范畴。本书查阅有关法学、经济学、体育学、管理学等有关方面的著作及文献，参考国内外近年有关知识产权的期刊、报纸，浏览有关体育产业知识产权方面最新的资料信息。

（2）比较分析法

对我国其他产业知识产权战略制定形态、方式、评价体系进行比较分析和归纳总结，了解体育产业发达国家体育产业知识产权法律、政策，总结国外已经成型的有益经验，为我国体育产业知识产权保护与开发制度制定提供参考与借鉴。

（3）实证分析法

体育赛事产业以即将举行的杭州亚运会、2022 年冬奥会、中超赛事等为例，体育用品业以李宁公司、安踏公司为例，实地调研我国体育赛事产业知识产权保护状况、法治困境，调研李宁公司、安踏公司体育用品业知识产权保护与开发情况，利用建立的体育用品业自主创新评价体系实际测评我国体育用品业知识产权能力。

（4）案例分析法

分析大量的体育产业知识产权案例，主要包括对奥林匹克知识产权保护的案例、体育赛事新媒体转播权保护的案例、体育用品业商标侵权的案例、专利侵权的案例等，分析这些典型案例法院判决的依据和方法。

1.4 在学术思想、研究方法、研究内容等方面的特色和创新

1.4.1 思想创新

突破以往对知识产权领域所进行的政策层面和行业层面的研究，以体育产业的知识产权保护与开发为研究对象，从战略规划角度分析如何系统发展体育产业知识产权。

1.4.2 方法创新

将战略管理学中创设的环境分析方法及竞争态势分析理论引入对体育产业知识产权的研究，具体分析体育产业知识产权所面临的各项环境要素以及可能面对的机遇、优势、劣势、威胁，运用因素加权评分法构建体育产业知识产权评价模型。

1.4.3 内容创新

从实证的角度，紧密结合我国体育产业知识产权实际情况，通过发送调研问卷，分析和处理数据，结合所选取的典型案例，从创造、运用、管理与保护角度定量分析验证体育产业知识产权评价模型，为我国体育产业自主创新发展提出具有参考价值的建议。

第 2 章
我国体育赛事产业的法律保护研究

2.1　我国体育赛事产业概述与界定

2.1.1　体育赛事产业内涵

（1）体育赛事含义

在对体育赛事的定义理解上，专家学者观点不一。在国外，学者们认为体育赛事隶属于特殊事件，是为了达到某些特定的效果或目标，或者是通过纪念一些特定的事件而精心设计并组织实施的表演或庆祝活动。在国内，王美等(2005)认为体育赛事是采用多种形式开展，借助运动本身经济效益或健身娱乐效果，实现观赏价值的体育活动。其他学者也对体育赛事进行了定义，认为体育赛事是一种具有项目管理性质的特殊事件，其规模和形式受竞赛规则、传统习俗和其他多种因素的制约，具有组织文化背景和市场潜力，提供竞赛产品和相关服务，迎合不同参与体分享经历的需求，达到多种目的与目标，对社会和文化、自然和环境、政治和经济、旅游等多个领域发生冲击影响，能够产生显著的社会效益、经济效益和综合效益。

结合以上专家学者的观点，体育赛事可定义为：受竞赛规则、外界环境、传统习俗等方面的制约，为人类提供竞赛产品和赛事服务，达到社会效益、经济效益和两者兼容效益效果且满足人类需求的特殊活动。

（2）体育赛事产业含义

众所周知，体育赛事产业是体育产业的一个分支，而体育产业有广义和狭义之分，本书主要采用狭义含义：是指体育服务业或者体育事业在市场中能够盈利的部分。体育赛事产业亦称体育竞赛产业、竞赛表演业、运动竞赛业。体育赛事产业也有狭义和广义之分，狭义的体育赛事产业主要针对某次具体的体育赛事进行投入产出分析；而广义的体育赛事产业涉及面较广、企业种类较多但又相互关联，针对体育赛事产业关联各个层面，在整个体育赛事产业链上进行全面系统的投入产出分析。从产业关联标准来看，由于体育赛事产业在体育产业中占据核心的地位，不仅为体育产业的中介产业和外围产业提供了广阔的市场，还促进了其他产业如保险业、旅游业等的快速发展。

(3) 体育赛事产业的分类

体育赛事产业的分类有很多种，本书着重强调体育赛事产业的分类和体育赛事的划分具有密切关系。图 2-1 中将体育赛事产业分为两大类。

- 体育赛事产业分类
  - 第一类
    - 职业体育赛事产业
    - 体育商业赛事产业
    - 大型综合赛事产业
    - 群众性赛事产业
  - 第二类
    - 公益性体育赛事产业
      - 周期性综合赛事
      - 周期性单项赛事
      - 主体参与型赛事
    - 商业性体育赛事产业
      - 联赛
      - 临时性赛事

图 2-1 体育赛事产业分类示意图

一类是根据体育赛事的比赛规模、水平及类别对体育赛事产业进行划分，主要分为职业体育赛事产业、体育商业赛事产业、大型综合赛事产业、群众性赛事产业四部分。其中，职业体育赛事产业主要涉及各大体育赛事联盟举办的单项赛事，赛事具有较强的固定性，运动员通过技能展示获取物质回报，企业通过投资获取商业回报。体育商业赛事产业多以各种形式上的邀请赛为依托，企业通过赞助、转播、冠名等方式获得商业价值，赛程不固定。大型综合赛事产业涉及的赛事是国家、国际体育组织以非营利为目的举办的体育赛事，如奥运会、亚运会、世界杯等，该产业受政府扶持力度较大，虽然不以营利为目的，但也会给赛事组织者带来一定的经济效益和商业价值。群众性赛事产业主要是通过群众自发组织体育赛事来获得经济价值的产业，通过群众体育赛事刺激体育相关产业发展，如登山节活动等。

另一类是根据体育赛事周期与主导原则，并结合部分体育赛事审批制度的规定将体育赛事产业划分为公益性和商业性两种体育赛事产业。其中，周期性综合赛事、周期性单项赛事和主体参与型赛事属于公益性体育赛事产业，主要是由政府或体育社团组织的赛事活动，以达到增强国民体质、提高竞技体育水平、提高体育赛事产业整体水平的目的。联赛和临时性赛事构成了商业性体育赛事产业，这些赛事是以企业或者体育赛事联盟为主体，且以营利为目的开展的体育赛事。

(4) 体育赛事产业的基本特征

① 体育赛事产业的综合性

根据体育赛事综合性的特征，分析体育赛事产业特征后发现体育赛事产业同样具有综合性的特征。在体育赛事产业的发展过程中除了自身得以发展外，同时还促进了体育相关产业以及其他产业的发展。体育赛事的主要收入涉及面较广，基本涵盖了各个部分。体育赛事产业不仅会产生经济效益，还会产生社会效益和综合效益。这些均体现了体育赛事产业的综合性。

② 体育赛事产业的聚集性

体育赛事能够吸引各方人士的关注，在体育赛事开展期间，会出现人力、物力及财力在特定的时间段内向赛事举办地聚集的现象。人力聚集方面：观众的聚集既增加了比赛地区的知名度，又为体育赛事产业的推广提供了可能；运动员及赛事相关人员的聚集促进了运动员之间的交流，对运动员水平的提升有一定的促进作用。物力聚集方面：体育赛事举办需要的相关体育器材从各个地方向赛事举办地汇集，能够加大人们对体育器材的认知程度，从而有效刺激人们对体育器材的消费。财力聚集方面：体育赛事的开展使体育赛事的收入渠道更加广泛，体育赛事产业在短期内得到较高的收益。体育赛事一旦成熟，将会促进体育赛事产业形成产业集群，从而形成较为系统的产业链。

体育赛事产业的聚集性有两面性：① 体育赛事举办前的场地设施、比赛宣传等都需要大量的资金投入，为体育赛事的开展提供强有力的物质基础。商家通过对体育赛事的赞助提升自身的品牌效应，转播权出售、赛事标志的有形化产品为体育赛事产业带来了较大的商业价值，体育赛事举办促进了外来资金的投入，为体育赛事产业创造了经济收益，同时促进了其他产业的发展。② 体育赛事举办过程中侵权行为严重影响了赛事的开展，并极有可能降低人们对赛事的认可度，从而对体育赛事产业造成一定的负面影响。对于大型的、具有持久影响力的体育赛事，易出现大批人群涌入赛事举办地的现象，造成体育赛事举办地负荷较重，进而可能带来较大的生态环境问题。另外，体育赛事举办场地的重复使用率不高，维修保养费用较大，场馆闲置问题较为严重。因此，在体育赛事前期投入、后期赛事场地使用方面要慎重考虑，争取二者能够达到均衡。

③ 政府主导、市场运作的独特性

我国体育赛事主要是由政府主导、市场运作的，政府在体育赛事产业中的主导地位不容忽视。我国体育赛事产业发展时间较短，政府在逐渐进行权力下放，使得市场主体的权力逐渐加大，政府部门的权力逐渐削弱，进而长久维持在相对平衡的阶段。随着体育赛事产业发展的逐渐成熟，政府职能逐渐削弱、最终退出，进而达到市场独立运作、政府适当监督的状态。

2.1.2 体育赛事产业产生与发展

(1) 体育赛事产业的形成期

1992 年之后我国足球开始向职业化道路，体育赛事开始向产业化发展。体育赛事产业与体育赛事并非同时产生的，在体育赛事发展的过程中，受社会需求、经济发展以及人们生活水平等因素的影响，体育赛事产业才得以产生。在体育产业探索过程中，体育赛事产业顺应时代发展而逐渐形成。

(2) 体育赛事产业的成长期

在国家对体育产业发展的大力支持下，体育赛事产业得到迅速发展。作为体育产业的主体和支柱，体育赛事产业的发展将在很大程度上提升体育产业的产值。体育赛事产业独立于体育产业而存在，这也促使了体育赛事服务的提高。在 2001 年之后，体育赛事产业开始进入成长阶段，我国生产力水平已经达到了较高的水平，人们的需求更加多样化，在满足自身基本需求的前提下，人们开始热衷于体育赛事，逐渐加大对体育赛事的关注度，进而促进了市场对体育赛事的需求。“体育竞赛表演活动”一词首次在《国家体育产业统计分类(2015)》中被提出。体育赛事表演活动区分了职业体育赛事与非职业体育赛事的性质。

(3) 体育赛事产业的成熟期

只有赛事水平达到一定的先进水平，赛事产业产品性能、工艺或者样式等得到市场认可，才能增加社会对体育赛事及其产品的需求量，刺激消费，进而促使体育赛事产业尽快进入成熟期。

体育赛事产业的发展将有赖于政府、企业以及社会的协同合作，更需要观众的广泛支持。为保障体育赛事健康发展，对体育赛事产业相关的法律进行研究是一项必不可少的工作。可借鉴国外体育赛事产业较为完善的法律保障经验，有针对性地制定符合我国国情的法律法规，以期减少体育赛事产业负面问题的产生，促使我国体育赛事产业更健康、稳定发展。

2.1.3　体育赛事产业对我国国民经济的影响

体育赛事在商业化运作过程中存在各种问题，市场化运作水平还有待进一步提高，这造成了体育赛事产业发展较为滞后。但是体育赛事产业的发展对我国国民经济的发展有着较大的促进作用，主要表现在以下几个方面。

(1) 扩大内需，提高体育消费水平，刺激经济增长

作为体育产业中的核心产业，体育赛事产业肩负着提高我国国民经济水平、提升人们生活质量的重任。在体育产业中，体育用品业占据了较高的比重，而体育赛事产业总产值却只占有很小的比例。体育赛事产业的发展将会使体育产业产值得到提高，使其成为体育产业中的核心内容。

人们生活水平的日渐提高，促使人们更加关注自身的内心寻求、情感需要，再加上现在的生活压力较大、工作节奏加快，人们需要调节心情，体育赛事为此提供了一个平台，人们可以通过观看体育赛事调节情绪。另外，体育赛事的知名度得到提高，人们对体育赛事的了解越来越多，不再满足于对体育赛事的观赏，自身对体育运动的需求也开始逐渐增加，人们认识到体育健身的重要性。各类体育赛事的开展打下了坚实的群众基础，促进了体育消费水平的提高。

(2) 体育赛事产业的发展促进企业的投资

体育赛事产业发展过程中，各企业针对自身的条件有选择地对各项体育赛事进行投资，以期达到自身预期的目标。企业对体育赛事的投资主要分为直接投资和间接投资两种。其中，直接投资是指企业将资金不经处理，直接投入体育赛事产业，并且达到直接获得利润的目的。像这种直接投资体育赛事的企业在社会上较少，采用这种方式时容易存在资金使用明细不清的问题。间接投资主要是指采用赞助产品、条幅、冠名等形式进行投资，通过广告效应加大自身宣传力度，进而提高自身产品知名度并获得利润。企业要进一步提升品牌影响力，加强品牌建设，通过赞助的形式投资体育赛事是个不错的选择。体育赛事的级别越高、影响力越大，对体育赛事进行赞助所获得的广告效益就会越大。

(3) 增加了就业机会

随着体育赛事产业的迅速发展，需要的人才越来越多。为人们提供了较多的就业机会。由于体育赛事产业有国家的资金投入和较强的扶持力度，体育赛事产业的发展前景会越来越好，届时各类体育经纪公司、协会、俱乐部等

需要的人员也会越来越多。为了跟上体育赛事产业发展的步伐,体育赛事产业不仅需要体育专业人才,其他相关学科人才需求量同样增加,提供了更多的就业机会。

2.2 体育赛事产业发展的基本法律问题

我国的体育赛事主要有三大类:国内职业联赛、大众体育赛事和国外核心赛事。收入来源涉及各方面,主要包括:企业、广告赞助,联赛分红,门票、转播权、商品、付费用户订阅赛事内容的收入,彩票的收入,徽记、吉祥物等知识产权收入等。其中,转播权收入和赛事标志、简称、吉祥物等收入在体育赛事产业总收入中占有较大的比重,对转播权和赛事标志的法律保障会促进体育赛事产业的发展,因此本书主要侧重于对这两方面法律的研究。

2.2.1 我国体育赛事转播权的基本法律问题

体育赛事转播权的发展经历了漫长的历程,完成了从无到有、从无偿到有偿的过渡,作为体育赛事产业中经济效益收入较高的体育赛事转播权,对它的法律法规进行完善会使其得到进一步发展。

"体育赛事电视转播权"的概念在 1958 年的《奥林匹克宪章》中首次被提出,其权利归属得到确定,极大地加快了对体育赛事的宣传速度,刺激着体育赛事产业的飞速发展。我国体育赛事转播权过去缺乏市场化定价机制,直接影响了赛事的收入,减缓了赛事传播的速度。《国务院关于加快发展体育产业促进体育消费的若干意见》(国发〔2014〕46 号)明确放宽了体育赛事转播权的权限,使得体育赛事转播权的垄断现象得到一定程度的缓解,有利于各地方电视台及企业的竞争,促进了体育赛事的良性发展,为促进体育赛事产业的发展提供了政策支持。

(1) 体育赛事转播权的法律性质分析

对体育赛事转播权的争议一直存在,对体育赛事转播权的研究也较为普遍。如图 2-2 所示,对体育赛事转播权的法律性质的研究,国外学者的观点主要包括赛场准入权说、娱乐服务提供说、肖像使用说、企业权利说、版权说等,这仅是学者们对体育赛事转播权的研究,而在法律上其性质、主客体、内容等方面并没有得到明确规定,这也造成了对体育赛事转播权的法律性质众说纷纭、观点不一。同样,我国也没有对体育赛事转播权进行明确的法律界定,我国学者普遍认同的观点有契约权利说、商品化权说、表演者权说、非表演者权说等。也有专家学者将其划分为直播权意义上的转播权和字面意义上的转播权两种。

- 体育赛事转播权法律性质
  - 国外学者观点
    - 赛场准入权说
    - 娱乐服务提供说
    - 肖像使用说
    - 企业权利说
    - 版权说
  - 国内学者观点
    - 第一种观点
      - 契约权利说
      - 商品化权说
      - 表演者权说
      - 非表演者权说
    - 第二种观点
      - 直播权意义上的转播权
      - 字面意义上的转播权

图 2-2　体育赛事转播权法律性质分类

直播权意义上的转播权属于商业化权，由于体育赛事转播权费用受到体育赛事项目、场地、观众喜爱度、运动员参与度、市场商业价值等因素的影响，在一定程度上受到《中华人民共和国合同法》的保护。字面意义上的转播权是根据直播权意义上的转播权衍生出来的，也就是购买的直播权意义上的转播权的权利，属于邻接权。《中华人民共和国著作权法》明确提出保护广播电台、电视台对其制作的广播电视节目享有的权利。

（2）体育赛事转播权的主、客体分析

① 体育赛事转播权的主体分析

由于体育赛事转播权的性质没有明确界定，其主体也有所不同，在未来的定位中，权利归属极有可能会根据市场价值定位。目前，对我国体育赛事转播权的主体认定主要包括三种说法：一是赛会的组织者；二是参赛队员或者俱乐部；三是赛事组织者和比赛参加者。《奥林匹克宪章》中规定国际奥委会对奥运会的转播享有所有权和处分权，赛事的组织者作为转播权的主体是有一定的依据可言的。体育赛事转播的主要内容是体育赛事，而体育赛事的核心人物是参赛队员或者参赛组织（如俱乐部），参赛队员或者参赛组织在履行义务的同时也应该有享受权利。以上观点均有一定的法律依据，因此两者共享体育赛事转播权的权益也是可行的，此观点得到很多国家的认可。

对体育赛事转播权主体的界定也有根据直播权意义上的转播权和字面意

义上的转播权两个不同的方面进行阐述的。直播权意义上的转播权主体是赛事的主办者(主要包括体育协会、俱乐部、组织或社团等),并不局限于某一方;而在转播权方面,获得授权和取得许可的转播商均称之为字面意义上的转播权主体。

② 体育赛事转播权的客体分析

体育赛事转播权的客体不以其法律性质的变化而变化,基本上保持不变,所以无论如何界定体育赛事转播权的法律性质,对体育赛事转播权的客体影响都不大。在体育赛事比赛中,各类体育赛事活动本身都是体育赛事转播权的客体。当然也有例外,根据字面意义上的转播权的性质,体育赛事转播权的客体则是指所购买的体育赛事节目信号。

③ 体育赛事转播权的权利归属分析

体育赛事转播权的主体不同,其权利归属也会相应发生变化,因此权利归属可划分为以下几个方面。

第一,赛事转播权的权利归属于联盟或体育协会组织。关于赛事转播权的权利归属问题,在《中国足球协会甲级队联赛规程》中将赛事转播权归属于中国足球协会,并且强调如有转播需要,由足协负责转让。法国也有明确的法律条文认定法国足协是法国足球甲级联赛唯一的赛事转播权持有者。

第二,赛事转播权的权利归属于俱乐部。意大利对赛事转播权的归属有明确的法律规定,认为俱乐部拥有赛事转播权的所用权。这与该国赛事转播权的主体为赛事俱乐部相对应,并受到法律的明确保护。虽然存在法律争议,但并不影响俱乐部获得赛事转播权,目前认可该观点的多为意大利、荷兰等赛事由俱乐部直接举办的欧洲国家。

第三,赛事转播权的权利由联盟或体育协会组织和俱乐部双方共同拥有。支持赛事转播权归属于联盟或体育协会组织和俱乐部共有的代表性国家是美国。对于赛事转播权的权利归属问题,美国出台的《体育转播法》进行了专门的规定,由赛事联盟进行销售,联盟和俱乐部对所得费用均分。国际足联也明确提出其拥有对转播权出售的权利。除此之外,丹麦、瑞士和瑞典等国家也同样支持该观点。

第四,赛事转播权的权利归属于获得授权或许可的转播商。虽然没有得到法律明确规定,但是由于转播权可以买断,权利归属也可能发生一定的转移。根据字面意义上的转播权对主体的确定,赛事转播权的权利归属于获得授权或许可的转播商。

体育赛事转播权的权利归属在足球方面有所涉及,但其法律规定还没有包含其他的体育赛事。

我国急需对赛事转播权的权利归属出台相应的法律法规，使其权益得到保障。因此，明确体育赛事转播权的性质、主客体、权利归属等内容，颁布实施相应的法律法规对缓解我国体育赛事转播权侵权问题至关重要。

2.2.2　我国体育赛事标志的基本法律问题

赛事名称、简称、吉祥物等标志的收入是体育赛事产业收入的一部分。每年我国举办的全国性或国际性体育赛事活动数量多达千余项。宋亚刚(2017)在《基于专利视角的我国体育用品技术创新能力评价研究》一文中认为，据不完全统计，自 1999 年至 2017 年，各类文化、体育、科学研究及其他社会公益活动所申报的特殊标志注册数量为 163 件。赛事标志的注册率很低，而法律只承认并保护经国家工商总局登记的体育赛事标志，因此在法律保护过程中会出现各种赛事标志保护不力的状况。

(1) 体育赛事标志的定义和分类分析

1996 年国务院颁布了《特殊标志管理条例》。“特殊标志”作为我国独有的称谓，其使用受到一定的限制，必须是由国务院批准举办的国际性或全国性的体育赛事社会公益活动才能使用。体育赛事标志是指通过文字、图像或者物象等简明、易识别的符号相互组合用来表明赛事特征、情感及意义的记号，其中体育赛事标志包括特殊标志。

体育赛事标志主要分为三类：文字形标志，如赛事名称、宣传口号等；图像类标志，如吉祥物、赛事标识等；图文并存的标志，如赛事会徽等。

(2) 体育赛事标志的法律性质分析

① 地域性

我国体育赛事标志往往结合体育赛事举办地的特点进行创作，在赛事标志中显示出体育赛事举办地的特色以及对举办地的展望，通过对体育赛事标志的认识可基本了解体育赛事举办地的特征。

以全运会为例，通过对其赛事标志尤其是吉祥物进行比较分析可知，第十二届全运会吉祥物“宁宁”，寓意着“辽宁、安宁”；第十一届全运会吉祥物“泰山童子”，明确了山东著名景区泰山；第十届全运会吉祥物麒麟，被命名为“金麟”，与南京的别称“金陵”谐音；第九届全运会吉祥物“威威”借用了广东南狮(醒狮)的称号；第六届全运会吉祥物“阳阳”，也是由广州羊城之称而命名。另外，第十一届全运会的口号“和谐中华，活力山东”，简单明了地指出比赛场地是在山东。这些赛事标志都在一定程度上凸显了体育赛事举办地的特色。部分全运会赛事标志见表 2-1。

表 2-1　部分全运会赛事标志

全运会	举办时间	举办地点	赛事标志
第十二届	2013 年	辽宁沈阳	吉祥物：宁宁
第十一届	2009 年	山东济南	口号：和谐中华，活力山东； 吉祥物：泰山童子
第十届	2005 年	江苏南京	吉祥物：金麟（麒麟）
第九届	2001 年	广东广州	吉祥物：威威
第八届	1997 年	上海	会徽图案“S”
第六届	1987 年	广东广州	吉祥物：阳阳

北京奥运会会徽上舞动的“京”字图案，使人们能够很容易了解到体育赛事举办地以及北京对举办第 29 届夏季奥林匹克运动会的愉悦心情，而奥运会吉祥物——福娃的诞生既表达了对参加本次体育赛事的各方人员的欢迎，又紧扣奥运五环及五大洲的特色，令人眼前一亮。

② 时效性

体育赛事基本上是每四年或者每两年举办一次。像夏季奥运会和冬季奥运会申奥成功后到比赛开始长达几年时间，全运会也会提前几年确定下一场比赛的举办地点并进行赛事标志的设计。这样，体育赛事标志为体育赛事产业发展获得经济效益的年限就会有所增加，但是经济效益会随着比赛的结束而逐渐减少，最终消失。因此，体育赛事标志是有一定的时效性的。

③ 非物质性

赛事标志借助外在的东西为依托，以达到自身表达效果，赛事标志是无形的，其并不能脱离物体而独自存在，更侧重于以非物质的形态存在于人们精神领域的创作过程。

（3）体育赛事标志的侵权形式

体育赛事标志被侵权的方式主要有以下两种：

① 网络侵权行为

未经许可在互联网上使用体育赛事标志、恶搞赛事标志的行为称为网络侵权行为。如某职业培训学校的宣传网页擅自使用了青奥会会徽，侵犯了青奥会的知识产权。由于法律法规针对此方面保护内容的匮乏，而使网络侵权行为频繁出现。又如虽然相关法律规定对北京奥运会会徽、吉祥物不得进行歪改、篡改，但还是出现了北京奥运会会徽、吉祥物被恶搞的事件。此类行为既是对法律的亵渎，对奥林匹克运动也产生了负面影响。

② 隐性市场侵权行为

任何以商业目的或与商业行为相关的，有意或者无意与体育赛事标志建立未经授权或虚假的关联的行为或尝试都是隐性市场侵权行为。一些商家将自身企业名称、产品与体育赛事标志联系在一起，这种行为并没有直接采用体育赛事标志，但却容易误导人们，以刺激自身产品的营销，增加公司的知名度。如在 2008 年奥运会举办前夕，某出版社官网上出现了“奥运加油，中国加油”的字样，虽然在表达对我国举办奥运会的愿景，但其确实对奥林匹克标志专有权造成了一定的侵权。一些网站将冬奥会奥组委官方网站页面版式稍做修改，并进行内容同步更新，另外加注“我国冬季奥运会××官方××”字样的误导信息，误导公众认定其“官方”性，致使公众相信其网站、博客、论坛中的商业信息、中奖信息，进而上当受骗。

2.3　我国体育赛事产业发展的法律保护现状及存在问题分析

2.3.1　我国体育赛事转播权的法律保护现状分析

(1) 我国体育赛事转播权立法的现状分析

目前我国并没有对体育赛事转播权进行专门的立法，但是我国体育赛事转播权受到《中华人民共和国著作权法》《信息网络传播权保护条例》等相关法律法规的保护。目前，我国体育赛事转播权除奥运会转播权外多数未得到法律保护。我国出台的相关指南、通知中对网络奥运会视频、音频等内容进行严格限制，避免奥运会转播权侵权问题发生。但是，与赛事转播权相关的法律法规或规章制度仅针对奥运会比赛，其他的体育赛事转播权并没有专门的法律进行保护。

(2) 我国体育赛事转播权执法的现状分析

由于目前我国没有明确体育赛事转播权的法律属性，并且未出台立法层次较高的体育赛事转播权法律法规，因此，在执法方面较为薄弱。但是，由于奥运会的特殊性和重要性，我国对奥运会转播权侵权问题极其重视。反盗版工作组启动了处理非法转播奥运赛事案件快速反应机制，及时对出现的侵权问题加以解决，在北京奥运会期间处理涉嫌侵权线索170个。另外，根据《互联网视听节目服务管理规定》对侵权行为进行组织查处，有效地控制了奥运转播侵权现象。然而，我国举办的其他体育赛事转播权却未能得到很好的法律保护。

(3) 我国体育赛事转播权司法的现状分析

体育赛事转播权的收入在体育赛事产业中占有重要的地位，体育赛事转播权费用的逐渐提高间接性地增加了侵权行为，再加上我国没有专门针对体育赛事转播权的相关法律法规，使得体育赛事转播权市场混乱，出现了较多的侵权问题，给各商家或企业经济上和名誉上造成一定的损失。另外，体育赛事转播权的法律界定不够明确，致使一些商家在无意识中侵权。随着新媒体的发展，网站侵权现象日益普遍，主要侵权行为包括未经授权网站实时转播行为，未经授权网站提供链接、点播行为，经授权却超出或者违反协议约定行为以及未经许可个人用户借助新媒体媒介侵权行为。

本书以未经授权网站提供链接行为的司法解决案例对转播权侵权现象进行分析。原告北京新浪互联公司(新浪互联信息服务有限公司简称)发现被告北京天盈九州公司(天盈九州网络技术有限公司简称)在其网站的中超频道处有“凤凰体育将为您直播某某比赛”的字样，因新浪互联公司与中超公司之间已经签订了相关的协议，买断了中超联赛视频转播权，享有在其门户网站进行独家播出赛事视频的权利，天盈九州公司的行为等同于明确告知网络用户凤凰体育将直播中超比赛，新浪互联公司所持有的独占直播权利受到侵犯。《中华人民共和国侵权责任法》规定，侵犯所有权、著作权等财产权益的，应当承担侵权责任。体育赛事画面制作的整个过程包括了录制、选择和编排等，通过独特的创作形成具有创新性和观赏性的画面，这符合我国著作权法对作品独创性的要求，因此天盈九州公司侵犯了新浪互联公司的著作权。北京市朝阳区人民法院作出判决，维护了新浪互联公司的权利。虽然新浪互联公司的权益最终得到维护，但是整个案件持续时间较长，在一定程度上阻碍了新浪互联公司的发展。侵权行为严重破坏了体育赛事转播权的秩序，对体育赛事转播权及著作权造成了极大的危害，严重阻碍了体育赛事产业的发展。

2.3.2 我国体育赛事标志法律保护现状分析

2.3.2.1 我国体育赛事标志立法的现状分析

《中华人民共和国体育法》中虽然提出了对赛事标志予以保护的规定，但其并未对违反规定或侵权现象加以明确规范。《特殊标志管理条例》的出台为我国体育赛事标志的保护提供了更为全面的法律依据。我国体育赛事标志的保护采用的是针对赛事本身制定相应的规章条例的办法，针对第29届夏季奥运会，我国相关部门以《奥林匹克宪章》和《第29届奥林匹克运动会主办城市合同》为依据，制定了《北京市奥林匹克知识产权保护规定》《奥林匹克标志保护条例》《奥林匹克标志备案及管理办法》，同时也为相关产业提供了法律保护依据，如《关于印发〈非处方药和医疗器械产品包装及广告中使用奥林匹克标志管理办法〉的通知》等。通过出台一系列的法规对奥运会标志进行保护，奥运标志保护的法律体系基本构成。相对于其他体育赛事而言，奥林匹克标志受到多重法律的保护，这造成了对赛事标志的重复保护，容易造成过度关注奥林匹克标志而忽略其他体育赛事标志的现象出现。

针对其他体育赛事标志的法律法规或规章条例主要有与全运会相关的《中华人民共和国第十届运动会名称、会徽、吉祥物等特殊标志保护及使用管理规定》等；与冬季运动会有关的规章条例有《关于使用第六届全国冬季运动会会徽、吉祥物图案的通知》等；根据各城市举办的国际性或国家性的体育赛事制定的地方性规章制度，如山东省的《山东省海阳2012年第三届亚洲沙滩运动会知识产权保护规定》以及深圳市的《深圳第26届世界大学生夏季运动会特殊标志保护规定》《深圳市第26届世界大学生夏季运动会知识产权保护规定》等。保障机制多以中央规范性文件为主导，地方性法规、地方规范性文件、地方规章制度并存。

另外，《中华人民共和国著作权法》《中华人民共和国专利法》《中华人民共和国商标法》《中华人民共和国反不正当竞争法》等法律在体育赛事标志方面也有相应的法律规定对其进行保护。

(1)《中华人民共和国著作权法》

作为赛事标志的文字、图形组成的名称及缩写，如果在体育赛事中通过口号、会徽图案、宣传画、会歌等形式表现出来，再根据体育赛事项目的特点和举办城市的特色具有一定的创新性和创造性，并与其他作品有一定的差异性，该赛事标志是人们的智力成果，那么它就会受到《中华人民共和国著作权法》的保护。只有经过注册登记的特殊标志才能受到《特殊标志管理条例》的保护，但是该类特殊标志凭借着自身独创性、思想情感及文字艺术的表现形式的特征受到《中华人民共和国著作权法》的保护，并不以是否登记注册为依据。另外，吉祥物、徽记的美术图片可作为美术作品受到《中华人民共和国著作权法》的保护。

(2)《中华人民共和国专利法》

《中华人民共和国专利法》保护发明专利、实用新型专利以及外观设计专利，而外观设计专利则是主要通过对设计产品的形状、图案、色彩或者几者相互结合做出的具有创造性、富有美感并且在工业上适用的新设计。体育赛事标志要受到专利法的保护不仅需要一个外观设计专利权的申请、审核、授权等的过程，还需要借助于具体的产品而生存。而由于外观设计专利的保护期为10年且申请持续时间较长，再结合体育赛事时效性的特点，很多体育赛事组织没有申请外观设计专利对其特殊标志进行保护。《中华人民共和国专利法》已对奥运会标志如“北京2008”“奥林匹克”和奥运五环等内容的外观设计方面提供法律保护，这是由于奥运会从申奥成功到举办奥运会时间较长以及影响持续时间较长才得以实现。

(3)《中华人民共和国商标法》

注册的商标受到《中华人民共和国商标法》的保护，获得商标权是指将标有商标的指定商品进行营销的权利。体育赛事主办单位和承办单位应该尽早进行商标注册，通过合法手段保护赛事名称，以避免同名赛事的问题出现。另外，可通过商标的注册来促进体育赛事产业的发展，如2008年北京奥运会会徽的商标注册对奥运会赞助商家或企业的商品和服务提供了法律保护。作为赛事级别最高的奥运会，其经济、社会和政治影响都较为深远，如在2000年和2004年的奥运会上，其会徽都进行了商标注册，并通过商标、冠名等形式提高奥运会收益。

体育赛事商标注册方面，各届奥运会都会对其赛事商标进行了商标注册，而其他的体育赛事组织对体育赛事标志进行注册的却很少。《体育总局关于推进体育赛事审批制度改革的若干意见》取消了对我国赛事名录中的体育赛事进行审批的制度，加快了体育赛事开展的速度，提高了赛事组织者的办赛热情。体育赛事产业要迅速发展，赛事标志的保护就显得尤为重要，赛事标志进行商标注册也能使商家的利益得到有效保护。

(4)《中华人民共和国反不正当竞争法》

《中华人民共和国反不正当竞争法》在商业道德和诚信原则的前提下对体育赛事标志进行保护。由于不正当竞争行为只在具体竞争的经营者之间才会发生，因此体育赛事标志受此法保护的前提是确保体育赛事标志持有者必须是经营者，且与侵权者存在竞争。《中华人民共和国反不正当竞争法》规定，凡是扰乱市场竞争秩序，侵害经营者或消费者合法权益的组织或个人均违反了此法。在赛事标志保护方面，此法将擅自使用域名、企业名称、企业简称、字号、姓名等行为均列为违法行为，扩大了法律保护范围，有效地保护了赛事标志，为体育赛事产业的发展提供了法律依据。

《中华人民共和国著作权法》《中华人民共和国专利法》《中华人民共和国商标法》《中华人民共和国反不正当竞争法》均在特定的条件下对体育赛事标志加以保护，使体育赛事标志有法可依，为体育赛事产业健康稳定发展提供了法律依据。

2.3.2.2　我国体育赛事标志执法的现状分析

体育赛事标志侵权现象层出不穷，但是采取法律途径处理侵权问题的案件却不多，一般会通过行政部门执法解决。在体育赛事标志执法方面，对奥运会标志侵权案件的处理还是比较全面的。根据 2008 年浙江省工商部门公布的数据，该省仅仅在一年时间里就查处了数以百计的奥运标志侵权案件。

体育赛事标志侵权案件的数量在我国呈现增长的势头，我国行政执法部门对侵权案件的打击也在随之加强。但是各部门之间缺乏必要的沟通和配合，在具体执法过程中不能统一执法尺度。

2.3.2.3　我国体育赛事标志案件分析

随着我国经济社会的发展，我国所承办的大型体育赛事也越来越多，针对体育赛事标志侵权的案件也屡见不鲜。轰动一时的中国奥委会诉金味食品公司侵权案就是其中典型的案例。在此案中，金味食品公司未经许可，在商品包装上非法使用了奥林匹克五环标志。另外，该公司还利用路牌户外广告以及无线电视台做广告的方式对其生产的带有奥林匹克五环标志的“金味”麦片产品进行宣传，最终被中国奥委会告上法庭。虽然此案以中国奥委会的胜诉而告终，但是经过了繁杂的诉讼程序，整个案件审理历时 3 年多。正是由于体育赛事标志本身的使用周期很短，过长的诉讼周期和过多的诉讼负担不但对体育赛事标志的保护效果不明显，还会对体育赛事的开展和宣传产生不利的影响。目前，我国现有的法律规定了对体育赛事标志保护的司法救济，但司法救济审理期限过长、效率不高的现象普遍存在。

2.3.3　我国体育赛事产业发展的法律保障存在的问题

(1) 体育赛事产业法律过于单一，立法层次较低，缺乏体系

我国的体育赛事产业起步较晚，相关的法律至今只有《中华人民共和国体育法》，此法的颁布主要是针对体育事业的发展，对体育赛事产业内容涉及很少且较为浅显，体育赛事转播权的内容并未列入其中，并且仅提及保护体育赛事标志，缺乏具体的实施细则。《中华人民共和国体育法》对体育赛事产业只能说是起到宣示作用，在体育赛事产业受到一定的威胁时并不足以直接用来

保障体育赛事产业不受侵害。我国出台了许多关于体育产业方面的法规和政策,但是体育赛事产业立法层次较低,并且目前涉及体育赛事产业发展的法律法规和政策很少。体育赛事产业在体育产业中虽然占有重要的地位,但其发展却一直没有得到很大提升,目前我国的体育赛事产业尚未制定和颁布一部真正意义上的侧重发展体育赛事产业的法律法规,缺乏针对性较强的法律体系,在体育赛事产业实际管理中会出现无法可依的局面。

(2) 体育赛事产业法律责任追究制度不健全

体育赛事产业没有明确的法律法规来制裁违反法律法规的行为,我国多数与体育赛事产业相关的法律法规对违反体育赛事产业法律制度的法律责任不完备,一方面是国家颁布的法律法规未明确到具体的责罚程度,并不能起到警示的作用;另一方面当因惩罚所承担法律责任的代价小于因违法获得的利益时,很多人选择违反法律法规来获得所谓的利益,而不愿意采取对体育赛事产业有利的措施。惩罚力度过轻,法律法规的颁布实施将失去它的意义,不足以监督约束人们;惩罚力度过重,则会有碍于体育赛事产业的发展。体育赛事转播权收入在体育赛事产业产值中占据主要地位,虽然《中华人民共和国体育法》中提到体育赛事的相关权利内容,但并没有对体育赛事转播权的法律属性、权利主体等内容进行明确规定,只有明确界定其内容概要,才能保障体育赛事转播权的发展,同时保障体育赛事产业的健康发展。

虽然体育赛事转播权、赛事标志在一定程度上受到《中华人民共和国著作权法》《中华人民共和国专利法》《中华人民共和国商标法》《中华人民共和国反不正当竞争法》等法律的保护,但是由于这些法律对体育赛事产业的保护上有一定的限制,而使得体育赛事转播权、赛事标志等权利得不到很好的保障,在法律方面仍然存在较多的漏洞。

《特殊标志管理条例》也是仅仅保护由国务院批准举办的体育赛事,许多体育赛事标志很难或者不能得到很好的法律保护,阻碍了体育赛事产业的发展。直播现场观众的手机拍照、视频上传等行为在一定程度上对体育赛事转播权或体育赛事标志的营销等将造成一定的影响,而这种行为是否在许可范围之内还没有明确的法律规定。另外,各种法律对体育赛事产业均有保护,造成了法律保护的重复性,既造成了法律资源的浪费,又容易使侵权者逃避法律的制裁。

体育赛事产业侵权问题很多,但是得到法律保护的却不多。体育赛事产业侵权商家或企业通过上诉,一方面对自身的发展有一定的负面作用,另一方面也会造成一定的经济损失。更为重要的是,由于司法部门判决过程历时较长，通过诉讼维权的程序较为复杂，处罚依据也没有明确规定处罚额度，不足以对体育赛事产业加以保护。这就造成了商家或企业对越来越多的侵权问题往往不采用法律途径进行权益保护，而主要倾向于通过协商途径解决侵权问题，但是协商的结果往往有利于侵权方，造成体育赛事市场紊乱。对于没有上诉的案件，司法机构不能进行受理，这也给不少不法分子以可乘之机，顶风作案问题严重。

(3) 体育赛事产业投融资法律保障机制不完善

我国体育赛事产业融资渠道有政府拨款、社会捐赠、企业赞助以及金融机构融资等。政府资助虽然能够解决一部分体育赛事资金问题，但不能够作为主要资金来源途径，市场运作才能使得体育赛事产业长远发展。为了便于宣传体育赛事，促进人们对体育赛事的了解和喜爱，很多转播权的获得是免费的。

体育赛事产业法律法规对投融资方面的保障机制不完善，投资方的利益保护、法律地位等问题没有得到合理解决。体育赛事产业的投资渠道主要有政府投资、民间投资以及外资投入，目前仍没有相关的法律法规对各项投资进行明确约束，法律制度还不健全。在体育赛事产业方面，政府职能虽然逐渐转变，简政放权也在逐步完成，但是体育赛事产业相关政策太过笼统、明确性不强，造成投资成本过高、资金使用明确性不够，致使投资渠道单一。另外，由于缺乏必要的引导和保护，没有具体的细化指标进行约束，各项投资也存在重复和无效现象，预期的效益没有达到，投资回报率不高。投融资方面法律法规的不足，阻碍了体育赛事产业的发展进程。

(4) 体育赛事产业法律自律机制缺失，缺乏权利保护意识

体育赛事产业作为一个整体，仅依靠几部相关的法律法规并不足以稳步发展。在体育赛事中，很多纠纷、事故、矛盾等的产生并不能仅靠法律对人们进行约束，而作为社会上最基本的道德基础也是约束人们行为的准则，在体育赛事产业法律不够健全的情况下，行业自律则显得尤为重要。但是显然我国体育赛事产业至今仍缺失这种行业自律组织对本行业进行自律管理。体育赛事产业自律组织不够完善，人们缺乏权利保护意识，而管理权多数掌握在政府行政部门手中，也造成了体育赛事产业自律机制的缺失。

体育赛事在我国飞速发展，虽然各种法规条例都有颁布，但并不足以保障体育赛事产业能够稳健的发展，这其中一个重要的因素是人们对体育赛事产业了解不够全面，对颁布的法律法规并不清楚，法律意识淡薄，造成各种侵权问题频频出现。体育赛事产业法律法规的不明确性使得相关的企业或商家对

其了解不到位或有曲解，或是只是为了某项体育赛事表达一下自身的祝福或用于公益事业等，没有主动去了解其行为是否在法律法规的许可范围之内。另一方面，体育赛事组织者自身并没有对其转播权、赛事标志等进行相关的申请注册，维权意识不强，出现侵权现象后才开始补救，造成很多不必要的损失。同时，有些体育赛事市场前景不够景气，尚未涉及体育赛事标志、转播权等法律方面的问题，主办方对赛事的重视程度不够，相关法律事务不够熟悉，或者没有设立专门部门或机构关注体育赛事产业法律方面的内容。各商家或企业内部缺少相应的监管部门，对赛事自身标志或者转播权等受到侵犯时不能及时加以制止，没有形成对自身权益的保护意识。监管部门的缺失以及公司或企业内部对相关法律法规的不熟悉，容易导致出现侵犯其他公司或企业权益的问题。

(5) 执法机关打击力度不够，缺乏一定的激励机制

由于体育赛事比赛时长的原因，各侵权者在短期内对体育赛事转播权、赛事标志等内容大量使用，并在比赛结束后迅速销毁证据，但侵权者在整个过程中获得了巨大的利益。对执法部门来说，未发现就没办法处理。另外，体育赛事结束后侵权者的侵权行为对体育赛事组织以及授权单位造成的损失无从计算，惩处力度会有所降低。处理违法事件是个长期的过程，案件处理的长期性使权利主体的利益没有得到很好的维护，再加上取证不容易，致使一些权利主体只能自认倒霉，放弃控告。《国家知识产权战略纲要》中强调要建立健全执法、管理体制，以提高执法水平和执法效率。由于国家出台的体育赛事法律法规有限，多数以地方性法规条例为依据，降低了对体育赛事标志、转播权等的保护力度，而违反地方性法规条例的惩罚力度远低于违反由国家直接出台的相关法律法规。

现有的体育法律法规着重强调对体育赛事产业的监管和控制，缺乏必要的激励机制和手段。体育赛事产业发展需要一定的推动力，合理的市场运作才能使体育赛事产业得以迅速发展，对市场机制的维护和尊重有利于促进体育赛事产业的发展。

(6) 体育赛事产业相关法律宣传不到位

我国体育赛事众多，然而在体育赛事举办期间，并没有专门的媒介对其赛事标志、转播权等的法律法规加以宣传，缺乏必要的机构进行专门的法律保护知识的普及，而人们关注的往往只是体育赛事的规模、举办时间、地点以及赛事种类等内容。这造成了侵权问题伴随着体育赛事的产生而发生，给不少企业带来了一定的经济损失。

2.4　国外体育赛事产业的法律及我国体育赛事产业法律保护对策

2.4.1　美国体育赛事产业的相关法律

美国政府在职业体育发展中扮演着重要的角色，促进了职业体育市场化和商业化。在美国，体育社团承担了体育赛事政策的制定和实施任务，为体育赛事产业的发展提供法律政策的支持。美国体育相关法律出台较早，自中央到地方体育法律法规较为完善，已经构成了较为完善的体育赛事产业法律体系。美国在体育赛事标志、转播权方面的法律研究领先于其他国家，为其他国家的体育赛事产业法律制定提供借鉴。

（1）奥运会标志法律法规

美国颁布的《业余体育法》（1978 年）在 1998 年修订为《奥林匹克与业余体育法》，主要对美国奥委会以及各单项体育联合会直属的体育赛事进行法律规定，较为全面地规定了美国奥委会名称、印章、标记、标志等赛事标志的专有权及争端解决的相关问题，对国际奥运会、国际残奥会和泛美体育组织进行法律保护。

我国在北京奥运会前期制定了一系列有关奥运会的法律保护政策。随着冬奥会的申请成功，我国将出台相应的冬奥会法律保护条例，但这样会因重复制定法律而造成人力、财力的浪费，今后我国再次举办奥运会的可能性也会越来越大，需要我们对奥运会制定统一的法律，并针对各奥运会的特点加以区别保护。

（2）体育赛事税收政策

1976 年以前美国政府通过对运动队、体育赛事组织者、体育赛事赞助者采取一定的优惠政策来保障体育赛事的顺利进行，针对体育赛事的特殊性对其进行专门的政策支持，同时激发人们开办体育赛事的积极性。美国职业体育税收政策被列入了法律条文，随着美国体育赛事产业的发展，出现了许多偷税漏税问题，迫使美国政府对其采取必要的措施，因此在 1976 年美国国会取消了优惠政策，以稳定体育赛事健康发展。虽然没有专门的对职业体育进行管理的政府行政机构，但在美国法律健全的大环境下，对职业体育的法律保护仍较为完善，为促进美国职业体育的发展奠定了强有力的法律基础。

针对我国体育赛事举办的实际情况，我国政府部门可为赛事举办方提供一定的优惠政策刺激体育赛事产业的发展，当体育赛事产业发展逐渐达到稳定期时再根据出现的问题对政策进行有针对性的修订。

(3) 体育赛事转播权相关法律法规

体育赛事转播权在体育赛事产业产值中占有较大比重，由于利益的驱使而容易出现很多法律问题，美国国会通过的《体育转播法》(1961 年)对体育赛事转播权进行了法律保护。另外，美国版权法、反垄断法也对其加以保护。

1961 年，美国为了能够极大地促进职业体育的发展，《体育转播法》为职业体育联盟提供了优惠政策，使其在电视转播权方面享有“反垄断豁免权”，以保障体育赛事转播健康发展。1976 年的版权法强调了对体育赛事电视现场直播权的法律保护，对转播权也适时进行保护，确定体育联盟享有独一无二的电视转播权，相关的体育赛事节目也受到版权法的保护；《数字千年版权法》主要对互联网上的体育赛事的版权进行保护，促使体育赛事网络转播的迅速发展，为美国职业体育联盟带来了可观的收入。另外，《业余体育法》也为体育赛事转播权营销提供了法律支持。

为了更好地发展体育赛事产业，我国可参考美国出台的一系列的体育赛事转播权法律法规，结合我国国情有针对性地对目前出现较多的网络侵权、隐性市场侵权等问题进行法律制约。

(4)《禁止网络盗版法案》与《保护知识产权法案》

随着网络时代的到来，美国体育赛事转播在网络上发展也逐渐成熟，2011 年《禁止网络盗版法案》在《保护知识产权法案》的基础上被提出，得到众议员的支持。该法案可有效制止网络盗版、冒牌体育赛事的产生，规范网络体育赛事产业的发展。另外，该法案对转播权拥有者的权利提供法律救济。这两部法案对我国体育赛事产业的法律制定有一定的参考意义。

(5) 其他相关法律法规

美国专利法及《发明人保护法》等法律对美国职业体育产业中的赛事标志加以保护，而美国商标法及《联邦商标反淡化法》对职业体育产业的商标进行严格的法律保护，保障了美国职业体育联盟利益，也促进了美国职业体育产业的迅速发展。

在美国，职业体育管理主要负责人很多是律师出身，这为职业体育政策法规制定及维权奠定了强有力的基础。美国体育赛事产业的发展速度对体育赛事产业法律法规的制定实施提出了较高的要求。在美国，职业体育赛事标志、转播权等的法律法规更新速度非常迅速，在职业体育政策法规方面为我国体育赛事产业法律法规的制定提供了可供借鉴的依据。

2.4.2　澳大利亚体育赛事产业的相关法律

1985年，澳大利亚建立了体育资助基金会，采用企业捐赠抵扣税收的方式对体育赛事进行政策支持，提高企业对体育事业投资的积极性，极大地解决了体育赛事产业发展过程中的集资问题，该基金会的成立与运行受到《所得税评估法》的保护。《体育委员会法》确定了体育委员会的职能，为体育赛事的发展提供了资金支持和法律保障。

澳大利亚是第一个为奥林匹克知识产权进行专门立法的国家，在奥林匹克知识产权法律保护方面有着较为系统全面的法律体系。目前澳大利亚对奥林匹克标志颁布实施的相关法律主要有《1987年奥林匹克徽章保护法》《悉尼2000年奥运会标记和形象保护法》等，在奥运会举办期间或者后期完成修订，明确了奥林匹克标志的合法使用范围。另外，澳大利亚体育赛事产业也同样受到本国专利法、商标法等法律的保护。

澳大利亚版权法在1905年首次颁布，政府针对使用过程中出现的问题对其不断进行修订，由于美国在体育赛事产业方面的法律法规较为全面，澳大利亚根据美国的《数字千年版权法》对本国版权法进行了修改，《著作权法修正案(数字议程)》(2000年)应运而生，为数字网络背景下的体育赛事网络转播提供了法律保护。一直以来，澳大利亚在线盗版问题给各企业造成了巨大的经济损失。为了减少盗版问题的出现，2014年澳大利亚联邦政府公布了打击盗版的计划书，明确对海外非法访问进行拦截，体育赛事转播权拥有者可对其进行法律保护；另外设定了新的处罚措施，对侵权者进行警告处理，情节严重者对其设定网站访问限制。打击盗版计划书的公布也显示了澳大利亚对体育赛事网络转播权侵权问题的重视。

针对目前我国不断增加的体育赛事转播权网络侵权问题，结合澳大利亚的《著作权法修正案(数字议程)》中对网络转播权的法律保护，可以将网络转播权保护纳入我国与版权相关的法律中，或者建立专门的体育赛事转播权法律。

2.4.3　韩国体育赛事产业的相关法律

韩国是亚洲国家中体育赛事产业发展较好的国家之一，韩国的体育基本法是《国民体育振兴法》，此法更注重对全民体质的关注，涉及对体育用品业方面的法律规定，但并未提及体育赛事产业相关内容。韩国多实行俱乐部的模式，主要靠市场的运作使体育赛事产业得以稳步发展。韩国较为系统地规定了体育赛事的审批，在一定程度上促进了体育赛事产业法律法规的发展。放宽对体育赛事专门人才的培养机构范围，规定了对职业体育的培育，但内容仍然不够全面，仅涉及对体育设施方面的法律保护，缺乏对企业或者体育俱乐部体育赛事权益的相关法律保护。伴随着该法律的实施，一系列的辅助政策相继出台，为韩国《国民体育产业振兴法》的实行提供了辅助性政策保护。

韩国《国民体育产业振兴法》对体育产业方面有了明确的法律规定，而我国体育产业并无相关的产业法律，仅靠地方政府出台的政策法规对体育产业加以保护，不足以显示对体育赛事产业的重视。

2.4.4 完善我国体育赛事产业法律保障的措施

(1) 完善体育赛事产业相关的法律制度，提高立法层次

《中华人民共和国体育法》内容较为简单，主要内容是为促进我国体育事业的发展，对体育事业发展过程中相关事宜进行法律规定。随着我国体育产业的逐步发展，作为体育产业的核心产业，体育赛事产业的发展离不开相关法律的保护。

《中华人民共和国体育法》是由全国人大常委会通过的，而体育赛事产业的相关法律是以中央规范性文件为中心，以地方性法规、地方规章、地方规范性文件为依据对体育赛事产业进行保护，立法层次低，使得人们对其重视程度不够，相应法律的制定能够对体育产业进行系统的规范。制定专门的体育产业法律或者结合其他行业产业的共性，由国家政府出台与产业相关的专门性法律，拓宽其对各项体育赛事的法律保护，将其立法层次设定为国家政府部门，由国家颁布实施相应政策，这些措施对体育赛事产业的发展能起到至关重要的保护作用。

另外，对体育赛事标志的保护条例往往采用的是针对各体育赛事单独制定的办法，这样造成了规章条例的泛滥，应根据不同类型的体育赛事制定相应的法规，彼此之间相互协调制约，并在每一届的体育赛事中加以应用和完善，出现问题及时进行补充，使体育赛事相关法律法规形成完整的体系。

(2) 执法快捷有效

体育赛事产业与其他产业有着很大的不同，周期性、短期性特点较为明显，根据体育赛事的时效性特点，只有在较短时间内对侵权行为加以法律制裁，才能更加全面有效地对体育赛事产业加以保护。政府相关部门对体育赛事侵权案件受理判决时间争取在最短的时间内完成，在最短的时间内对体育赛事产业权益加以保护。为了达到快速有效的执法效果，要设有专门的体育

赛事产业执法部门，并对执法人员定期进行相关法律法规知识的普及，进而使其熟练掌握各种案件处理的流程。除了关注体育赛事产业相关的法律侵权案件外，也要对其他产业中出现类似案件加以分析，从中吸取经验，在处理体育赛事产业侵权案件时能够及时参考相关的处理方案。对执法的资源加以整理、合理配置，使资源得到充分的利用。在执法过程中，为了更好地取证，与体育赛事组织者、承办者及赞助者等及时进行沟通，并密切关注相关检举信息，争取以最快的速度得到第一手资料。

(3) 制定与投融资相应的法律法规政策

根据体育赛事的知名度对投融资者实行不同的政策，对其权益加以保障。投融资者在权益有保障的前提下，更注重通过竞争方式完成最大额度的投融资，同时也要通过法规、政策、条例等方式对投融资者的权益进行保护。

国外体育赛事投融资一直以来主要侧重于市场的调控，政府扶持力度较小。根据我国体育赛事产业的特点、相应的法律制度，应引进国外先进的投融资方式并进行适当调整以适应我国体育赛事产业的发展。在签订的合同中要明确双方责权，有效避免纷争。加大对外资的引进，通过外资企业的投资，既可以达到融资的目的，也可以使国外观众对我国体育赛事有所了解。

(4) 建立行业自律机制，提高体育赛事产业保护意识

建立行业自律机制，从而加强行业自律。在利益面前保持清醒的认知，提高权利意识，尊重他人权利，维护好自身的权利不受侵害。加强行业自律的前提是要有维权意识，清楚了解体育赛事转播权及赛事标志的保护条例，通过加大宣传教育力度，向各商家、企业及消费者传达维权意识，只有树立牢固的意识，认同体育赛事产业法律法规的重要性，才能遏制违法行为的发生。

随着部分体育赛事审批制度的取消，国家放宽了体育赛事的转播权限要求，促进了体育赛事转播资源的优化配置。这种竞争方式类似于饥饿营销，各地方电视台、网络公司为了获得转播权进行激烈的竞争，导致转播权费用迅速提高，消费者观看体育赛事成本也会提高。再加上体育赛事水平的限制，权利冲突严重，可能会造成体育赛事收视率急速下滑，不利于体育赛事的推广。我国应建立专门的督导机构，对体育赛事产业中出现的各种状况进行监督，向企业及商家普及现有的法律法规，让企业和商家对体育赛事产业的法律法规有清晰的认识。另外，体育赛事产业商家或企业可在内部设立专门的法律咨询部门，对自身赛事是否侵权或自身权益是否受到侵犯进行监督和管理。只有树立牢固的权利保护意识，认同体育赛事产业法律保护的必要性，才能避免侵权行为的发生。

体育赛事产业健康发展赖以生存的土壤是有良好的体育赛事产业法律环境。体育赛事主办方及承办方可通过进行体育赛事知识产权知识竞赛、宣传教育普及赛事法律知识，让人们在感受体育赛事带来的视觉效果、心灵刺激等的基础上全面了解体育赛事相关法律。

培养专门的体育法律人才也是提高体育赛事产业法律保护的一种措施。我国体育法律相关的人才不仅要对体育赛事有所了解，而且对法律的认识也要有所侧重，因此要对政府相关部门的人员进行必要的体育赛事法律法规条例知识普及，确保他们了解体育赛事相关规定。除了普及现有的体育赛事产业相关法律法规之外，还要加强对国外体育赛事产业法律的研究力度，从其他国家体育赛事产业法律保护条例中借鉴对我国体育赛事产业有利的法律条文，结合我国体育赛事产业的特点进行适当的法律法规梳理，进而完善我国体育赛事产业相关法律。

(5) 加大对侵权行为的打击力度，建立健全奖惩制度

多数侵权行为是建立在巨大利益的基础上的，只有加大对侵权行为的打击力度，才能从根本上解决问题。当侵权者通过侵权所获得的利益远远大于惩罚力度所带来的损失时，这种侵权现象将得不到有效解决。对于侵犯体育赛事产业的行为可以加大惩罚力度，通过惩罚力度的增大来减少侵权现象的发生。另外，提高对侵权案件处理的效率也是一种较好的选择。在体育赛事进行期间，执法部门严格按照标准对体育赛事相关部门、体育赛事产业机构实施监管，争取杜绝不良行为的发生。针对体育赛事转播权，执法部门加强对媒体、电视、网络等渠道的监督管理，对侵犯体育赛事转播权的行为及时制止并严加惩治。

政府或相关部门可以实行举报奖励制度，对举报违反体育赛事相关法律的人或组织，经查证侵权、违法行为属实后进行一定的奖励，鼓励人们对触犯体育赛事产业法律法规行为的检举揭发。另外，本着"早发现早处理"的原则，国家可以指定专门的体育赛事维权热线电话或者举报信箱，并安排专人对相关文件、电话内容进行调查、核实，对检举揭发人员信息保密，只将相关信息向体育赛事专管部门公开，以保证该制度正常运行。在这个过程中让人们对体育赛事相关法律法规加以进一步了解，避免商家或企业侵权违法行为的发生。

(6) 加强对体育赛事产业法律的宣传

增加立法的透明度，公布体育赛事产业相关法律的修订内容，及时回应新的法律问题。在体育赛事直播或转播过程中增加体育赛事公益性广告的植入，或在体育新闻、体育节目等电视和网络赛事频道中适当加入法律维权的内

容，借助网络、媒体等各种传播媒介向群众传播体育赛事产业法律知识，加强人们体育赛事产业权利保护的意识，营造良好的法律保护氛围，促进体育赛事产业健康发展。另外，在体育赛事现场座位、护栏以及转播场面中宣传体育赛事产业的保护条例，通过宣传增强人们对体育赛事产业法律保护的意识，加强商家、企业的维权意识。

政府部门可以采用专家讲座、发放法律保护宣传手册等方式对体育赛事组织者、参与者及观众等人员定期进行相关法律的宣传，增强人们的维权意识。对相关商家和企业进行专门的行业指导，通过形式多样的宣传方式增强人们对体育赛事产业相关法律知识的认识，发动群众的力量，维护体育赛事产业健康发展。只有提高赛事质量、宣传体育赛事产业法律保护规章条例、净化市场环境、减少违法乱纪行为，才能促进体育赛事产业健康稳定发展。

第3章 我国奥林匹克知识产权的法律保护

3.1 奥林匹克知识产权的基本法律问题

3.1.1 奥林匹克知识产权的界定

(1) 奥林匹克知识产权的概念

黄亚铃等(2009)在《北京2008年奥运会奥林匹克知识产权保护研究》一文中认为,奥林匹克知识产权主要是以奥林匹克系列标志为主体的特殊知识产权,是指奥林匹克知识产权权利人和相关人依据《奥林匹克宪章》,以及主办城市政府和主办国家奥林匹克委员会达成的协议中规定的与奥林匹克有关的商标、特殊标志、专利、作品和其他创作成果所享有的专有权利。奥林匹克知识产权主要包括国际奥委会的标志、会歌、旗帜、徽记、格言以及和奥林匹克、奥运会相关的专有名称,还包括申办、承办奥运会期间产生的会徽、吉祥物、歌曲、标识和其他创作成果以及主办国家奥委会的标志、徽记的知识产权。奥林匹克具有巨大的社会影响力和极高的市场信誉度,具有较高市场价值的标志类知识产权。

(2) 奥林匹克知识产权的分类

奥林匹克知识产权类别比较复杂,按外部形态的不同,奥林匹克知识产权总体上分为两大类,即图形类(包括立体的)和文字类。图形类如五环图案、北京奥运会会徽、吉祥物等;文字类包括格言、口号、专有名称和特定文字组合。按照权利人的不同,奥林匹克知识产权又可分为四类,在《奥林匹克宪章》第7条至第14条规则及其附则中对奥林匹克知识产权保护的内容有明确说明,在这里不再详细阐述,仅列出概括性的奥林匹克标志。

① 永久属于国际奥林匹克委员会专有的知识产权。主要有奥林匹克五

环标志、奥林匹克会旗、奥林匹克会歌、奥林匹克格言(更快、更高、更强)、奥林匹克徽记、奥林匹克圣火、奥林匹克火炬和奥林匹克称谓等。

② 奥林匹克运动会组织委员会所属的知识产权。这部分主要是在奥运会组织委员会申办、筹建以及举办奥运会过程中组委会自行或者委托他人创作并为其使用而开发形成的产权,这部分权利在奥运会闭幕后归国际奥委会所有。主要内容包括奥运会的会徽、口号、会歌、主题、理念,还包括申办奥运会而产生的标志、奥运会招贴画、奥运会图形以及奥运会其他图像作品和有关称谓等。

③ 中国奥林匹克委员会所属的知识产权。张玉超(2014)在《我国体育知识产权的基本法律问题研究》一文中认为,中国奥林匹克委员会所属的知识产权主要内容包括中国奥林匹克委员会名称、中国奥林匹克委员会会徽、中国奥林匹克委员会商用徽记、中国体育代表团专用标志等。

④ 组织和个人通过合法渠道取得与奥运会密切相关的产权。包括奥运会电视、新媒体转播权的赛事信号,与奥运会密切相关的作品,与奥运会密切相关的专利产品和专利技术等。

3.1.2　奥林匹克知识产权的权利分析

3.1.2.1　奥林匹克知识产权的权利归属

从权利的角度看,知识产权的归属就是权利所有人,包括著作权人、专利权人、商标权人。从法律关系的角度看,知识产权归属就是权利人及除权利人以外的义务人。拥有知识产权的既可以是"自然人"也可以是"法人",在一定条件下也可以是非法人组织,或直接由国家所有。《奥林匹克标志保护条例》第三条规定:"本条例所称奥林匹克标志权利人,是指国际奥林匹克委员会、中国奥林匹克委员会和中国境内申请承办奥林匹克运动会的机构、在中国境内举办的奥林匹克运动会的组织机构。国际奥林匹克委员会、中国奥林匹克委员会和中国境内申请承办奥林匹克运动会的机构、在中国境内举办的奥林匹克运动会的组织机构之间的权利划分,依照《奥林匹克宪章》和相关奥林匹克运动会主办城市合同确定。"2002年2月7日,国际奥林匹克委员会致函第29届奥林匹克运动会组委会,授权这届奥运会组委会"对于未经授权的第三方擅自使用同奥林匹克相关的知识产权采取行动,包括在中国法律执行机关提出要求,和(或)在中国司法部门提起诉讼"。中国奥委会根据国际奥委会的指示禁止任何第三方在中华人民共和国的领土上使用国际奥委会所属的奥林匹克标志,中国奥委会可以自己的名义,对未经授权使用奥林匹克标志的行为提出法律诉讼。

3.1.2.2 奥林匹克知识产权的权利内容

奥林匹克知识产权权利来源可依据《奥林匹克宪章》和《奥林匹克标志保护条例》产生，也可以依据《中华人民共和国著作权法》《中华人民共和国商标法》《中华人民共和国专利法》所规定的权利产生。奥林匹克知识产权属于复合权，其权利构成有著作权的权利、专利权的权利、商标权的权利，主要包括精神权利和财产权利。其中，精神权利包括有关奥林匹克权利人对其知识产权享有的发表权、署名权、修改权和保护作品完整权；而财产权利则包括独占使用权、禁止权、转让权、许可使用权等权利内容。

(1) 奥林匹克知识产权的精神权利

① 发表权：即作者决定作品是否公之于众的权利。所谓公之于众，是指披露作品并使作品处于公众所知的状态，即作者有权决定发表自己的作品和不发表自己的作品。《最高人民法院关于审理著作权民事纠纷案件适用法律若干问题解释》第九条规定："著作权法第十条第(一)项规定的'公之于众'，是指著作权人自行或者经著作权人许可将作品向不特定的人公开，但不以公众知晓为构成条件。"发表权只能行使一次，已经发表则公布于世。对于奥运会会徽、吉祥物、格言、会歌等作品一经发布就行使了发表权。但是应该注意的是，对于奥运会会徽、吉祥物、格言、口号等奥林匹克知识产权一般是由奥林匹克权利人而非作者发布和行使权利，实际上奥林匹克标志在采纳使用的时候就已经同作者达成了权利转让的协议或者代为行使著作权。没有经过发表和公布的知识产权是难以作为奥林匹克标志使用的，也不能在公众之中代表奥林匹克运动及奥运会的形象。

② 署名权：指作者在创作的作品上及其复制件上如何标记作品来源的权利，作者表明自己身份、在作品上署名是著作权法规定的作者权利。作者有权署名，也有权不署名；有权署真名，也有权属假名或笔名；作者有权禁止他人在自己的作品上署名。奥林匹克标志的知识产权尽管其权利让渡给了权利人，但是作者仍然保留表明自己是奥林匹克标志设计者和创作者的权利。署名权不同于作者的民事人格权，它不因作者的死亡而消灭或改变。例如，顾拜旦于1913年设计了奥运五环标志，尽管该标志作为奥林匹克标志已经归国际奥委会所有，但是顾拜旦作为其创作者的身份并没有改变。对于奥林匹克艺术作品，由于其并非属于奥林匹克标志，其产生的知识产权也未让渡给奥林匹克权利人，因此，作者仍然有权署名并将其公之于众。

③ 修改权：即修改或者授权他人修改作品的权利，是作品完成以及发表

之后重要的精神权利，作品修改与否、怎么修改以及是否授权他人修改，都应根据作者的意愿。修改权和保护作品不受歪曲、篡改的保护作品完整权构成了作品完整性和同作者意愿一致性的重要法律保障。近年来出现的“恶搞”现象已经涉及奥林匹克知识产权，包括奥运会会徽、“中国印”在内的奥林匹克标志成为恶搞的对象。这种漠视他人著作权，特别是修改权和保护作品完整权的行为应当进行法律上的规制。

（2）奥林匹克知识产权的财产权利

奥林匹克知识产权中的财产权，是指权利人或者授权他人以一定方式利用奥林匹克标志及其他精神产品从而获得收益的权利。随着科学技术的进步，利用奥林匹克知识产权的方式也逐步增加，从而使财产权利的内容也随之扩大。根据对奥林匹克知识产权利用的方式，其权利内容应当包括如下几个方面。

① 独占权：是指奥林匹克知识产权权利人独占地支配其知识产权的权利。《奥林匹克宪章》中规定：“奥林匹克运动会是国际奥委会的专有财产，国际奥委会拥有与之有关的全部权利和数据”，“国际奥委会可采取一切适当措施，使其对奥林匹克运动会和奥林匹克财产的权利在各国和国际上获得法律保护”。奥林匹克知识产权的独占权表现在：第一，奥林匹克知识产权权利人可以以任何方式使用自己的知识产权，为扩大奥林匹克知名度和商业价值，可以在公益宣传和商业广告使用奥林匹克知识产品。第二，奥林匹克知识产权权利人排斥非专有人对奥林匹克知识产权的假冒、模仿、剽窃。第三，奥林匹克知识产权的独占性是相对的，这种垄断权利往往要受到限制，知识产权的著作权、专利权都有权利限制、合理使用和法定许可使用是权利限制的具体体现，奥林匹克标志作为一种知识产权，同专利权、商标权、著作权和商业秘密知识产权一样应当具有合理的限度，只有在该限度范围内保护其独占使用的权利才能具有合法性。超过这个限度的保护不仅不能保护好奥林匹克知识产权，造成奥林匹克知识产权的滥用，反而会损害奥林匹克运动的良好形象，不利于奥林匹克运动的发展。第四，奥林匹克知识产权权利的独占性具有空间地域和有效期限内限制，超过这个限制则不受保护。

② 许可使用权：是指奥林匹克权利所有人享有的与他人签订书面使用合同，许可他人在国务院工商行政管理部门核准的商品或服务项目上使用奥林匹克标志的权利。奥林匹克知识产权不但可以自己使用，也可以通过订立许可合同的方式准许其他自然人、法人和企事业社会团体使用其奥林匹克知识产权。奥林匹克知识产权权利人通过契约将其所持有的奥林匹克标志作为经

营资源授予被特许人使用，被特许人按照契约规定把奥林匹克标志、会歌、图形等构成奥林匹克知识产权的各个要素按照合同约定在其商品和服务中使用，并向特许人支付经营费用。奥运会的成功经验是依靠有限数量的赞助商与特许商的巨额经济赞助，支撑奥运会巨大的组织运营成本并扭亏为盈。

③ 禁止权：是指奥林匹克知识产权权利人享有禁止他人使用已注册的特殊标志的权利。奥林匹克权利人有权禁止他人未经许可在商业性经营活动和服务中擅自以各种方式使用奥林匹克知识产权。在排他性、独占性的使用上，奥林匹克标志权与所有权的性质是一致的，但二者的对象不同且有很大区别。正如刘春田(1999)在《知识产权法》一书中认为，作为所有权对象的动产或不动产通常是特定的物质实体，对它的实际控制的本身就是具有排他性的，权利人在行使占有和使用时，他人就无法占有使用。侵犯所有权往往表现为对所有权标的的窃取、损坏等。而奥林匹克知识产权是无形的人格利益，其主体无法实现对其的实际占有，在奥林匹克知识产权权利人使用或授权他人使用特殊标志时，第三人完全有可能在事实上同时使用特殊标志。侵犯特殊标志的行为不在于侵权人损坏或窃取作为有形财产的使用，而在于未经允许使用。因此，法律赋予特殊标志权利人以禁止上述侵权行为的禁止权。奥林匹克权利人有权禁止他人未经许可在商业性经营活动中擅自以各种方式使用奥林匹克知识产权，不但禁止他人未经许可直接使用各种奥林匹克标志，商家也不得未经许可通过间接使用奥林匹克标志的方式来扩大自身影响。同时，不得使用与奥林匹克标志相同或相似的文字、图案，不得擅自改变奥林匹克标志的文字、图案。对非法使用奥林匹克知识产权的侵权行为及其造成的损害，奥林匹克知识产权权利人有权请求法律救济。

④ 收益权：是指权利人或者授权他人以一定方式利用奥林匹克标志而获得收益的权利。财产收益权利是同利用奥林匹克知识产权的方式密切相关的。随着科学技术的进步，利用奥林匹克知识产权的方式也逐步增加，从而使财产权利的内容也随之扩大。根据现有对奥林匹克知识产权利用的方式，其权利内容应当包括如下几个方面：第一，复制权和发行权，即以印刷、复印、拓印、录音、录像、翻录、翻拍等方式将作品制作一份或者多份的权利，和以出售或者赠与方式向公众提供作品的原件或者复制件的权利。这是权利人或者其授权人获得经济利益的主要方式。第二，信息网络传播权，随着科技的发展和网络的普及，作品有在网络传播的可能，即以有线或者无线方式向公众提供作品，使公众可以在其个人选定的时间和地点获得作品的权利。

3.2　奥林匹克知识产权侵权形式及救济措施

3.2.1　奥林匹克知识产权的侵权主体

随着国际奥林匹克运动影响的不断扩大，侵犯奥林匹克知识产权行为主体日益多样化。侵犯奥林匹克知识产权的行为主体大致分为三类：

（1）企业

涉及侵权的企业范围较为广泛，主要涉及饮料、房地产、机械、服装、电子、食品等许多行业，主要表现为企业在其产品的生产、经营、销售环节中没有与奥林匹克权利人订立许可使用合同就擅自使用奥林匹克知识产权。

（2）各种传播媒介及社会中介组织

各种传播媒介及社会中介组织的侵权方式比较特殊，主要包括以奥运会为主题组织各类会议、演出、论坛、展览等。

（3）机关、事业单位和其他社会团体

吕炳斌（2017）在《江苏省知识产权市场建设的现状与问题》一文中认为，机关、事业单位和其他社会团体出于对奥运会的热情而使用奥林匹克标志，这些侵权大多不是故意行为，主要是不了解奥林匹克知识产权保护的相关规定，而在宣传中随意对奥林匹克标志、口号等进行直接或变相使用。

3.2.2　奥林匹克知识产权侵权形式

通过调查研究和对文献资料的分析，发现我国奥林匹克知识产权的形式大致可划分六大类。

3.2.2.1　依据是否得到授权以及授权范围的大小，分为未经授权的滥用行为和合同越权行为

（1）未经授权的滥用行为

《奥林匹克标志保护条例》第十二条规定："未经奥林匹克标志权利人许可，为商业目的擅自使用奥林匹克标志，或者使用足以引人误认的近似标志，即侵犯奥林匹克标志专有权"。一些企业和商家未经授权将奥林匹克品牌（主要是名称和徽记）用于商品包装、服务项目、广告宣传、商业展览或销售含有奥林匹克品牌的商品，这些商家和企业将奥林匹克标志公开地、直接地利用到企业产品上，获得人们对奥林匹克品牌具有良好印象这一事件而赚取大量的商业利益。例如，某些企业擅自生产、出售大量印有申奥口号或标志的文化衫、

帽子、徽章、纪念卡，这是严重的侵权行为，也是需要重点预防和加重处罚的行为。

(2) 合同越权行为

《奥林匹克标志备案及管理办法》第六条规定："奥林匹克标志权利人许可他人为商业目的使用奥林匹克标志的，应当签订使用许可合同。"第七条规定："奥林匹克标志使用许可合同应当包括下列内容：(一)许可使用的奥林匹克标志及其备案号；(二)许可使用的商品或服务范围；(三)许可使用的地域范围；(四)许可使用期限。"奥林匹克知识产权侵权行为中所产生的违约责任大多同时符合侵权责任的构成要件，属于违约责任与侵权责任的结合。企业与国际奥委会或中国奥委会签订使用许可协议后，只能按照合同的约定在一定范围内以合理的方式使用奥林匹克标志，超出合同约定的使用范围的，就要承担相应的违约责任。例如，海尔集团是 2008 年北京奥运会的白色家电赞助商，在其市场开发活动中，可以在其白色家电产品上使用奥林匹克标志等以奥运为主题进行推广活动，但如果海尔集团在其 IT 产品上使用奥林匹克标志则是不允许的，将构成违约行为。奥运会赞助企业也分多个档次，如国际奥委会的全球合作伙伴、中国奥委会的合作伙伴、北京奥运会的赞助商以及独家供应商，它们根据使用许可合同的约定具有不同的权限，如北京奥运会的独家供应商只能在除中央电视台之外的其他媒体上以奥运为主题进行广告推广活动，一旦其在中央电视台推出与奥运相关的广告，也就构成了违约行为。

3.2.2.2 依据使用奥林匹克标志侵权方式的不同，分为网络侵权行为和隐性侵权行为

(1) 网络侵权行为

随着互联网产业的兴起，一些企业和个人利用网络域名等侵犯奥林匹克标志专用权，对奥林匹克运动产生负面影响，这也对奥林匹克知识产权的保护提出了新的要求。在网络的虚拟世界中，包括奥林匹克知识产权权利人和其他相关权利人的合法权益面临着大规模的国际域名侵权。奥林匹克知识产权网络侵权形式主要有下几个形式：第一，恶意注册国内外奥林匹克域名，这些注册的域名有的长期闲置，等待时机向国际奥委会和奥运会组委会高价售卖他们抢注的奥林匹克域名，有的是刊载一些与奥林匹克毫无关联的商业内容。例如，大量的关于北京奥运会的奥林匹克域名被注册，有的是与北京奥运会域名相似或相近，有的是含有诋毁内容的奥林匹克域名，网络已成为奥林匹克对外宣传的一个窗口，上述行为不仅给奥林匹克权利人带来了直接经济损失，而且妨碍了奥林匹克权利人的全球网络战略。第二，网上侵权行为是在网上复

制奥林匹克标志，由于奥林匹克标志在网上极易复制，容易大范围传播且速度极快，给奥林匹克知识产权权利人造成的危害更大。第三，利用网络广告宣传的形式侵犯奥林匹克标志专有权的行为，包括直接将奥林匹克标志用于网站经营者的宣传，尤其是商业广告。如某网站未经奥林匹克知识产权权利人允许，在其经营的网页上发布“某某企业祝奥运会圆满成功”之类的广告等行为。

（2）隐性市场行为

隐性市场行为是指那些没有赞助奥运会的机构在展示自己时，有意误导公众，把自己描述成奥运会的赞助商或同奥运会有关的机构，把自己的企业名称和产品同奥运会联系在一起。这种侵权行为并没有直接使用奥林匹克标志，侵权行为比较隐蔽，采取的是隐含的、潜在的策略。比如，某酒产品在产品上写“为北京申奥成功干杯，喝某某酒”等所谓祝贺性广告，或者某企业将印有该企业名称或产品标识的服装、雨具免费分发给消费者，使之身着或携带上述物品进入奥运会场所。另外，一些企业以祝贺北京申奥成功的名义，利用媒体广告展示企业自身或产品形象，也属违规行为。这些行为属于典型的隐性市场行为。隐性市场行为作为一种潜在的、暗含的侵权行为，对奥林匹克知识产权相关权利人的权益的危害不亚于那种存在较为明显的恶意的侵权行为。

3.2.2.3 依据侵权的主观心态和目的的差异，分为善意使用奥林匹克标志导致的侵权行为和非善意使用奥林匹克标志导致的侵权行为

（1）善意使用的侵权行为

由于“全民奥运”的理念逐渐深入人心，某些未经授权的企业往往出于对奥林匹克运动的热爱和支持，使用特定奥林匹克标志进行支持奥运的宣传活动。这类侵权行为基本上是没有恶意的误用和不了解规定的错用。例如，一些单位出于热情在支持举办奥运会的宣传活动时，没经过任何奥林匹克权利人的许可，将国际奥委会、北京奥组委、中国奥委会的标志或特定口号、格言与本单位名称混在一起宣传使用，如在“新北京、新奥运”的后面加上“新某某”。这些侵权形式一般在户外非公益广告、房地产宣传小广告、公共设施上擅自使用。这种情况属于善意使用奥林匹克标志导致的侵权，多以主观上的过失为构成要件。

（2）非善意使用的侵权行为

非善意使用奥林匹克标志导致的侵权是由企业追求自身利益引发的，以故意作为主观要件。这类侵权行为在实践中占有庞大的比例，是法律重点规制的行为，也是主观上具有侵权恶意并可能导致更严重社会危害的行为，应当特别予以重视。例如，大量的中介组织和企业等打着奥运、奥运会旗帜组织各

种会议、论坛、培训、展览、演出等商业行为，并且程度不同地进行征集广告、赞助的行为。又如，机关团体、企业等机构在宣传中随意使用奥林匹克标志，甚至是变形使用。

3.2.3 奥林匹克知识产权的侵权救济

知识产权侵权救济机制有三种选择：第一种是以司法机关保护为主的模式，行政机关不主动参与管辖知识产权案件，知识产权的保护由法院进行裁判并提供救济。第二种是强调行政机关的执法保护，其特点是赋予相关的行政机关较大的执法权限，可以进行广泛的管辖，并有较大的处理权。第三种就是执法机关与司法机关平行管辖。传统知识产权的保护，以当事人协商和诉讼手段为主、行政干预为辅。但由于奥林匹克运动的周期性，奥林匹克标志的商业价值也只在特定期限内显现，如北京奥运会相关知识产权的商业价值主要存在于北京奥运会申办成功至结束期间，奥林匹克产权人不倾向于采用诉讼手段保护自己的权利，也不可能通过协商手段来阻止侵权行为。国际奥委会要求主办国必须采取迅捷高效的手段来制止未经授权使用奥林匹克标志的行为。因此，我国奥林匹克标志知识产权的法律保护机制，是以工商行政机关的行政执法为主、人民法院的司法干预为辅的具有中国特色的“双轨制”办法。对于知识产权侵权案件，知识产权所有人可以直接向工商行政管理部门投诉，也可直接向人民法院起诉，同时行政管理部门也可以主动进行查处。

3.2.3.1 协商

协商解决奥林匹克知识产权的救济措施主要是指双方当事人之间按照平等、友善和实事求是的精神，就有关奥林匹克知识产权侵权纠纷达成一致的解决办法，双方自觉履行各自约定的义务。当事人之间协商解决奥林匹克标志侵权行为，必须遵守相关法律规定，不得违反社会公共利益和公序良俗，同时还应当遵循公平合理的法制精神。笔者认为，双方协商解决的方式简单易行、快捷省时，有利于节约社会资源、缓解矛盾。协商可减轻执法部门和司法机关的负担，也有助于社会秩序的稳定，还可以避免当事人支付诉讼、仲裁等费用。当工商行政管理部门和奥林匹克知识产权权利人发现侵权行为时，可以先给奥林匹克知识产权侵权者发送告知函，告知对方已经侵犯奥林匹克知识产权，要求侵权者立即停止侵害，并指出侵权的不当之处并要求限期整改，这种救济方式能给侵权人一个改正纠错的机会。同时，国际奥委会也不主张权利人通过诉讼渠道来维护奥林匹克标志权。因为奥林匹克标志权使用周期非常短，如奥林匹克会徽、吉祥物等奥林匹克标志，如果任何侵权形式都诉诸法律手段解决，在诉讼时间及费用成本上极不划算，这样不仅起不到保护奥林匹克知识产权的效果，而且还会给奥林匹克运动带来不良影响。

3.2.3.2 调解

调解是指双方或多方当事人就争议的实体权利、义务，在人民法院、人民调解委员会及有关组织主持下，自愿进行协商，通过教育疏导，促成各方达成协议、解决纠纷的办法。调解可以由人民法院主持进行诉讼内调解，也可以是行政调解、仲裁调解和律师调解等诉讼外调解。调解体现了我国行政执法的人本思想，这种方式程序简便易行，可充分尊重当事人的意愿，也可以给争议双方制造比较缓和的气氛，大多数情况下也顾全了当事人的声誉，因此能够为双方当事人所接受。调解也有其局限性，一些侵权案件因调解不成功，还会贻误救济最佳时机或丧失侵权证据。

3.2.3.3 诉讼

《奥林匹克标志保护条例》规定针对奥林匹克知识产权的严重侵权行为如协商、调解都不足以解决侵权行为时，应通过法律手段获得救济，其救济措施主要有民事、行政、刑事三种诉讼方式。

(1) 民事诉讼

民事诉讼是平等主体保护其权益的基本方式，具体是指平等主体之间一方当事人的民事权益受到另一方的侵害，被侵权者可以向人民法院提起民事诉讼，要求侵权者停止侵权，通过消除影响和赔偿损失等方式寻求司法保护和救济。《奥林匹克标志保护条例》明确规定未经奥林匹克标志权利人许可擅自使用奥林匹克标志，奥林匹克标志权利人和利害关系人可以向人民法院起诉。知识产权是一种私权，其权利救济也可以采用民事诉讼。民事诉讼法律制度属于民事基本法律，民事侵权责任法律制度基本作用有两个：一是保护被侵权人；二是减少侵权行为。依据相关法律，笔者认为在确定奥林匹克知识产权的侵权责任归责时，应适用过错推定原则，即销售者明知销售奥林匹克知识产权的产品是侵权行为，或者应知道销售的商品具有奥林匹克知识产权侵权行为，就推定其有过错，那么，侵权者就应当承担侵权责任。对于那些的确不知道其销售的是侵犯奥林匹克知识产权的商品，并能说明侵权商品来源的人可以不承担赔偿责任。此处的“人”是指法律所指向的“人”，既包括个人也包括法人单位。赔偿损失的民事责任方式，实践中应用广泛，既适用于侵权行为，也适用于违反合同行为。

(2) 行政诉讼

侵犯奥林匹克知识产权行为因性质不同，危害程度和范围也有区别，有些侵权行为只损害了奥林匹克知识产权权利人的合法权益，如未经奥林匹克知识产权权利人的许可使用了奥林匹克知识产权，只需承担相应的民事责任就可以达到法律救济的目的，但是有些侵权人不仅侵害了奥林匹克知识产权权利人的权益，同时还欺骗了公众，损害了社会利益。对这种侵权行为，不仅要承担民事责任，还要承担行政责任。行政责任即指国家行政机关对当事人某些比较严重违反体育知识产权法律的行为予以行政处罚。对知识产权的行政保护，是中国知识产权保护具有特色的“双轨制”的体现。行政处罚方式对于奥林匹克知识产权侵权救济具有高效、快捷的优势，可以在短期内处理侵权者，维护了奥林匹克知识产权权利人的利益。在确定奥林匹克知识产权赔偿数额方面，《奥林匹克标志保护条例》规定：“违法经营额 5 万元以上的，可以并处违法经营额 5 倍以下的罚款，没有违法经营额或者违法经营额不足 5 万元的，可以并处 25 万元以下的罚款。”其目的是惩戒警示作用，让侵权者望而却步，不敢轻易侵犯奥林匹克知识产权，加大了侵权者的侵权成本。从这里可以看出，奥林匹克知识产权具有行政法的作用，罚款不是依据违法造成损失的等额赔偿原则，而是加重处罚。

(3) 刑事诉讼

我国还针对那些利用奥林匹克标志从事诈骗和散发虚假信息，盗用中国奥委会、北京奥组委及中国体育代表团的名义进行集资、销售、招聘等行为，触犯刑律的，可以依照刑法关于诈骗罪或者其他罪的规定，依法追究侵权者的刑事责任。《最高人民法院、最高人民检察院关于办理侵犯知识产权刑事案件具体应用法律若干问题的解释》中规定：“未经注册商标所有人许可，在同一种商品上使用与其注册商标相同的商标，具有下列情形之一的，属于刑法第二百一十三条规定的‘情节严重’，应当以假冒注册商标罪判处三年以下有期徒刑或者拘役，并处或者单处罚金：（一）非法经营数额在五万元以上或者违法所得数额在三万元以上的；（二）假冒两种以上注册商标，非法经营数额在三万元以上或者违法所得数额在二万元以上的；（三）其他情节严重的情形。具有下列情形之一的，属于刑法第二百一十三条规定的‘情节特别严重’，应当以假冒注册商标罪判处三年以上七年以下有期徒刑，并处罚金：（一）非法经营数额在二十五万元以上或者违法所得数额在十五万元以上的；（二）假冒两种以上注册商标，非法经营数额在十五万元以上或者违法所得数额在十万元以上的；（三）其他情节特别严重的情形。”《奥林匹克标志保护条例》第十二条也提出：“利用奥林匹克标志进行诈骗等活动，构成犯罪的，依法追究刑事责任。”这里举一个假借奥运会的名义从事金钱诈骗的案件。2004 年 9 月，某模特艺术有限责任公司假称委托了某艺术学院面向全国招收北京奥运会双语艺术志愿者，并谎称被录用者将在艺术学院免费培训三年，培训结束之后还能获得大专学历证书，但随后招生方又要求被录取者交纳2万元保证金。案例分析：这是一起假借奥林匹克的名义进行诈骗的典型案件，利用人们参与奥运会志愿者活动的美好意愿，散布虚假信息，引诱人们上当，然后诈骗钱财的低级手法。实际上，第29届奥林匹克运动组委会从来没有委托过此模特艺术有限责任公司及某艺术学院培养2008年奥运会服务的志愿者。一些别有用心的企业打着为奥运会培训志愿者的旗号，通过含糊不清的宣传有意来混淆事实，借助许多年轻人急于参与奥运会志愿者活动的热情，引诱他们上当受骗，并向他们收取价格不菲和名目不清的费用，进行与奥运会有关的商业活动，这样的案例已经不是单纯的侵权，而是很容易演变为一种诈骗行为。

3.3　澳大利亚奥林匹克知识产权保护制度评价

大型体育赛事的举办给当地经济、文化、旅游、餐饮、住宿带来了巨大的影响。如何通过体育赛事的举办减轻举办地政府财政负担，扩大体育赛事给举办城市的积极影响，加强体育赛事知识产权保护已成为成功举办大型体育赛事的重要保障。体育产业迅速发展，已成为我国经济发展的重要组成部分，体育赛事作为体育产业的核心产业，其商业价值日渐凸显。如何保护体育赛事知识产权，已成为体育产业健康发展的重要课题。澳大利亚是世界上第一个为奥林匹克知识产权立法的国家，且不断进行修改完善。我国应当借鉴澳大利亚的做法，抓紧时间制定一部有关体育赛事知识产权保护的综合性法规，弥补我国体育赛事知识产权保护缺陷，以适应我国体育产业飞速发展的要求。

3.3.1　澳大利亚奥林匹克知识产权保护制度立法及修改简介

澳大利亚1987年颁布了《1987年奥林匹克徽章保护法》。澳大利亚奥林匹克知识产权权利人享有奥林匹克知识产权的名称、商用徽记、会徽、吉祥物、会旗、会歌、标志、口号以及和这些标志有关的设计图案的专有权，其他任何人未经澳大利亚奥林匹克知识产权权利人允许，都不能在商业活动中使用与上述标志相同或相似的标志。1993年，悉尼获得2000年奥运会的主办权之后，奥林匹克知识产权的商业价值在澳大利亚日益凸显，一些组织和机构未经澳大利亚奥林匹克联合会许可就擅自使用澳大利亚奥林匹克的标志、口号、会歌等，涉及澳大利亚奥林匹克知识产权的隐性营销行为也越来越多，为了保障奥林匹克运动在澳大利健康发展和赞助商的合法利益，澳大利亚在1994年修改了《1987年奥林匹克徽章保护法》，虽然进行了较大修改，但仍有很多奥林匹克知识产权未能包含进去。澳大利亚在1996年颁布了《悉尼2000年奥运会标记和形象保护法》，将与奥运会、残奥会有关的范围相当广泛的表述、图形与标志等纳入保护范围之中。由于澳大利亚政府对奥林匹克知识产权立法重视、各级政府对澳大利亚奥林匹克保护措施得力，悉尼奥组委也运用法律武器严厉打击了一切澳大利亚奥林匹克知识产权的侵权者和隐性市场行为，这届奥运会的市场开发非常成功。澳大利亚政府为促进奥林匹克运动在本国的健康发展，以及更多和更有能力地筹集奥林匹克运动发展的经费，于2001年将《悉尼2000年奥运会标记和形象保护法》修订成为《奥林匹克标志保护法2001年修正案》。在澳大利亚，奥林匹克知识产权还采用澳大利亚的商标法、专利法、著作权法等其他法律对奥林匹克知识产权进行特殊保护。

3.3.2 澳大利亚奥林匹克知识产权保护特征

(1) 对奥林匹克标志保护范围广且力度强

澳大利亚奥林匹克知识产权保护法律明确规定了保护对象、澳大利亚知识产权权利人享有的权利、权利内容、侵权行为及救济方式。对奥林匹克知识产权的保护客体采用列举式、搭配组合式和“合理人”判断三种形式详细列举了澳大利亚奥林匹克知识产权的法律保护范围，其保护范围包括五环标志、奥林匹克格言、火炬和圣火，还包括“奥林匹克”“奥运”“奥运会”“奥林匹克周期”等与奥林匹克有关的表述。《奥林匹克标志保护法2001年修正案》规定：“未经澳大利亚奥林匹克权利人许可而在任何商业活动中擅自使用奥林匹克知识产权的行为均属法律严格禁止的行为。”《奥林匹克标志保护法2001年修正案》规定了奥林匹克知识产权权利人享有更为广泛的权利范围，其保护力度远远超过该国商标法保护商标的力度，其权利获得程序也不像商标权利取得那样需要经过严格的申请、审查、公示、注册等程序才能取得知识产权权利；在权利限制方面，澳大利亚奥林匹克知识产权的保护客体为法律明确规定，不受任何注册条件的限制。

(2) 法律明确规定澳大利亚奥林匹克知识产权的权利人

《悉尼2000年奥运会标记和形象保护法》明确规定了澳大利亚奥林匹克知识产权的权利人，赋予了澳大利亚奥林匹克组委会对奥林匹克标志独占性垄断的专有权利，赋予了第27届奥林匹克组委会将奥林匹克标志进行市场开发、许可商家使用收取高额赞助费的权利。除去该法案实施前依据相关法律已经取得的有关奥林匹克标志相应权利，可以在原范围内继续使用，其他任何人均不得使用。

(3) 通过引入"合理人"制度来判断合理使用和侵权行为

胡峰等(2006)在《论奥运会隐性市场行为的法律规制》一文中认为，澳大利亚奥林匹克知识产权一个重要的立法特征就是引用了"合理人"判断制度，也就是以一个普通人的角度去判断一些市场营销活动是否侵犯澳大利亚奥林匹克知识产权。在所有对奥林匹克知识产权进行立法保护的国家里，澳大利亚是唯一引用"合理人"制度的国家。《奥林匹克标志保护法 2001 年修正案》分别在奥林匹克知识产权权利人的界定、侵权行为认定、侵权救济措施等方面引入了奥林匹克知识产权"合理人"使用的评判标准。该法案通过引入"合理人"制度加大了对在未经授权的奥林匹克知识产权使用活动中商业侵权行为认定力度，但是，该法案也规定了对于奥林匹克知识产权使用的言论自由和奥林匹克教育、研究、传播、评价等方面使用的例外。该法案还规定只要奥林匹克标志使用人没有给善意的观众造成其产品是有奥林匹克组委会和国际奥委会授权使用的假象，这种使用就是合理的。该法案还进一步对"商业目的"做出了解释，即"以广告或促销为目的将奥林匹克标志和图像用于商品或服务"。该法案对商业行为的条款规定相对比较多，明确规定了何种是商业行为、何种不是商业行为。

(4) 独立的法律救济方式

《奥林匹克标志保护法 2001 年修正案》中对奥林匹克知识产权侵权行为和救济措施做了详细的规定。主要的司法救济措施是提请法院颁布一个禁令或临时禁令、发布改正声明、损害赔偿三个措施，法院对于奥林匹克知识产权侵权追诉期限为三年，三年内只要侵犯了奥林匹克知识产权就应该承担赔偿责任。澳大利亚联邦警察系统是澳大利亚奥林匹克知识产权行政执法机构，在澳大利亚奥运会准备期、比赛期、比赛后，该机构承担了澳大利亚奥林匹克知识产权行政执法工作，但其主要针对的是各种刑事犯罪活动。澳大利亚海关是澳大利亚奥林匹克知识产权保护另一个重要的行政执法机构，限制了侵权商品在海关的进出口流通。

(5) 悉尼奥组委采取一切措施营造奥林匹克知识产权保护氛围

2000 年悉尼奥运会市场开发比较成功，这主要得益于其奥组委在保护奥运知识产权保护方面的工作比较突出，主要经验有以下三个方面：第一，悉尼奥组委推动了澳大利亚政府为奥林匹克知识产权进行立法且不断修改完善。

第二，澳大利亚奥组委非常重视澳大利亚奥林匹克知识产权的社会宣传教育工作，通过第27届悉尼奥组委网站、政府网站、澳大利亚国家电视台的电视节目、工作站、报纸等媒介对澳大利亚奥林匹克知识产权进行广泛宣传，此外还通过媒体对侵犯奥林匹克知识产权的案例进行披露、曝光以及讲解，这种宣传方式最为有效，使民众直观了解到了何种行为是不允许的、何种行为是允许的，同时也让民众知晓奥林匹克知识产权的侵权企业、商品。第三，悉尼奥组委对于任何帮助、教唆、策划、介绍实施侵犯奥林匹克知识产权的行为进行制止。

3.3.3 澳大利亚奥林匹克知识产权保护对我国的启示

（1）提高我国体育赛事知识产权保护的法律位阶

北京奥运会期间，我国采取了切实有效的措施很好地保护了中国奥林匹克知识产权，我国为保护奥林匹克知识产权临时立法，但立法等级较低，仅用《奥林匹克标志保护条例》这一国务院行政法规来保护，奥林匹克知识产权立法的位阶明显低于澳大利亚。我国《奥林匹克标志保护条例》在保护对象与范围、侵权救济措施、商业目的认定、奥林匹克域名保护等方面还存在诸多不完善的问题，针对奥林匹克知识产权保护方式主要采用行政执法的形式保护，执法成本比较大，负担较重。我国应认真总结奥林匹克知识产权保护取得的成绩、分析存在的问题。我国每年都要举办很多国内外体育赛事，其他国际体育赛事知识产权保护援引《奥林匹克标志保护条例》保护的法律效力范围明显不适用，其赛事举办的相关机构需要重新颁布相关的体育赛事知识产权保护办法，我国每承办一次国际赛事都要进行临时立法，整体上没有形成一个比较完善的关于体育赛事知识产权保护的法律制度。奥林匹克知识产权在所有的体育赛事知识产权中处于最重要的地位，但它不是体育赛事知识产权唯一的内容，其他体育赛事知识产权也有较高的经济价值。对体育赛事知识产权权利人来说，体育赛事知识产权在无形资产开发中仍占有很大的比重，也同样需要法律保护，而目前还缺少可以直接依据的法律法规。因此，我国应当借鉴澳大利亚专门立法的做法，抓紧时间制定一部有关体育赛事知识产权保护的综合性法规，弥补我国在保护以奥林匹克知识产权为主的体育赛事知识产权保护方面的缺陷，这样才能适应我国体育产业飞速发展的要求。

（2）将《特殊标志管理条例》《奥林匹克标志保护条例》等行政法规修改完善为《特殊标志保护法》

体育赛事知识产权保护将成为体育产业健康发展的重要因素，应将《特殊标志管理条例》《奥林匹克标志管理条例》《北京市奥林匹克知识产权保护规定》《广州市亚洲运动会知识产权保护规定》《广东省亚运标志保护办法》《深圳第26届世界大学生夏季运动会知识产权保护规定》等行政法规和地方法规综合考虑，重新修订完善，并将上述多部行政法规和地方法规存在的问题和体育产业发展的趋势结合起来修改为《特殊标志保护法》，这在立法层次上可以解决目前我国特殊标志保护立法层次低的弊端。在法律体系上，可以消除目前立法混乱，缺乏主导性、专门性立法的局面，并对以上行政法规和地方法规所存在的不足及时予以修改、完善、补充，细化我国体育赛事保护制度的法律条文，明确界定体育赛事知识产权权利归属、权利主体、保护对象、保护范围、域名保护、隐性市场行为、侵权行为、侵权认定标准、侵权救济措施，明确体育赛事知识产权的商业使用、合理使用等问题，这样就可以弥补我国在举行大型公益性活动中法律保护的缺陷，与我国参加的国际条约共同组成保护特殊标志的法律体系。在对上述行政法规和地方法规修改完善过程中，要坚持"补充、快捷、全面"原则。"补充"即对体育赛事知识产权无法被现行《奥林匹克标志保护条例》和现有的《特殊标志管理条例》所涵盖的内容加以规定，如对体育赛事标志等范围加以明确。"快捷"指类似于奥运会标志和亚运会标志等特殊标志取得专有权的法定程序应当以快捷为主，奥运会、亚运会等特殊标志应当是通过许可或授权使用而带来巨大的价值，经过复杂的法定程序无疑会延误这种使用。"全面"主要是针对奥运会、亚运会等特殊标志的内容要力求全面，尤其是在权利主体、客体、使用及法律责任承担等方面要结合特殊标志国际条约的相关规定。

(3) 建立健全我国体育赛事转播权保护的法律体系

体育赛事日益成为体育产业的一个支柱产业，我国每年都要举行多项综合性和单项国内外大型体育赛事，体育赛事转播权的出售成为体育组织收入的重要来源。《奥林匹克宪章》规定："奥林匹克运动是国际奥委会的专属财产，国际奥委会拥有与之相关的全部权利，特别是(而且不加限制的)涉及该运动会的组织、开发、转播、重放、复制、获取和散发的全部权利。"由此看出，国际奥委会明文规定了奥林匹克运动会的转播权属于国际奥委会的专有财产。北京奥运会期间，我国对奥运会转播权的保护主要采用行政手段强力介入，这种保护方式对快速制止侵权、维护奥运会转播权的不受侵害起到了积极而且有效的作用，然而长期依赖政府的行政执法并不能切实维护权利人的权利。从长远考虑，我国应该完善我国体育赛事转播权的法律制度，健全体育赛事转播权的法律体系，主要可从以下几个途径进行完善：① 在《中华人民共和国体育法》修订时对体育赛事转播权给予法律规制，规定体育赛事转播权法律性质、权利归属、侵权形式、侵权救济措施以及侵权者应承担的责任等；② 把字面意义上的体育赛事转播权纳入著作权法司法解释的保护条款；③ 制定体育赛事转播权保护条例，体育赛事转播权已成为一个重要的利益载体，通过专门立法给予规制有利于我国体育赛事产业的健康发展。明确体育赛事转播权是一项民事合同权利，约定体育赛事转播权流转时双方的权利和义务，同时出于社会公共利益考虑，应对体育赛事转播权做出一定的权利限制以及体育赛事转播权垄断竞争方面的限制。

3.4 美国奥林匹克知识产权保护制度评价

《国务院办公厅关于加快发展体育产业的指导意见》(国办发〔2010〕22号)提出了要加强我国体育知识产权的保护和利用，特别是要提高体育赛事无形资产的开发和利用。目前，我国对于大型体育赛事知识产权保护存在着每举办一次国际赛事就立一个法规的局面，而且所指定的法律位阶不高，法律实施效果也不甚理想，我国国内举办的大型体育赛事知识产权保护比较薄弱，需要向体育产业发达国家学习。美国具有多次举办奥运会的经历，为确保奥林匹克知识产权得到法律的保护，美国法律赋予了美国奥委会拥有美国奥林匹克标志专有权，并设有专门的机构管理奥林匹克知识产权。奥林匹克知识产权的立法、司法、行政、宣传以及合理使用与隐性市场行为保护方面已经积累了不少宝贵经验，值得我们借鉴。

3.4.1 美国奥林匹克知识产权保护的法律制度简介

各国体育运动环境发生了深刻复杂的变化，如何运用法律手段管理体育事务、调整体育社会关系、促进体育运动健康发展，已成为各国普遍关心的问题。体育产业发达国家相继颁布了体育法，以此来保障本国的体育市场健康发展。美国为了解决业余运动联盟和全国大学生体育协会之间长期的冲突，统一对业余体育运动的管理，提高美国奥委会的办事效率，培养更优秀的体育人才，美国奥委会建议国会立法，授权美国奥委会对体育组织和个人进行统一管理。美国在 1978 年颁布了《业余体育法》,《业余体育法》在本国使用过程中遇到了一些问题，于是在 1998 年将《业余体育法》修订为《奥林匹克与业余体育法》，下面简要介绍修订后的《奥林匹克与业余体育法》。

(1)《奥林匹克与业余体育法》的主要结构

《奥林匹克与业余体育法》分为两章，第一分章主要规定的是法人，即美国奥委会；第二分章规定的是国内单项体育联合会的问题。其中，第一分章规定了美国奥委会的定义、组织、目标、成员资格、权利，对名称、印章、标记、标志的专有权、对营利性的限制、总部、主要机构和会议、争端解决、传票送达手续、报告和挑选队员等方面的内容。第二章规定了对作为国内单项体育联合会的业余体育组织的承认、资格条件，国内单项体育联合会的权利、一般义务，对业余体育比赛的批准，一定比赛范围的业余体育比赛，对国内单项体育联合会的申诉、控告，申请取代国内单项体育联合会的条件以及对美国奥委会决定进行仲裁等方面。《奥林匹克与业余体育法》主要是围绕美国奥委会和国内单项体育联合会展开的，不但授权美国奥委会协调美国业余体育运动，而且规定了国内单项体育联合会的结构和法律地位。具体而言，规定了以美国奥委会为主导，国内单项体育联合会为下级的垂直管理体系。美国奥委会从整体上监督美国业余体育运动的发展，管理各方面的业余体育事务，而国内单项体育联合会对特定业余体育进行管理。

(2)《奥林匹克与业余体育法》的立法目的

立法目的是实现业余体育运动的国家目标，使国家对业余体育管理更为统一、更为有效。该法明确规定了美国奥委会是管理和协调美国奥林匹克运动和业余体育运动的管理机构，协调与奥运有关的活动，主要是与参加奥运会、残奥会、泛美运动会及泛美残奥会有关的活动，并规定了美国奥委会权利内容、权限范围及应承担的义务。值得注意的是，该法案并未规定联邦政府要为美国奥委会提供多少资金来源，美国奥委会要对体育组织和个人提供帮助，所以美国奥委会要通过市场的商业化运作募集资金，主要通过授权美国奥委会对奥林匹克及其相关标志的商业使用权，提高美国奥委会从私营机构筹措资金的能力，以资助美国奥林匹克运动和业余体育运动在美国的健康发展。张林(2006)在《奥林匹克标志知识产权保护研究》一文中认为，《奥林匹克与业余体育法》的立法技术也并非因外力的作用而加强对奥林匹克知识产权的特殊保护，而是将法律作为社会管理的一种有效工具，依托于本土知识产权法律体系和保护模式，寻求同传统知识产权法特别是商标法的接口，通过法律规范、法律制度和法律活动，赋予美国奥委会对奥林匹克标志使用的合法垄断地位，使美国奥委会获得发展美国奥林匹克运动的资金支持，用法律手段实现资源的最佳配置，推动美国体育公共事业这一社会利益的发展，从而协调和保持个人利益、公共利益和社会利益三者之间的平衡与一致。

(3) 美国奥林匹克知识产权的权利主体

《奥林匹克与业余体育法》赋予美国奥委会拥有美国奥林匹克知识产权市场开发的权利。为了解决美国奥委会的市场筹资问题，美国国会赋予了美国奥委会拥有极大的市场融资权利，以此来解决美国奥委会吸引赞助商、供应商的能力，为美国奥委会筹集必备的奥运会代表团参赛资金和物品。美国奥委会是由国会组建的公司组织，下设法律事务部和营销部等组织机构。法律事务部由一名法律顾问、三名助理顾问组成，负责保护奥林匹克知识产权的一切法律事务。法律事务部的主要职责是：对市场开发活动中的相关法律进行咨询和指导，对合同等法律文书的签署和制作进行审查和指导，针对美国奥委会的侵权行为进行追究，负责和参与相关法律规范的制定工作。营销部设有专职人员负责广播、电视的营销工作，具体包括电视资产、广播资产、娱乐资产和互联网资产的开发。设有专职的销售人员，负责与企业联系、寻求合作机会、征集特许产品及为企业服务等工作。营销部全面负责以四年为一周期的美国奥委会（不包括各单项运动协会）及奥运会、泛美运动会、残奥会美国代表团的营销工作。

(4) 美国奥林匹克知识产权的权利客体

《奥林匹克与业余体育法》规定了美国奥委会拥有奥林匹克名称和标志。未经美国奥委会同意，任何人和企业单位不得出于交易、促进产品和服务的销售及广告宣传、戏剧表演、体育表演和比赛等目的使用上述标识或名称。这一法案同时也赋予了美国奥委会批准捐赠者和产品或服务供应商使用美国奥委会或国际奥委会的商标、商用名称、徽记、徽章或标识的权利。

3.4.2 美国奥林匹克知识产权的保护经验评价

3.4.2.1 完善的法律制度体系保障了美国奥林匹克知识产权权利不受侵害

为确保奥林匹克知识产权的市场价值，保障美国奥委会在奥林匹克方面的市场筹资能力，美国专门立法以保护奥林匹克标志不受侵犯。《奥林匹克与业余体育法》是美国制定的一部专门保护奥林匹克知识产权的立法。该法确立了美国奥委会管理美国奥林匹克运动的法律地位，并授予美国奥委会对奥林匹克知识产权具有排他使用权这一具有准垄断性质的权利。美国奥委会还根据其他各项法律、法规（如商标法、运动员参与奥林匹克商业机会的规定等）规范各组织与个体的行为，注册了美国奥委会的商用标识和专用语，形成了较为完善的法律保护体系，为市场开发工作的正常开展提供了最根本的法律保障。

3.4.2.2 奥林匹克标志权的保护强度高于商标权

美国奥委会奥林匹克标志权利人的专属权利地位得到确立。《奥林匹克与业余体育法》明确规定任何未经其允许的对奥林匹克标志和相似标志及其组合标志的商业使用都被明文禁止。在司法实践中，对奥林匹克标志权利人的地位确认也要高于传统的商标所有人。为达到提高美国奥委会融资能力、资助美国奥林匹克运动的目的，美国通过法律手段为奥林匹克知识产权保护提供了有效的保障，其赋权范围和保护力度远超过商标权。主要表现在以下几个方面：

(1) 在权利取得上，《奥林匹克与业余体育法》明确规定了奥林匹克知识产权的保护对象、权利人及其所享有的权利，而普通商标权利人须根据法律进行注册或使用方可取得权利。

(2) 在权利保护期方面，法律未对奥林匹克标志的权利期限进行限制，使其成为永久性权利客体。

(3) 在权利对象限制方面，奥林匹克知识产权的权利对象为法律所明确规定而成为法定的受保护对象，不受任何注册条件限制。普通商标的注册则需要受到各种不得作为或限制作为商标的标准限制。

(4) 在侵权救济方面，一般来说国际奥委会授权该国奥委会负责管理、保护国际奥委会所属的奥林匹克知识产权在该国不受侵犯，如果侵权人使用了美国奥林匹克知识产权和国际奥委会的奥林匹克知识产权，美国奥林匹克知识产权权利人代表美国奥委会则有权对侵权人进行法律诉讼、赔偿救济等法律程序，无须证明该种使用会造成混淆的可能性，只有在使用近似标志时才有此义务。

3.4.2.3 举办奥运会期间采取严厉的措施保护奥林匹克知识产权

美国奥委会在奥运会期间采取了严密的措施，确保奥林匹克知识产权不受侵害。1996 年亚特兰大奥委会在保护奥运知识产权方面具有三个亮点：第一，亚特兰大奥组委将涉及亚特兰大奥运会的所有徽章、标志、标识、术语全部注册为商标；第二，亚特兰大奥组委专门成立了一个市场调研中心，专门负责监督滥用奥林匹克标志等侵权案件，一旦发现并非奥运赞助商的企业在市场上以赞助商身份投放广告，该中心便会要求刊登该广告的媒体将其删除，否则将启动法律程序；第三，亚特兰大奥组委加大了与传统媒体、新媒体以及各种出版机构的合作，共同抵制侵犯奥运知识产权的行为。2002 年盐湖城冬奥会也制定了一系列保护措施：第一，在州、联邦和国际上相应地注册商标和版权，并且在美国海关总署登记标识；第二，制定企业政策，控制奥林匹克标识和名称的使用以及密切监控商业和非商业合同各方的使用情况;第三,禁止服务提供者、签约人、表演者和娱乐艺人未经签约授权商业使用奥林匹克标识;第四,对隐性营销相关的法律、市场营销、媒体和公共部门进行宣传教育;第五,编辑赛场内商业活动的目录和检查电视转播图像,保护“清洁”赛场的政策;第六,实施“神秘购买者”计划打击假冒商贩。

3.4.2.4 严厉防范隐性市场行为

1996 年的亚特兰大奥运会对隐性市场的防范非常严格,法院在审理涉及奥林匹克隐性市场行为的案件时,法官并不依据是否造成消费者的实际混淆为判案要件,只要这种虚假宣传存在混淆的可能或者带有欺诈性宣传内容的就可以认定为非法。美国在防范隐性市场行为与其他国家另外一个不同的地方是隐性市场行为不限于在商业范围使用,一些在非商业范围使用奥林匹克标志的行为也有可能被认定为侵权。

3.4.2.5 重视奥林匹克域名的法律保护

美国是国际上关于域名侵权纠纷立法最早、最为完善的国家,无论是国际域名或是国内域名,域名登记管理机构几乎完全沿用美国网络方案公司对域名纠纷的处理机制,让争议双方把争议提交司法机关处理,然后根据司法处理的结果决定域名的归属。美国国会还通过对现行商标法进行修改、补充等方式,从法律上确认了解决域名商标与商标、个人姓名和史迹标识之间的侵权纠纷解决的原则和方式。其救济方式是对于那些以他人商标或近似商标进行恶意域名注册的单位和个人,将会面临着被注册的域名由法院裁决和仲裁机构裁决撤销和注销恶意注册的域名,或者将域名转移给原告的结果。美国奥林匹克委员会十分重视与其相关域名的法律保护,大量进行了防御性域名注册,有效地防止了恶意域名抢注。

3.4.2.6 奥林匹克标志也可援引《兰哈姆法》加强保护

保护奥林匹克标志不受侵害传统知识产权立法和其他有关法律仍然发挥着一定作用,它们和专门立法一起构成对奥林匹克标志的立法保护体系。奥林匹克标志权的保护是实现奥林匹克标志价值的重要基础,对奥林匹克标志的非法复制、伪造、假冒等行为会削减美国奥委会对奥林匹克标志用品的销售收入,破坏国际奥委会和美国奥委会在消费者心目中的形象。美国商标保护的法律为奥林匹克标志提供了强有力的保护依据。美国的奥林匹克标志基本上都适用于美国商标法的保护范畴。美国的商标法——1946 年颁布的《兰哈姆法》,也是在保护奥林匹克标志权中应用最多、保护最有力的美国国家级法律,成为保护奥林匹克标志最有力的法律武器。美国商标法保护的前提是体育标志要注册成为体育组织的商标，对于未注册为商标的体育标志，美国的一些州也有相关的条款进行保护。美国奥委会的标志权的法律保护在世界上也是最有力和最完善的。

3.4.2.7 在加强保护和合理使用之间寻求利益平衡

《奥林匹克与业余体育法》一方面赋予美国奥委会具有绝对的奥林匹克标志的所有权和使用权，另一方面也允许其他人和组织对奥林匹克标志的合理使用。如何平衡奥林匹克标志保护和合理使用在美国司法界有很多经典的判例。美国奥委会拥有奥林匹克标志权的排他使用性，但是这种排他使用性也不是绝对的、垄断的、不受任何限制的。也就是说，美国奥委会对奥林匹克的7种名称及其组合的专有权是有限制的，不是只有美国奥委会及其授权人才可以使用7种专有名称及其组合，而其他组织和个人无论以什么原因都不可以使用。《奥林匹克与业余体育法》规定对于1950年9月21日前，以合法目的使用的与奥林匹克标志相同的标志不受本法限制，另外规定可以善意使用表属性词语等，但前提是该使用不得损害奥林匹克标志权利人和第三方人的利益，也就是说可以合理使用奥林匹克标志。

3.4.3 美国奥林匹克知识产权保护对我国的启示

(1) 提高我国体育标志保护的立法级别

美国的《奥林匹克与业余体育法》是以专门立法的方式对奥林匹克知识产权加以特殊保护。我国的立法是以国务院行政条例形式进行的，立法位阶相对低一些。我们完全可以借鉴美国的做法，以法的形式对体育标志保护进行立法。钟秉枢等(2006)在《奥林匹克品牌：中、美、澳三国奥林匹克品牌的比较研究》一书中认为，奥运会后我们也应该实时地对《奥林匹克标志保护条例》进行修改，最好能够和《特殊标志管理条例》共同结合起来颁布一项法律，制定特殊标志法，这在立法层次上可以解决目前我国特殊标志保护立法层次低的弊端。在对特殊标志知识产权进行保护方面，可以根据特殊标志的特点规定具体的保护手段和途径，加大保护力度。Sudiapta 等(2006)认为，应对法律所存在的盲区及时予以立法，对相关法律条文进行细化，明确其界限标准，以弥补在保护奥林匹克知识产权域名保护方面的缺陷。

(2) 司法实践中寻求"加强保护"和"合理使用"的平衡

使用不会使人联想到赞助商从而引起混淆是多数国家判断是否存在商标侵权的前提条件。在判断奥林匹克知识产权案时，可以采用举证责任倒置的方式要求侵权者举出没有侵权的理由，这样就减轻了奥林匹克权利人要证明

“引起混淆的可能性”举证责任负担过重的问题。按我国《奥林匹克标志保护条例》的精神，对奥林匹克标志的非商业性合理使用是允许的，也完全符合知识产权制度的利益平衡原则。奥林匹克知识产权合理使用符合知识产权的权利限制原则，这也是平衡奥林匹克知识产权权利利益和社会公共利益一个必要的制度，如果奥林匹克知识产权保护力度超过一定的限度，甚至是一提起奥林匹克这个词就是违规，这样就是知识产权滥用，反而不利于奥林匹克知识产权的健康发展，破坏了奥林匹克运动在公众中的良好形象，实际上也无助于奥林匹克标志的显著性及其商业价值的提高。田雨(2017)在《奥林匹克知识产权保护与反埋伏式营销比较研究》一文中认为，借鉴《中华人民共和国著作权法》对著作权的权利限制制度，采用列举的方式规定奥林匹克知识产权可以不经奥林匹克知识产权权利人许可的合理使用范围，在正面列举哪些行为可以合理使用奥林匹克标志的同时，也要从反面规定哪些行为是不合理地使用奥林匹克标志行为，防止隐性市场行为发生。因此，我国对于奥林匹克知识产权的保护应该在“加强保护”与“合理使用”之间寻求平衡，结合具体案例进行具体分析，这样不仅有利于对赞助商的全面保护，也有利于奥运知识产权的市场化。

(3) 奥林匹克知识产权保护措施的多样化、完善化

国际奥委会和各国奥委会都竭尽所能，寻求保护方法的完善。例如，为了防止商家利用运动员的着装和运动器械做广告，国际奥委会规定了严格的奥运会场馆清洁政策，以确保比赛在没有任何广告的竞技场内举行。为了提醒社会对隐蔽营销行为的高度警惕，采取了各种宣传手段。

(4) 处理好在先权利保护问题

对奥林匹克标志加强保护并不意味着对它的保护没有例外，《奥林匹克与业余体育法》等法条中就规定了例外条款，允许在法律颁布前已使用奥林匹克标志的人员和企事业单位继续使用，但法律规定只能在原范围使用，不能扩大使用范围。我国对奥林匹克标志保护即便奥林匹克标志的保护存在诸多特殊之处，但是《奥林匹克标志保护条例》仍然采用了知识产权法上的“在先权利保护”制度。《奥林匹克标志保护条例》第十一条规定：“本条例施行前已经依法使用奥林匹克标志的，可以在原有范围内继续使用。”笔者认为，这些带有奥林匹克标志的单位可以在其原有范围内继续使用其名称，但不得利用自己名称中的奥林匹克标志进行市场开发，而其他企业也不得借与这些单位的关系突出使用奥林匹克标志来宣传自己。

3.5　我国奥林匹克知识产权保护制度的完善

为了成功举办奥运会，保障北京奥运会知识产权不受侵犯，保护国际奥委会和赞助商的合法权益，我国先后颁布了以《奥林匹克标志保护条例》为主的相关法律制度。这些行政法规和地方规章制度的颁布对于保护奥林匹克知识产权具有很大的作用，但是我们也应该看到我国奥林匹克知识产权依然存在很多问题，特别是北京奥运后我国奥林匹克知识产权保护形势仍然形势严峻。目前，我国形成了以保护奥林匹克标志为主的法律制度，亚运会、南京青奥会、深圳世界大学生运动会都不同程度地颁布了相关规章制度，然而，针对我国本土举办的大型体育赛事没有统一的相关法律制度。我们通过分析我国奥林匹克知识产权保护制度现状、存在的问题，借鉴国际上其他国家奥林匹克知识产权保护的经验，旨在构建一个大型体育赛事知识产权保护法律体系，为我国体育赛事产业健康发展保驾护航。

3.5.1　我国奥林匹克知识产权保护制度现状

3.5.1.1　制定出台了一系列奥林匹克标志保护的行政法规和部门规章

在获得第 29 届奥运会举办权之前，我国并没有专门的法律来规制体育赛事知识产权，体育赛事知识产权的开发与利用存在很多问题，体育赛事知识产权保护没有引起人们的重视。

我国政府向国际奥委会郑重承诺："中国政府遵守《奥林匹克宪章》和国际奥委会有关保护奥林匹克标志的规定，将有针对性地专门为 2008 年奥运会以及奥林匹克标志等制定有关法规，采取一切必要的法律措施加强对奥林匹克标志的保护。"北京奥组委在成立之初，就充分利用既有法律规定对奥林匹克标志采取了保护措施。鉴于当时保护奥林匹克标志的法律依据散见于多部法律、法规中，不便于执法机关和司法部门依据、参照和援引，为确保履行国际承诺，国务院和北京市政府专门就保护奥林匹克标志颁布实施了相应的规范性文件，颁布了《北京市奥林匹克知识产权保护规定》和《奥林匹克标志保护条例》，明确了奥林匹克标志的保护范围以及奥林匹克标志的主体、客体、侵权形式、救济措施。

目前，我国保护奥林匹克知识产权的相关法律法规主要有《奥林匹克标志保护条例》《北京市奥林匹克知识产权保护规定》《特殊标志管理条例》等行政法规、司法解释、部门规章、地方政府规章，并公布了《奥林匹克标志备案及管理办法》，规范奥林匹克标志的使用。其他政府部门也出台了奥林匹克知识产权保护的相应规定，明确了在各自领域中保护奥林匹克标志的相应问题。至此，一个由法律、行政法规、地方政府规章构成的奥林匹克知识产权保护体系得以确立。这些法规、规章的出台，为 2008 年奥运会的成功举办奠定了坚实的法律基础，提供了良好的法律环境。

3.5.1.2 依法对奥林匹克标志和一些特殊标志以及一些合同进行注册、登记和备案

北京奥组委对奥林匹克知识产权采用国际和国内商标注册、版权登记、工商和海关部门备案等法律手续，为奥林匹克知识产权寻求法律立体保护。

(1) 商标国内注册。北京奥组委将国际奥委会、中国奥委会和第 29 届奥林匹克运动会组织委员会所属的图案、名称、吉祥物、口号、徽记、奥运圣火标志等 198 个标志向国家工商总局申请备案，同时将 8 个标志作为特殊标志及一般商标进行了备案或注册。此外，上述标志在香港、澳门以及台湾也进行了有选择地商标注册。对重大国际赛事的标志进行如此大范围的商标注册，在中国尚属首次。北京奥运会会徽的商标注册，为北京奥组委防范在商业领域使用与会徽相同或近似标志的行为提供了法律手段，确保了北京奥组委能够依法保护自己的知识产权。

(2) 商标国际注册。为保障中国奥林匹克知识产权在国际上获得保护，北京奥组委在 100 多个国家进行了国际注册保护，这为奥林匹克全球合作伙伴的海外宣传权益和北京奥运会特许商品的海外销售提供了坚实的法律保障。

(3) 版权登记。北京奥组委为北京奥运会会徽、北京奥运会吉祥物、北京奥运会火炬、北京残奥会会徽、北京奥运会奖牌等共 13 项设计和文字作品在国家版权局办理了版权登记手续。版权登记和商标注册互为补充，充分体现了奥林匹克标志全方位和多层次的保护体系。

(4) 奥林匹克标志备案和奥林匹克标志使用许可备案。根据《奥林匹克标志保护条例》和《奥林匹克标志备案及管理办法》的规定，截至 2008 年 4 月 22 日，北京奥组委向国家工商行政管理部门和海关总署办理奥林匹克标志备案 211 件。同时，北京奥组委也将奥林匹克全球合作伙伴、北京奥运会合作伙伴、赞助商、独家供应商、供应商等奥林匹克市场开发计划的参与者名单向国家工商管理总局进行备案，并将北京奥组委和参与者订立的商业使用许可合同进行了备案。

3.5.1.3　建立一支由知识产权、版权、工商、海关、文化等诸多部门配合的快速反应的执法队伍

北京奥组委法律事务部和各相关部门建立了良好的联动机制和顺畅的沟通渠道。各地各级工商部门建立了奥运知识产权保护的行政执法责任制，在执法过程中及时依法处理奥林匹克知识产权侵权案件。海关总署与北京奥组委法律事务部建立了密切的工作关系，并在奥林匹克标志备案、侵权案件查处等许多方面为北京奥组委和相关奥林匹克标志权利人提供了很多政策便利和支持。我国各级公安机关为确保北京奥运会的顺利召开，加强与奥组委等相关部门的联系沟通，密切关注侵犯奥林匹克知识产权的犯罪动态，组织部署全国公安机关严厉打击奥林匹克知识产权盗版犯罪活动。

3.5.1.4　构建了高水平的法治环境和舆论氛围

第29届奥林匹克运动会组委会法律事务部的工作人员联合其他部门共同举办《奥林匹克标志保护条例》颁布纪念活动，配合国家工商行政管理部门多次走向街头开展奥林匹克标志法制宣传活动，采取文化活动、专题讲座、业务培训、知识产权保护论坛、播放奥运宣传片、散发奥林匹克知识产权保护的宣传折页、发布保护倡议书等形式，传播保护奥林匹克知识产权的重要性，引起全社会的关注和重视，大大提高了群众奥林匹克知识产权保护意识，构建了奥林匹克知识产权保护的法制环境和舆论氛围。

3.5.1.5　开展保护奥林匹克标志专有权专项整治行动

在奥运会比赛期间，加强了对重点区域、重点环节、重点商品的执法力度。重点区域是着重对天安门地区、奥运竞赛场馆周边区域、奥运签约饭店周边区域、著名旅游景区等重点地区的保障性检查；重点环节是着重对奥运特许商品生产领域、仓储行业及航空、公路、铁路运输等商品流通领域和商标印制领域等重点环节的保障性检查；重点商品是着重对普通食品、信息产业、服装类、家用电器、会展演出业、招生招聘、投资理财、互联网站、汽车产业、酒类、金融保险等奥运广告分布集中的行业加强监测。

保护奥林匹克知识产权专项整治行动主要包括以下几个方面：① 防止穿着统一服装观看比赛；② 查堵奥林匹克标志侵权的源头；③ 加强纪念品制作的管理；④ 加强户外广告的清理；⑤ 加强电视、网络媒介广告监管；⑥ 其他方面的监管工作。

3.5.2　我国奥林匹克知识产权保护制度存在的问题

3.5.2.1　我国其他法律制度还不能很好地保护奥林匹克知识产权

（1）奥林匹克标志受《中华人民共和国商标法》保护有其局限性

商标，是指商品的生产者、经营者在其生产、制造、加工、拣选或者经销的商品上或者服务的提供者在其提供的服务上采用的，区别商品或者服务来源的，由文字、图形、字母、数字、三维标志、颜色或者其组合构成的，具有显著特征的标志。它是区别于具有叙述性、公知公用性质的标志，有独占性、价值性的特征。奥林匹克标志也具有独占性、价值性，但在以下几方面两者存在明显区别。

① 权利人特定性。商标的主体为商标权人，包括通过商标注册取得商标权的原始的商标权人和通过受让、继承取得商标权的商标权人。这些人是不特定的，而奥林匹克标志权利人只有特定的组织——国际奥委会、国家（地区）奥委会和奥运会组委会。

② 保护期限。依据《中华人民共和国商标法》第二十三条、第二十四条的规定，奥林匹克标志权利人如果想得到商标法的保护，须对每个奥林匹克标志申请注册并经审查核准后才能给予商标权保护，并且具有时间期限限制。一般商标保护期限为十年，期满后要对注册商标进行续展才能继续受到保护，否则即进入公有领域。而国际奥委会拥有的奥林匹克标志权长期受到保护，没有时间限制，这与商标法规定的一定保护期限不相符合。

③ 显著性。显著性是构成商标的重要因素，是商标的灵魂，是商标标识固有识别属性的外在表现能力。商标局在审查标志能否获得商标权时，要求申报的标志必须具备显著性。由于奥林匹克标志是一个标志群，许多奥林匹克标志仅有文字组成，不具备显著性，很难得到商标法保护。对于那些具有显著性或识别性的文字、图形或者两者组合的奥林匹克标志，可以进行商标注册。而对于类似于“北京 2008”“新北京、新奥运”这些难于享有著作权又不能申请商标注册的标志，就只能通过《北京市奥林匹克知识产权保护规定》和《奥林匹克标志保护条例》来保护。由于奥林匹克知识产权的显著性不能满足商标法的要求，很多奥林匹克标志无法完全纳入《中华人民共和国商标法》保护。很多举办过奥运会的国家对奥林匹克知识产权的保护强度都远远大于商标法的保护强度。

（2）奥林匹克标志不宜采用《中华人民共和国专利法》保护

专利是指由国家专利机关授予发明人、设计人或其所在单位，在一定期限内对某项发明创造享有的专有权。我国专利保护的对象包括发明、实用新型、外观设计三种专利。专利法对包含有某个特殊标志的富有美感并适用于工业上应用的产品外观设计授予外观设计专利权。这些外观设计一般是和工业产品一块使用，用来表示该产品区别于其他类的工业产品。外观设计必须依托于一定的工业产品，离开了具体的工业产品也就谈不上外观设计。然而，奥林匹克标志权约定使用的形式有其特殊性，与其他知识产权或无形财产权在约定使用上有着一些不同之处。一方面，它不像专利权主体那样，绝大部分是通过自身的使用来获取经济收益的。奥林匹克组织作为奥林匹克标志权的主体，一般都是通过对商家的许可使用、建立赞助合作伙伴关系来实现奥林匹克标志权的交易价值。另一方面，奥林匹克标志权具有与奥林匹克组织的紧密联系性，离开了奥林匹克标志的所有人，就不能将其称为奥林匹克标志。奥林匹克标志权人将奥林匹克标志权中除了只能由自己专门行使的权能外的其他权能许可给他人使用，这与专利权的授予都与工业产品生产相结合是不同的。奥林匹克标志经过国际奥委会多年的经营维护，具有较高的市场价值，通过许可使用获取价值不菲的费用，其本身受专利法保护的可能性不大。

(3)《特殊标志管理条例》保护奥林匹克标志仍有保护期限的缺陷

以特殊标志的形式对奥林匹克标志进行保护目前仍有缺陷。首先，《特殊标志管理条例》为奥林匹克知识产权提供完全保护。根据《特殊标志管理条例》的规定，口号、会歌不属于《特殊标志管理条例》保护的范围。我们知道，一届奥运会的举办口号、会歌是奥林匹克知识产权的重要内容，《特殊标志管理条例》用来保护奥林匹克知识产权将存在法律适用上的盲区。其次，在特殊标志权利的取得方面，除规定通过备案、公告等快捷程序外，还应当在权利的原始取得方面按照知识产权的取得方式加以规定。因为，在当前关于国际性、全国性的社会公益活动的会歌、会徽、会旗征集规则中，缺少关于作品的权利归属的约定，这显然不符合权利取得的法定要求。再次，国际奥委会拥有的奥林匹克标志要求长期得到保护，特殊标志保护期限却为4年。保护国际奥委会所属的奥林匹克知识产权是一项国际义务，各国有义务对国际奥委会的奥林匹克知识产权无限期保护，无须续权。由此看出，《特殊标志管理条例》不能对奥林匹克知识产权提供周全的法律保护。

(4)《中华人民共和国体育法》保护奥林匹克知识产权法律效力不大

《中华人民共和国体育法》第三十四条规定："在中国境内举办的重大体育竞赛，其名称、徽记、旗帜及吉祥物等标志按照国家有关规定予以保护。"利用《中华人民共和国体育法》保护奥林匹克知识产权也不是很恰当的，体育法1995年颁布，全文涉及竞技体育赛事保护内容的仅有第三十四条，如果用它作为保护奥林匹克知识产权毫无法律意义。从该条款可以看出，该法并没有确立体育赛事拥有何种权利，具备何种权能，侵权形式、侵权后果以及侵权救济措施均没有明确规定。由此可见,此法保护奥林匹克知识产权的效力不是很大。

3.5.2.2 《奥林匹克标志保护条例》立法还存在着不够完善的地方

目前,由于我国知识产权制度、国民的知识产权保护意识等还不成熟,我国对知识产权保护力度还不太强,《奥林匹克标志保护条例》《北京市奥林匹克知识产权保护规定》等还存在诸多不尽如人意的地方,我国在高位阶的立法层面缺失是导致侵权行为产生的一个重要原因。

(1) 缺乏对隐性市场行为的界定

《奥林匹克标志保护条例》规定中的"潜在商业目的行为"实际上就是隐性营销行为。所谓"隐性营销",是指并非体育赛事正式赞助商的企业在未经授权的情况下将其名称、标志、产品或服务同赛事联系起来的行为。作为一种营销策略,隐性营销可以表现为多种形式,但在隐性营销的整个过程中,营销者并未使用奥林匹克标志,这也正是其"隐性"之所在。从各国的法律实践和学者们的一般观点来看,至少目前隐性营销还很难被定性为侵犯奥林匹克标志的违法行为。隐性市场行为对奥林匹克标志权利人、赞助企业带来损失和危害不亚于直接使用奥林匹克标志的侵权行为。因此,第 29 届奥林匹克运动组委会多次强调要禁止各种类别的隐性市场行为。一些国内的学者认为我国《奥林匹克标志保护条例》关于隐性营销的规定仍有很大的缺陷。不足存在以下三个方面:① 这部行政法规规定的"潜在商业目的"行为仅限于奥林匹克标志利用,实际上隐性市场行为将远远超出对奥林匹克标志的使用;② 没有明确规定隐性市场行为中合法与非法的判断标准;③ 该法没有规定针对隐性营销所要采取的防范措施和应负的法律责任。这种没有明确规定隐性市场行为的结果是既不利于企业了解何为隐性市场行为,也不利于奥组委加强日常监管,更不利于行政执法机关或法院在处理奥林匹克侵权案件时做出依法正确裁定。

(2) 缺乏对奥林匹克域名的保护条款

在互联网上宣传和弘扬奥林匹克知识产权具有不可替代的作用,而《奥林匹克标志保护条例》中缺乏对域名的保护。国际域名注册比较自由,任何人只要申请就可以注册,谁先提出注册,只要不和原来已注册的域名重复就能获得域名注册权。因此,这种域名注册管理方式导致大量与北京奥运会相似的域名注册获得成功,法律制度不健全和管理模式的缺陷,导致抢注奥运域名的现象十分严重。许多奥林匹克域名侵权者上传与奥林匹克毫无关联的内容,甚至是丑化和诋毁奥林匹克运动良好形象的内容,或者是向奥林匹克组织索要价格不菲的域名转让费用，对此很难找到准确的适用法律加以规制。

(3) 没有明确规定非商业目的使用

《奥林匹克标志保护条例》第四条明确规定："未经奥林匹克标志权利人许可，任何人不得为商业目的使用奥林匹克标志。"何谓"商业目的"，该条例列举了 6 种行为属于商业性利用奥林匹克知识产权的行为，但并无任何条款明确涉及奥林匹克标志的非商业使用问题。我们认为，对上述条款的商业使用行为规定的模糊之处，最好的解决办法就是对奥林匹克标志的非商业使用做出明确规定。我们从该条例无法找到明文确定非商业目的界定标准，也未规定他人非商业目的使用奥林匹克标志是否需要经过权利人的同意。要求所有使用奥林匹克知识产权的人都需经奥林匹克知识产权相关权利人的许可，这在实际上不可行也没必要。

(4) 没有规定奥林匹克标志的合理使用问题

知识产权合理使用是一项重要的制度，《中华人民共和国著作权法》中规定了 12 项可以不经权利人许可，也无须支付相关费用就可以使用，它的目的就是平衡知识产权权利人与公共利益之间利益的一项制度。美国、澳大利亚保护奥林匹克知识产权的相关法律条文就明确规定了合理使用问题。然而，我国《奥林匹克标志保护条例》却没有关于合理使用的任何条款。对于现实生活中与奥林匹克运动无关而使用"奥林匹克"名称又没有造成混淆的行为不应当认定构成侵权。出于公益宣传和科研教学需要的非商业目的使用，这种合理使用奥林匹克知识产权行为就没必要通过奥林匹克权利人的许可。《中华人民共和国商标法》《中华人民共和国专利法》《中华人民共和国著作权法》都明确规定了合理使用问题。相关部门对注册商标、外观设计和享有著作权的作品除赋予了独占权和专有权外，也规定了合理使用的例外。我们在保护奥林匹克知识产权的同时，要充分考虑到公众言论自由权利，奥林匹克标志的保护也应当依法保护，不能无限扩大，与其他知识产权一样应当有其权利保护范围。

(5) 其他方面的不足

《奥林匹克标志保护条例》第二条列举了奥林匹克三个权利人主体所属的标志，共六个方面分属于不同的主体，但是没有列举出英文的奥林匹克名称，也未对上述标志组合产生新的标志进行规定。该条例没有规定其他国家的奥林匹克标志在我国商业利用是否允许，据《奥林匹克宪章》的规定，其他国家奥委会的名称、徽记、会歌等非经中国奥委会授权、许可不得在我国以营利为目的用于商业用途。目前为止，我国包括《奥林匹克标志条例》在内的相关法律法规都没有明确规定。本条例只是一部行政法规，其地位与保护奥林匹克标志的重要性不相称，也和美国、希腊、澳大利亚、加拿大等国家的立法有差距。同时，该条例也没有界定使用相似的奥林匹克标志是否侵犯奥林匹克标志专有权。

3.5.2.3　我国企事业单位和公民缺乏保护奥林匹克知识产权的意识

我国第一次举办奥运会，人们出于对奥运会的热情比较关注奥运会，也希望买一些有关奥运会的纪念品作为收藏，但是我国公众对奥林匹克知识产权缺乏了解，认识不够深入，保护意识淡薄。此外，由于社会各界人士自身知识与素质修养差异，也会造成其对奥林匹克知识产权的认识存在各种问题，对奥林匹克知识产权的保护范围不甚了解，在奥林匹克知识产权的利用上就会存在不规范、不合理的使用情况。一些新闻媒体对奥林匹克知识产权保护的范围也没有深刻地了解，在某种情况下甚至支持了侵犯奥林匹克标志的行为。

3.5.3　我国奥林匹克知识产权保护制度的完善

我国奥林匹克标志的保护实践为我们提供了全新的知识产权保护模式，传统知识产权的保护在保护权利人创新性与保护公众利益之间存在矛盾，我们应借助奥林匹克标志保护的契机，积极探索其中存在的问题，完善我国既有的知识产权保护模式。随着我国经济的发展及国际地位的提高，我们还会成功申请举办一些大型的国际体育赛事，因此，以完善奥林匹克知识产权保护制度为契机，探讨我国大型体育赛事知识产权保护制度的完善工作就具有更为重要的现实意义。

3.5.3.1　借鉴其他国家奥林匹克知识产权保护的经验

(1) 采用法律制度的形式规定我国体育赛事知识产权

我国可以借鉴美国、澳大利亚等国家的做法，对体育标志保护进行立法。奥运会后应适时对《奥林匹克标志保护条例》进行修改，能够和《特殊标志管理条例》结合起来颁布相关法律，以提高立法层级，保护体育标志保护的强度。

(2) 对奥林匹克知识产权保护必须注意加强保护和合理使用的平衡

美国《业余体育法》一方面赋予美国奥委会具有绝对的奥林匹克标志的所有权和使用权，另一方面也允许其他人和组织对奥林匹克标志的合理使用。美国奥委会拥有奥林匹克标志权的排他使用性，但是这种排他使用性也不是绝对的、垄断的、不受任何限制的。

(3) 严厉防范隐性市场行为

《奥林匹克与业余体育法》严格规定了隐性市场行为的防范条款，美国法院判定他人侵犯美国奥林匹克委员会知识产权并没有以引起混淆为前提，从另一种层面也就提高了保护力度。

（4）重视奥林匹克域名的法律保护

美国对域名纠纷解决的法律依据的是该国的商标法和《反商标淡化法》，但在司法实践中也显现出很多缺陷，随着电子商务的发展，美国国会颁布了《反网域霸占法》，该法规定域名注册人不能以他人的商标或近似商标注册为域名，否则被视为侵犯了他人的商标权。美国从法律的视角规定了注册域名与商标、个人姓名和史迹标识之间的侵权纠纷解决的原则和方式。

3.5.3.2　完善我国体育赛事知识产权保护的法律制度

我国目前保护奥林匹克知识产权的法律法规表现较为分散，而且立法层级高低不一，导致在执法、司法活动中出现一些法律适应依据选择上的问题，影响相关法律法规的有效实施。对此情形，我们认为在奥林匹克知识产权立法方面我国应采取系统化、统一化的模式，通过专门立法的方式制定统一的奥林匹克知识产权法律，建立起一套完整的奥林匹克知识产权法律保护体系。为此我国保护奥林匹克等大型体育赛事标志法律制度建设应从以下几方面进行。

（1）进一步完善《奥林匹克标志保护条例》

① 明确奥林匹克知识产权的合理使用问题

奥林匹克标志的合理使用问题是平衡奥林匹克知识产权权利人和社会公共之间利益的一个必要制度。保护奥林匹克知识产权必须在一定的限度之内，不能无限加大对它的保护。如果超过一定的保护限度就是知识产权滥用，这样不利于奥林匹克运动的健康发展，反而破坏了奥林匹克运动在公众中的良好形象，也无助于奥林匹克标志的显著性及其商业价值的提高。我们认为应从以下两个方面着手修改：第一，借鉴《中华人民共和国著作权法》的权利合理使用和权利限制制度，列举规定哪些行为可以不经奥林匹克知识产权权利人的许可就可以合理使用。在正面列举哪些行为可以合理使用奥林匹克标志的同时，也要从反面规定哪些行为是不合理的，防止隐性市场行为发生。第二，要进行明确阐释“以营利为目的”的内涵。对该条文进行进一步细化与补充，“以营利为目的”是判断侵权行为和合理使用行为的重要标准，我们有必要明确行为标准，既要做到能够严厉打击侵权行为，又要做到能使奥林匹克标志得到合理使用，以便于在执法中把握区分侵权行为和合理使用的标准尺度。现实生活中，经常发生使用者使用奥林匹克名称，且与奥林匹克运动无关，没有造成商业使用奥林匹克标志的混淆行为，不应当认定构成侵权。由此可见，我们在保护奥林匹克知识产权的同时，要充分考虑到公众言论自由表达的权利，奥林匹克标志的保护也应当依法保护，不能无限扩大，与其他知识产权一样应当有其权利保护范围。

② 注重域名的保护

我们认为，信息化时代的域名具有重要的商业价值，可以将域名确立为独立的权利域名加以保护。域名已具有独立的法律地位，应当取得与商标、商号同样的法律地位。从法律的角度来考虑，防范奥林匹克域名侵权主要应采取以下几个措施：立法方面，将域名作为奥林匹克知识产权保护的重要客体载入《奥林匹克标志保护条例》修改条款。对域名侵权现象及其处罚措施给予明确的法律规范，使奥林匹克域名侵权规制有法律依据。司法方面，对中国境内的奥林匹克域名采取严厉的法律措施，依照相关法律规范给予关停网站和剥夺域名权。对中国境外的奥林匹克域名抢注者，利用域名争议解救处理机制，到亚洲域名争议解决中心乃至世界知识产权组织进行解决。

③ 增加防范隐性市场行为的条款

隐性市场行为实际上就是未经授权与奥林匹克相联系进行营销宣传。隐性市场行为目前在我国法律制度条文下并没有界定为违法行为，对其法律规制缺乏法律依据，然而，隐性市场行为确实存在且危害极大。例如，赞助企业使用组合标志，一边是奥运会会徽，一边是企业的标志，未经允许使用奥运会会徽来进行营销宣传，这种行为就是隐性市场行为，同时这种行为也违反了《奥林匹克标志保护条例》；还有一种隐性市场行为比较难以界定，如运用一种暗含的关系行为，容易使人联想到和奥运会有关联，但又没有使用奥林匹克标志，这种行为比较难以界定，不易法律规制。由于界定、区分和约束隐性营销行为上难度比较大，而且对于赞助商的利益损害也较严重，为了促进我国体育赛事健康发展，因此，在进行《奥林匹克标志保护条例》的修改和完善时，应该完善隐性市场行为中的措施，使之更加透明化，可借鉴其他国家在大型体育赛事的防范隐性市场行为的经验和采取的措施，明确禁止隐性市场行为的范围，明确组委会在打击隐性市场行为中的职责，明确隐性市场行为的法律责任。这样就可以进一步界定隐性市场行为，治理隐性市场行为就有了依据。

（2）修改和完善《特殊标志管理条例》

修改《特殊标志管理条例》，远期目标是制定特殊标志保护法，这在立法层次上可以解决目前我国特殊标志保护立法层次低的弊端。在法律体系上，可以消除目前立法混乱，缺乏主导性、专门性立法的局面。对法律所存在的盲区及时予以立法，对相关法律条文进行细化，明确其界限标准。弥补我国在保护举行大型公益性活动中法律保护缺陷，并与我国参加的国际条约共同组成保护特殊标志的法律体系。在立法过程中，要坚持补充、快捷及全面原则。补充即对特殊标志无法被知识产权法律和现有的《特殊标志管理条例》所包容的内容加以规定，如对特殊标志的范围加以明确规定。快捷，指类似于奥林匹克标志和亚运会标志等特殊标志取得专有权的法定程序应当以快捷为主，因为对于奥林匹克、亚运会等特殊标志，应当是通过许可或授权使用而带来巨大的价值，经过复杂的法定程序无疑会延误这种使用。全面，主要是针对奥林匹克、亚运会等特殊标志的内容要力求全面，尤其是在权利主体、客体、使用及法律责任承担等方面要结合特殊标志国际条约相关规定。

3.5.3.3 扩大体育赛事标志的保护范围并使之更具操作性

《中华人民共和国体育法》第三十四条规定："在中国境内举办的重大体育竞赛，其名称、徽记、旗帜及吉祥物等标志按照国家有关规定予以保护。"该条款规定的过于笼统，不易操作。因此，我们建议规定的体育赛事标志范围更大一些，保护条款更具体一些，使其更具可操作性。

3.5.3.4 加强奥林匹克知识产权保护的执法部门之间协调配合

良好的法制环境还需要执法部门的协调配合，我国对以奥林匹克知识产权为主的体育标志的保护采取行政执法保护和司法保护并用的方法。行政保护能够更好地适应快捷的要求，有效保护奥林匹克知识产权。知识产权行政管理机关被赋予一定的行政执法权，这些行政管理机关主要是指各级版权局、专利管理工作部门、工商行政管理机关。经过长期的奥林匹克知识产权行政保护实践，知识产权行政管理机关在处理知奥林匹克知识产权纠纷中形成了自己独特的方式，并不断提高奥林匹克知识产权行政保护水平，使奥林匹克知识产权纠纷案件的查处质量得到了提高，受到了奥林匹克知识产权权利人及有关案件当事人的普遍认同。从全国来讲，各地知识产权行政管理机关处理奥林匹克知识产权纠纷案件，普遍具有较高的办案质量。海关边境措施也是奥林匹克知识产权行政执法的一个组成部分，海关应根据国家法律法规的授权，采取一切措施阻止侵犯奥林匹克知识产权的货物进境或者出境。

3.5.3.5 加强奥林匹克知识产权保护的社会宣传

奥运会后，奥林匹克知识产权的保护工作可能在人们心目中被逐渐淡忘，但是到了奥运会比赛年，或者是其他大型体育赛事比赛时间，奥林匹克知识产权仍然会成为一些不法分子侵权的对象，因此，要做好长期奥林匹克知识产权保护工作，就要进一步做好奥林匹克知识产权保护的宣传工作。北京奥运会后，中国奥委会主要承担奥林匹克知识产权的保护工作，中国奥委会可以采用以下措施加强对奥林匹克知识产权的宣传，使公众了解奥林匹克知识产权的相关知识和保护意义，自觉地抵制奥林匹克知识产权的侵权现象发生。第一，对公众进行奥林匹克知识产权方面知识的宣传，如通过网站、电视节目、工作站、网站等窗口采取各种形式对奥运知识产权进行宣传。其中最有效的方式就是通过媒体对侵犯奥林匹克知识产权的案例进行及时披露、曝光以及讲解，使人们了解侵权行为的相关信息，使侵权者的行为在公众下曝光，形成良好的社会舆论氛围，使奥运知识产权的观念深入人心。第二，要与新闻媒体合作，加强对奥林匹克知识产权保护舆论引导和社会宣传，营造良好的社会舆论宣传环境。新闻媒体采用各种宣传方法、多种形式向全社会宣传奥林匹克运动精神理念和保护价值，特别是奥林匹克知识产权保护的主要内容、申请商业使用许可的程序等，使社会公众对奥林匹克知识产权有一个充分的了解，并能够正确使用奥林匹克标志、自觉加入奥林匹克知识产权保护。

第 4 章 体育赛事新媒体转播权法律保护

4.1 体育赛事新媒体转播权概述

4.1.1 体育赛事新媒体转播权的界定

体育赛事转播权的销售或转让是知名赛事举办者或承办者获取经济报酬的重要手段，是维持相关赛事长期运营的关键。目前，在我国相关法律文件及条例中并没有对体育赛事转播权的概念及权利属性做出规定，因此，许多学者认为体育赛事转播权并非是一项法定的权利，而是在我国体育赛事组织章程或相关协议约定的基础上产生的一项民事权利。为满足其法律保护需求，我国相关专家学者，结合著作权、邻接权等相关制度规定，对体育赛事转播权的概念进行了分析、界定。王言昭(2015)认为，体育赛事转播权是体育组织或体育赛事主办单位在举办比赛和表演时，准许其利用电视台、电台、网络等媒体等对体育赛事节目进行实时直播、转播、录像，并从中获取相关报酬的权利。

体育赛事节目是指广播电台、电视台、网络等媒体播放的以体育赛事为基本内容的节目的统称。根据其保护客体的不同，我们将体育赛事节目分为以下两类：

(1) 以体育赛事本身的现场直播或者转播为主，此类节目通常会附带相应的现场解说。

(2) 在体育赛事之后，相关媒体机构以体育赛事画面为素材制作的赛事新闻报道、评论、赛事专访等节目。

新媒体是指借助计算机或具有计算机特征的数字设备，向用户提供信息和娱乐服务的一种传播形态，主要包括：① 所有数字化的传统媒体；② 网络媒体；③ 移动端媒体；④ 数字媒体；⑤ 数字报纸杂志等。

笔者认为，体育赛事新媒体转播权是指：体育赛事组织者、体育赛事主办单位在举办体育比赛及表演时，准许他人或组织机构利用数字、网络技术，通过互联网、宽带局域网、电子计算机通信网、有线电视网、卫星等传播渠道对赛事节目进行实时直播、转播、录像，并从中获取一定报酬的权利。

4.1.2 体育赛事新媒体转播的主要特征

4.1.2.1 体育赛事新媒体转播的优势

(1) 在传播速度上：高速度、快更新

王相飞等(2015)认为，新媒体传播与传统媒体之间最大的不同就是传播信息的数字化，它不受印刷、运输等外部条件的限制和影响，信息传播后的瞬间就可以使用户通过网络同步获取，这种传播方式具备了快速、方便、高效等特点。其次，新媒体传播可以通过互联网络对信息事件进行实时报道和实况报道，大大提高了信息内容的更新速度。

(2) 在传播内容上：信息量大、内容丰富且具人性化

互联网用户可以通过互联网络享受全球的信息资源，而其他媒体都不具有其类似规模的信息数量。与传统的报纸、电视、广播等媒体相比，新媒体大容量的优势还体现在它的专题报告和数据库中。以报纸传播为例，在信息的传播过程中传播机构要考虑文字内容的多少、排版、印刷、发行等问题。而新媒体能够不限时间、不限数量地储存信息和传播信息。其次，传统媒体的传播内容往往是单一的文字、声音、图片等信息，而新媒体的传播融合了声音、图片、文字、视频等多种媒体形式，克服了传统媒体的障碍，使传播内容更具人性化，给用户带来了逼真而生动的感觉。

(3) 在传播形式上：实现了双向传播及多项传播

传播方式更具互动色彩，信息互动是新媒体的根本特征。新媒体传播是一种交互性的传播方式。传统的传播方式是单一的传播和接收，传受双方无法进行实时沟通和交流。与传统媒体相比，新媒体具有较强的互动性特点，观看比赛的观众不仅可以与解说嘉宾进行实时交流，也可以根据自己的兴趣及爱好与相同群体进行随时随地的交流和讨论，大大提高了受众的参与热情。

(4) 在接收方式上：由被动接收变为主动接收

传统媒体的传播者决定着受众群体获取相关信息的时间、地点以及内容。在时间上，传统媒体体现出了传播信息和接收信息的同步性，受众群体如果没有在规定的时间段接收信息，那么信息就会被错过；在地理位置上，受众必须

在一定的地点位置才能利用接收工具接收信息，接收地点具有固定性。而新媒体与传统媒体相反，受众群体可以根据自己的时间、地点及喜好，主动选择自己需要的信息内容，以满足自己的观赏需求，新媒体体现出了传播信息和接收信息两者之间的异步性。

(5) 在传播边界上：实现了无障碍化、全球传播

与传统媒体相比，新媒体彻底打破了传统媒体的空间传播概念，对于新媒体传播来说真实的地理位置不存在了，城市与城市之间的限制不存在了，国家与国家之间的限制也不存在了，体育赛事的传播真正实现了无障碍化的全球传播，大大提升了体育比赛的收视率以及影响力。

4.1.2.2　体育赛事新媒体转播的劣势

(1) 侵权现象严重、不易控制

利用新媒体转播体育赛事的方式正在逐步得到发展。视频及文字资料的复制、转播、下载等也将会因为网络传播的无限性而变得更加容易、便捷，点击鼠标就能够随意地获取、转播、分享他人的作品，但是这些复制、转播和分享已经构成了新媒体转播的侵权。与传统媒体相比，新媒体转播侵权行为更具隐蔽性和便捷性。无限制地非法复制、下载、转播，已严重损害了持权转播机构的合法权益，网络侵权取证困难也将成为打击网络侵权的最大障碍。

(2) 网络媒体报道时缺乏规范的语言

任何形式的传播都是以特定语言为基础的媒体传播，无论是以前的口头传述、文字记载，还是现代社会的广播、电视、网络等，在特定的时间、地点以及条件下，用规范的语言来阐述所要传播的内容和事实，是各媒体展现自身信息传播公信力的最佳方式。新媒体作为一种新兴的信息传播方式，其媒体报道也应该与传统媒体一样，利用规范的语言、严谨的态度去传播信息，否则就会造成网络传播的低俗化及娱乐化。与传统媒体相比，网络媒体在报道体育赛事信息时，语言的低俗化及娱乐化现象普遍严重，媒体机构常将某一技术动作或某一现象利用低俗的语言进行表达以此来博得观众的眼球，这种行为严重损害了媒体传播机构的职业形象。蒋新苗等(2006)认为，低俗的语言报道已经严重影响到我国转播机构的健康发展。

(3) 技术发展不够成熟

在技术方面，如何保证多媒体用户的信号稳定正常已成为现阶段相关部门面临的最大难题。例如，观众在观看视频时，高清视频画面与宽带之间的制约问题，手机屏幕太小、清晰度不够以及网速较慢的问题，移动网络费用价格高昂的问题等。在海量的网民同时上线时，宽带网络将面临重大的挑战，画面

滞缓、电脑或手机终端卡顿等现象普遍存在。因此,多媒体转播与传统媒体转播还有很大的差距,不断提高技术水平已成为我国多媒体转播产业稳定发展的必然要求。

(4) 专业及技术人才短缺

一个新兴产业的崛起离不开专业及技术人才的努力和付出。伴随着我国体育赛事产业的迅猛发展,体育赛事传播方式也在不断打破传统向多元化方向发展。媒体传播技术的日新月异,促使我国对高端管理人才、运营人才、技术开发人才以及新闻制作等方面人才的需求日益增大,人才短缺现象日益凸显。因此,吸收和培养高端管理人才、优秀技术人才以及具有创新能力的新媒体人才已成我国现阶段体育赛事转播产业健康、良好发展的关键。

4.1.3 体育赛事新媒体转播权的法律属性研究

目前,针对体育赛事新媒体转播权法律性质的研究大多是在体育赛事转播权的研究基础上进行的。笔者以下将从体育赛事转播权本身和体育赛事节目两个方面对体育赛事新媒体转播权的法律属性进行研究和分析。

4.1.3.1 体育赛事转播权的法律属性研究

4.1.3.1.1 国外对体育赛事转播权法律属性的研究

(1) 企业权利说

意大利相关法律明确规定,体育赛事转播权属于一项“企业权利”,体育赛事组织者或体育赛事举办单位的“企业权利”受法律直接保护。体育赛事是体育赛事组织者和赛事举办单位正在从事的一项经济活动,在举办比赛的过程中其投入了大量的人力、物力、财力,承担着一定的经济风险,根据“谁投资、谁受益”的原则,他们应该享有体育赛事的相关权利,其他任何组织及个人不能做出损害体育赛事组织者或俱乐部在举办体育比赛的过程中获得经济利益的行为。

在德国,体育赛事转播权虽然未被视为一项单独的财产权利,但国家相关部门通过反不正当竞争法对体育赛事组织者和承办单位的商业利益进行了间接保护。由德国以往的判决案例可以看出,他们认为体育赛事转播权应归赛事组织者所有,体育赛事组织者拥有向转播机构出售转播权并收取一定费用的权利,并有权向违法转播比赛的个人或组织采取法律行动。

随着体育赛事产业的快速发展,体育赛事转播权逐步成为赛事组织者以及赛事承办单位最重要的经济来源,“企业权利说”将体育赛事转播权视为一种无形资产,保护了赛事组织者和举办单位的合法权益。

(2) 娱乐服务提供说

英国对赛事转播权的界定从“赛场准入权说”过渡到了“娱乐服务提供说”,但两种学说都不认同体育赛事转播权属于一种财产权。体育赛事转播权是法律所认可的另外一种财产权利,体育场馆的所有权人及管理权人拥有出售体育赛事转播权的权利。此学说否定了“赛场准入权说”的观点,但它却不能确切地反映为什么观众和媒体在接受同样的娱乐服务时存在着巨大的消费差额,“娱乐服务提供说”与“赛场准入权说”相比具有相当的进步性,但也存在着一定的缺陷。此学说的观点不符合体育赛事组织者和举办单位的经济利益,逐步被学者所遗忘。

(3) 体育赛事转播权存在说

法国是唯一以成文法明确规定体育赛事转播权存在的国家,并明确指出体育媒体等转播机构在转播体育比赛时需要交付一定的转播费用。体育赛事转播权的所有权归体育赛事组织者所有,体育赛事组织者拥有向转播机构收取相关费用的权利。虽然法国以成文法的形式认可了体育赛事转播权的存在,但其相关法律并没有对体育赛事转播权的权利性质进行详细阐述和界定。

(4) 赛场准入权说

赛场准入权说最早开始在荷兰、英国等国家最为流行,这些国家将体育赛事转播权界定为“准入权”,即在体育比赛的过程中主场队伍拥有许可或阻止他人进场观看比赛或者直播比赛的权利。这种学说将体育赛事转播权归为体育比赛的主场俱乐部所有,其主要原因是由于主场俱乐部拥有对比赛场地的使用权和所有权,他们能够控制入场观众、采访单位、电视转播机构,而且拥有向其收取一定费用的权利。在荷兰最高法院判决的体育赛事转播权案例中也认为,体育场馆管理者拥有禁止他人或者机构在未经许可的情况下进入场地转播、直播全部比赛或部分比赛的权利。随着体育赛事的发展,赛场准入权说的弊端开始显露,此学说可以有效适用于场地内部的比赛,但却无法适用在公共区域进行的体育比赛项目,如自行车赛、竞走、马拉松等,因为比赛场地属于公共区域,赛制组织者无权对其进行控制,也无法干预他人的“准入”问题。因此,大部分学者认为准入权说只是解决了部分赛事转播实践中的表象问题,未能揭示体育赛事转播权的本质问题。

综上所述,体育产业发展较为发达的国家对体育赛事转播权的认识先后经历了赛场准入权说、娱乐服务提供说等理论学说。但在相关法律中并没有对体育赛事转播权的法律性质、权利内容、权利主体及客体进行明确界定。

4.1.3.1.2 国内对体育赛事转播权法律属性的研究

随着我国体育产业的不断壮大以及互联网水平的不断提升,体育赛事转播权作为体育比赛举办方的重要经济来源,其侵权事件也在不断出现。针对体育赛事转播权的侵权行为,相关学者的观点主要分为以下几种。

(1) 著作权说

在国内对于体育赛事转播权是否能够受到著作权保护,主要存在以下三种观点。第一,肯定学说。此观点认为:运动竞赛表演具有智力性、思想性、艺术性及可固定性,是体育的重要智力成果,具有作品的属性。虽然《中华人民共和国著作权法》中没有明确指出运动竞赛表演属于著作权法的保护范畴,但相对于体能类项目而言,运动竞赛的动作设计和舞蹈表演的动作设计一样,具有一定的创作性,且具有可复制性,因此应当受到著作权法的保护。第二,否定学说。此观点认为:体育比赛或者竞赛活动展示的是运动员的运动力量及技巧,不是以展示文学艺术或科学美感为主要目标,不属于文艺以及科学领域内的智力成果。因此,体育比赛不属于著作权法的保护范畴。第三,表演者权说。此观点认为:体育赛事转播权属于著作权中的表演者权受邻接权的保护。表演者权指的是表演者对文学、音乐、舞蹈等艺术作品的表演所具有的专有权利。张铁楠等(2009)认为,表演者可以扩展到表演单位、表演的组织者。运动竞赛表演是运动员、教练员以及赛事组织者的共同劳动成果,应该属于邻接权意义上的表演者权,只是这种权利归体育赛事组织者统一行使。

(2) 商品化权说

商品化是指本来不具备商品属性的某特定对象因为某种交易或者活动而被赋予了商品价值特征的过程。所谓的商品化权,是指将智力劳动与具有一定影响力的载体结合在一起,经传播使其产生并满足一定的消费需求,从而获得商业化使用的权利。随着竞技体育的不断发展,知名度及关注度的不断提升,体育赛事转播权和其他商品一样,开始逐渐展露出自身的商业价值。鉴于体育赛事转播权是伴随着体育赛事商业化运作而产生的一种新型权利,吴汉东(2007)认为体育赛事转播权是体育活动商业化的产物,因此可以将其视为商品化权。胡峰等(2006)认为体育赛事转播权作为一种"形象公开权",它符合商品化权的三个特征,因此将体育赛事转播权归化到商品化权更为合理。商品化权并非是传统意义上的知识产权,因为它不但是一种无形财产权,而且还强调了一定智力劳动的投入,以及商品化要素中所必需的影响力和知名度。国内大部分学者将体育赛事转播权看作是一种商品化权的主要原因如下:① 体育比赛的组织与运作耗费了赛事组织者大量的智力和财力;② 高品质、高质量的体育赛事影响力激发了大众的消费潜力，并满足了消费者的消费需求；③ 高品质、高影响力的体育比赛决定了体育赛事转播权的转让费用；④ 赋予其商品化权能更好地保障权利主体的合法权益，排除第三方的非法侵害。商品化权作为我国的一种新型权利，目前还处于理论探讨阶段，在实践中能否将体育赛事转播权归化为商品化权还有待进一步考证。

（3）契约权说

持契约权说观点的学者认为，体育赛事转播权的权益归属在我国并没有法律法规予以规定，大多数情况下都是根据体育赛事主办单位或者组织者与体育赛事转播机构签订的协议或赛事章程的约定。他们认为，体育赛事转播权是在契约的基础上形成的一种民事权利。随着互联网的快速发展，契约权说的弊端开始逐渐显现，合同权是一种相对的权利，奥运会赛事章程也无法约束不特定的其他人。在信息网络高度发达的时代，人们可以随时利用自身的移动设备对体育比赛画面进行拍照、录像并转播，这种行为将给体育赛事转播权的保护带来严重的问题。因此，大多数人认为契约权说只是从实践方面对体育赛事转播权进行了把握，并不能全面约束体育赛事的转播行为。

体育赛事是客观发生的，既不能事先设计，也不能对结果进行确定，其具有唯一性和不可复制性，最终能否将其纳入契约权、商品化权、表演者权等权利保护范畴，还存在争议，尚不明确。

4.1.3.1.3　笔者观点

从体育赛事转播权本身来说，国内大部分学者认为体育赛事是客观发生的，其过程的不可复制性以及结果的不可预知性使之很难受到著作权法的保护。按照竞技能力的主导因素可以将体育赛事项目划分为体能主导类项群和技能主导类项群两大类。其中，技能主导类项群主要包含表现难美性、表现准确性及对抗性。动作难度的价值是表现难美性项目与体能主导类项目及其他技能主导类项目之间的最大区别，如增加翻转的圈数以及翻转的角度；减少高难度动作前的预备动作以此来增加动作的难度系数及观赏性；发展新动作类型、强调动作质量及艺术修养等。《中华人民共和国著作权法》第三条规定："本法所称的作品，包括以下列形式创作的文学、艺术和自然科学、社会科学、工程技术等作品：（一）文字作品；（二）口述作品；（三）音乐、戏剧、曲艺、舞蹈、杂技艺术作品；（四）美术、建筑作品；（五）摄影作品；（六）视听作品；（七）工程设计图、产品设计图、地图、示意图等图形作品和模型作品；（八）计算机软件；（九）符合作品特征的其他智力成果。"因此，笔者认为：像艺术体操、花样滑冰等难美项群类运动项目是在教练员、运动员、乐师、摄影师等工作团队共同努力和艰苦奋斗的情况下完成的，它凝聚着多方人员的智慧和汗水，是集艺术特征及体育竞技特征于一身的运动项目类群，它应该被纳入著作权法的保护客体范畴，并给予高度重视。其次，体育赛事的举办耗费了举办者大量的人力、物力、财力，根据“谁投资、谁受益”的原则，我国应将难美性项目以外的体育赛事纳入商品化权的保护范畴，给予举办者或举办单位应有的权益，以此促进我国体育赛事产业的可持续发展。

4.1.3.1.4 体育赛事节目的法律属性研究

（1）国外对体育赛事节目的法律属性认定

① 美国

美国的版权法规定：“体育赛事转播节目属于电影作品，受国家版权法保护，但体育赛事本身并不属于版权法的保护范畴。”相对于体育赛事本身而言，体育赛事节目是在媒体机构转播体育比赛的同时录制的，在录制的过程中充分利用了录制者独特的创造力和想象力，具有独创性特点，并且它能够以某种有形的形式固定下来（如录像带、胶卷、磁盘）。其次，美国属于版权体系国家，对作品的创作性水平要求较低，他们认为体育赛事节目的制作符合美国版权法中作品的基本条件，理应受到保护；但由于体育赛事本身创作水平较低，不具备作品的属性特征，因此体育赛事本身不属于美国版权法的保护范畴。李清玲（2006）在《NBA 电视转播权销售的研究》一文中认为，在影像的录制、剪切和编排的过程中，导演和摄像者所做的工作具有足够的创造性和想象力，对于最后录制的节目而言，他们应当获得其“作者资格”，拥有该作品的版权。

② 德国

在所有大陆法系国家中，德国的著作权法对作品的独创性要求最高，也最为严格。因此，德国著作权法学界认为体育赛事节目的独创性较低，尚达不到作品的水准。德国著作权法规定：“对于电影作品的保护同时适用于活动图像。”由此可以看出，在德国体育赛事节目未被认定为作品，但其受到的保护力度及重视程度同作品是一样的。

③ 日本

日本的著作权法与我国的很相似，存在著作权以及邻接权的划分。体育赛事节目的法律属性无论是在日本的理论界，还是在实务界，都未得到认同。日本的著作权法规定：“无论是作品的作者，还是制品的邻接权人，都拥有其相关作品的传播权和传播可能化权。”这项规定指出的两种权利包含了无线直播、点播等传播方式，无论将体育赛事节目视为作品还是制品，相关权利人的合法权利都会得到全面保护。

④ 英国

英国的版权法中的“作品”的认定基本上没有任何创作性要求，只要其劳动成果拥有作者“独立的艰苦劳动”，并且拥有一定的社会价值，其“作品”就满足英国版权法保护的要求，受其版权法保护。英国的版权法与我国的不同，英国将我国邻接权中的音像制品、广播等制品全部归为作品的范畴。

⑤ 加拿大

在加拿大，实务界学者认为体育赛事节目拥有一定的独创性和独特性，理应属于加拿大版权法的保护范畴，他们认为：体育赛事节目与加拿大版权法规定的“以类似制作电影的方法制作的作品”非常相似，将体育赛事节目视为作品的条件成立。

⑥ 欧盟国家

欧盟法院针对体育赛事节目的创作水准做出了评估。法院认为，根据现有的著作权法规定，体育赛事节目的独创性达不到作品的创作水准。但是，欧盟在关于体育组织者的权利研究报告中认为体育赛事节目在一定的情况下可以被视为著作权或邻接权的客体。虽然一些体育赛事影视节目的创作水准达不到作品的水平，但是一些作品的画面是通过无人机、直升机等设备进行捕捉的，画面所组成的作品包含回放、慢放、3D动画、现场解说等，在一定程度上基本满足作品的创作水平。

由以上可以看出，美国、英国、加拿大等国家在司法实践中都已将体育赛事节目纳入了版权法的客体保护范畴；德国、日本以及欧盟国家都对体育赛事节目的独创水平存在争议，其法律归属尚未明确。

(2) 国内对体育赛事节目法律属性的认定

随着社会的不断发展，人们对体育的需求量也在不断增加，体育事业的产业机构也在不断得到完善和发展，体育赛事转播权作为我国体育赛事产业的发展重心，其作用和价值已逐步开始得到凸显，为满足我国体育赛事产业健康发展的需求，我国理论界及实践界的相关专家针对体育赛事转播权的法律属性做出了详细阐述。在此之前，我国体育界往往将体育赛事节目版权和体育赛事转播权画上等号，实际上这是两种不同性质且非常容易混淆的权利，因此，我国学者从体育赛事节目和体育赛事本身的转播权两个方面对体育赛事转播权的法律属性进行了详细分析和概述。迄今为止，我国绝大多数学者对体育赛事节目的法律性质认同基本趋于一致。赵倩如(2010)在《大众媒介视野下的英国现代足球文化发展轨迹研究》一文中认为，体育赛事节目通常融入解说、字幕、采访、镜头回放或者特写等，且可以以某种有形的形式固定下来，根据其独创性的高低可能构成作品或者制品，只是在把体育赛事节目纳为“作品”还是“制品”的问题上还存在较大分歧，但体育赛事受到《中华人民共和国著作权法》的保护已经是毋庸置疑。

(3) 笔者观点

从体育赛事节目来说，笔者认为虽然体育赛事节目是在体育比赛直播的基础上录制的，但在录制的过程中因其受直播环境、人物、事件及其他客观因素的影响，录制人员在比赛镜头画面的切换与组接、图文字幕的准确和简介、战术回放分析和特效渲染、赛事数据的即时统计和比较、赛事声音的协调和搭配以及赛后花絮的剪辑和制作等内容的编排与设计中均反映出了创作者独特的安排和个性化选择。

随着网络技术的高速发展，电视直播技术以及体育赛事节目制作的思路也在不断变化和革新，机械地记录比赛过程的方法已逐步被体育赛事节目制作团队所摒弃，在录制节目的过程中加入自身对体育比赛的理解和表达已成为现代育赛事节目制作团队制作体育赛事节目的重点和关键。由此我们可以看出，体育赛事节目可以被设计、编排和糅杂进主观情感进行表现，它的录制方法与影视作品的创作及摄制方法相比已相差不大，体育赛事节目的影视戏剧特征也在日益明显。其次，在体育赛事节目的编排、制作、播放过程中相关部门投入了大量的人力、财力、物力，在购买体育赛事转播权的过程中更是投入了巨额资金，如果不对体育赛事节目信号进行产权界定并加以保护，放任他人未经许可擅自以营利为目的地使用体育赛事节目信号，直接损害相关权利主体的合法权益，势必大大削弱组织者的积极性，使组织者减少对体育赛事节目制作的投资。因此，我们应将体育赛事节目看作是以类似电影的方式创作的作品，将其纳入《中华人民共和国著作权法》的保护范畴，加大对体育赛事节目的重视程度和保护力度，鼓励、促进我国体育赛事产业的快速发展。

例如，2010 年央视国际网络有限公司诉福州几何网讯科技有限公司侵害著作权纠纷案中，原告经中央电视台授权独家拥有通过信息网络向观众传播、广播“第十一届全国运动会闭幕式”节目的权利，被告未经许可在其经营的网站擅自转播了涉案节目。原告认为，“第十一届全国运动会闭幕式”节目是原告公司花费了大量的人力、财力、物力录制摄制而成，被告的行为严重侵害了原告的合法权益，因此原告主张依据《中华人民共和国著作权法》及其他相关法律规定对被告进行处罚。法院判决：据第十一届全国运动会组织委员会和中央电视出具的授权书，确认原告独家拥有通过互联网、移动平台、IP 电视等新媒体转播平台向公众传播、广播涉案节目的权利；“第十一届全国运动会闭幕式”直播节目主要由运动员及代表团体颁奖仪式和大型文艺演出两个部分组成，运动员及代表团队的颁奖仪式虽没有包含太多的创新元素，但是以回忆为核心创作理念的文艺演出节目却突出了节目制作人员以及表演人员对健康的热爱、对生命的尊重以及对大自然的向往，演绎内容丰富多彩且耐人寻味。因此，法院认为该节目具有独创性，系以类似摄制电影的方法创作的作品，属于《中华人民共和国著作权法》保护的客体。

4.1.3.2　体育赛事新媒体转播权的权利主体、客体及权利内容

(1) 体育赛事新媒体转播权的权利主体

法律关系的主体一般指的是法律关系的参与者，也就是所谓的参与民事权利的当事人(包括自然人和法人)。在民事法律关系中，民事权利主体主要包含一般权利主体和特殊权利主体两个方面。一般情况下，特殊权利主体是指享有民事权利的国家，权利主体中涵盖或涉及国家财产的所有权。体育赛事新媒体转播权的权利主体仅仅是指此项权利的持有者，与国家的财产所有权无关。在一场较高级别、较大影响力的体育比赛中，谁有权利将本场比赛的新媒体转播权出售或转让权给第三方，谁就是本场比赛新媒体转播权的持有者，也就是体育赛事新媒体转播权的权利主体。一般情况下，体育赛事转播权包含体育赛事新媒体转播权的所有权利。

① 欧美国家对体育赛事新媒体转播权利归属的界定

欧美国家对体育赛事转播权的权利归属界定也不尽相同。欧盟委员会的观点是参与比赛的运动队或者俱乐部都可以对有关的比赛主张某种权利。同时，欧盟委员会也承认体育协会是比赛的共有权利者。就某一场足球比赛来说，足球俱乐部、欧足联两者之间存在一种共有的关系，但是足球比赛所产生的所有关系与这种共有关系并无直接牵连，即参与比赛的双方俱乐部、体育协会都对相关的比赛享有某种权利。但从另外一个角度来说，俱乐部是相应体育协会的成员，体育协会由多个俱乐部共同组成的，俱乐部是类似于市场上的“单独实体”，并不是横向意义上的竞争对手。因此，从这个意义上讲，俱乐部完全被体育协会所控制，在体育赛事新媒体转播权的销售方面，俱乐部没有单独在市场上运作体育新媒体转播权的权利。

荷兰、意大利等国家认为体育赛事转播权应该归体育俱乐部所有，即体育比赛的产权人是俱乐部而不是协会联盟。欧盟委员会相关规定指出：“俱乐部是体育赛事转播权的首先权利所有者。”意大利更是在法律文件中明确指出：“体育赛事转播权归职业体育俱乐部所有。”他们认为，职业俱乐部不仅在训练运动员的过程中投入了巨大的财力和物力，更是为精彩的体育比赛投入了大

量的财力、人力和精力，他们理所当然享有体育赛事转播的所有权。

德国认为体育赛事转播权应该归体育赛事组织者所有，即体育赛事组织者拥有向第三方出售或转让体育赛事转播权的权利，并有权针对非法转播行为采取法律行动。从国家法律方面来说，《德意志联邦共和国基本法》第五条规定："一、人人有以语言、文字及图画自由表示及传布其意见之权利，并有自一般公开之来源接受知识而不受阻碍之权利。出版自由及广播与电影之报道自由应保障之。检查制度不得设置。二、此等权利，得依一般法律之规定、保护少年之法规及因个人名誉之权利，加以限制。三、艺术与科学、研究与讲学均属自由，讲学自由不得免除对宪法之忠诚。"在以往的体育赛事转播纠纷案例中，国家相关部门主要是利用德国国内立法和州电视转播协议来解决媒体在报道体育赛事的过程中所引起的法律冲突。

法国认为体育赛事转播权的权利主体应该归体育联盟或者体育协会所有，体育表演者或者比赛的利用开发权属于比赛的组织者。在体育运动电视转播权的拥有者问题上，法国也特别规定了："组织体育比赛的体育协会或者实体对有关的比赛拥有专属的权利，包括所有权。"由此可以看出，足球协会是法国足球比赛电视转播权的唯一持有者。认为体育赛事转播权应该归属体育联盟的国家认为，体育协会在比赛的过程中虽然不是比赛时的直接参与者，但体育协会通过制定各项规则，平衡了俱乐部内部之间的财务矛盾和竞赛矛盾，而且在比赛的过程中还承担着一定的风险，因此应将体育协会看作是体育赛事转播权的权利主体。

瑞典、丹麦等欧洲国家一般将体育赛事转播权交由体育协会或者体育联盟统一出售，然后由职业俱乐部均分转播权。国际体育赛事的转播权归国际体育协会所有，已经成为一种国际惯例。因此，奥运会赛事转播权的主体只能是国际奥委会。

② 我国对体育赛事新媒体转播权利归属的认定

在我国，体育赛事转播权归体育组织者所有，体育组织者拥有对体育赛事进行商业开发的一切权利。《关于电视转播权管理有关问题的通知》中明确指出了体育比赛的电视转播权归比赛主办单位所有。国内众多学者对此认识也趋向一致，无较大分歧。因此，他们认为体育赛事组织者在体育赛事的组织和运营过程中投入了很大的人力和财力，体育组织者拥有体育赛事转播权是无争议的事实。

③ 笔者观点

各国针对体育赛事转播权的主体认证都是从整体意义上而言的，但实际上体育赛事节目转播权和体育赛事本身的转播权是两种完全不同性质的权利，笔者认为从体育赛事节目和体育赛事转播权两个方面对其对应的主体进行分析更为合适。

从前面考察的这些权利主体也可以看出，基本上都是体育比赛的举办方，同时也是参与体育比赛的管理方和实际参与者。因此，笔者认为体育赛事新媒体转播权的权利主体一般是指拥有使用、许可、收益及禁止权的体育赛事举办方或体育赛事组织者。至于他们在转播体育赛事时的收益和授权分配原则，都是在达成的协议内确定和划分的。通常情况下，体育赛事的比赛信号是由主办方委托第三方进行制作，主办方会向第三方支付相应报酬并签署相关协议，主办方通过签署协议拥有体育赛事信号的全部权利。以奥运会为例，奥林匹克广播服务有限公司是奥委会营销机构中专门负责奥运会广播电视转播权转让问题的机构，根据国际奥委会要求，每一个举办奥运会的城市都要成立奥运转播公司，并由其来负责奥运会期间有关奥运赛事转播销售的所有问题。2008 年北京奥运会举办前期，北京奥委会与国际奥委会所属的奥林匹克广播服务有限公司签署了协议，成立北京奥林匹克转播有限公司，在奥运会期间由其组织的信号制作团队录制体育赛事转播信号，然后录入奥运会信息转播中心，由国际奥运会统一出售。根据相关协议，针对体育赛事转播信号，信号录制团队仅有获取相关报酬的权利，国际奥委会拥有对体育赛事转播信号的所有权利，即体育赛事新媒体转播权归国际奥委会持有，国际奥委会是体育赛事新媒体转播权的唯一权利主体。

体育赛事节目的著作权主体往往对应的是获得授权的新媒体、电视等媒体转播机构。目前体育赛事转播信号的制作基本上是采用制播分离的方式进行销售。各电视、新媒体等媒体机构通过奥林匹克广播服务有限公司购买奥运会比赛的转播权，各媒体机构将通过购买的体育比赛信号获取体育比赛现场视频画面，然后以视频画面为依托进行编排、制作，最后通过媒体平台向大众播放。由此我们可以看出，体育赛事节目的主体不是从事节目播放的技术人员，而是决定节目何时播放、确定播放时期和播放时间的媒体转播机构。

(2) 体育赛事新媒体转播权的权利客体

由于体育赛事新媒体转播权与体育赛事节目的主体不同，所以其对应的客体也不尽相同。从权利的角度上来看，体育赛事新媒体转播权的客体指的是体育组织者或者体育联赛举办的各种体育比赛，许多学者对此做过研究，在此不再多谈。体育赛事节目主要是新媒体授权转播机构和许可转播机构经新媒体转播平台进行的直播、转播、点播的信号，包括体育比赛的画面、视频集锦、图片文字等。

(3) 体育赛事新媒体转播权的权利内容

体育赛事新媒体转播权的权利内容指的是权利人对其所享有的各项具体权利的总称。在探讨新媒体转播权的权利内容时我们将从体育赛事组织者或主办方和新媒体持权转播机构的权利内容两个方面进行探讨。

体育赛事主办方或组织者所享有的体育赛事转播权的权利主要包括以下几个方面:① 体育赛事信息以及体育赛事资源的发布权,即体育赛事组织者或主办单位拥有通过电视、网络等媒体对体育赛事进行新闻发布的权利。② 发布体育赛事宣传信息的权利,即体育赛事组织者或主办方拥有通过新媒体等机构对体育赛事信息进行宣传的权利。③ 体育赛事转播权的市场开发权,通常情况下主要包括体育赛事的直播、录制、复播及转让,以及引进赞助商和赛事衍生品营销的权利。④ 禁止权,体育赛事组织者或主办单位拥有禁止其未授权的电视、新媒体等传播机构私自转播权的权利。⑤ 拥有对体育赛事相关数据的获取权和使用权,即体育赛事主办方或组织拥有与比赛和运动成绩等相关数据的使用权。⑥ 涉及体育赛事的其他权利,如体育赛事的组织、开发、转播、录制、展示、复制、获取或散发等。

新媒体持权转播机构拥有体育赛事转播权的权利内容主要有以下几个方面:① 独家直播、点播和转播权,即持权转播机构拥有在规定的时间和区域内对合法使用的体育赛事转播信号拥有独家直播、点播和转播权的权利。② 体育赛事转播信号的分销权,即持权转播机构在合同允许的情况下在规定的时间和区域内拥有对体育赛事转播信号进行全部或者部分转让或销售的权利。③ 体育赛事新闻报道权,即持权转播机构在体育比赛期间可在其媒体覆盖领域报道体育比赛前后发生的一些重大文化活动以及相关新闻信息的权利。④ 体育赛事标志、荣誉称号以及无形资产的使用权。⑤ 体育赛事网络视频广告招商的开发权、收益权,即持权转播机构拥有网络视频广告招商的权利及获取相应报酬的权利。⑥ 修改权,即持权转播机构在获取体育赛事转播信号后,可以依据自身的实际情况及需求对信号进行重新编制和修改。例如,持权转播机构可根据比赛内容在比赛视频内加入专家解说、比赛运动员的基本情况、精彩镜头的回放和慢放以及相关比赛的数据统计等,然后再通过自身平台将赛事节目转播出去,以此来满足大众需求。⑦ 复制权,即持权转播机构拥有将体育赛事视频制作成一份或者多份的权利。⑧ 禁止权,即持权转播机构有权禁止未经许可的媒体机构擅自转播和链接网络平台的权利。⑨ 与著作权主体相关的其他权利。

4.2　体育赛事新媒体转播权的侵权形式及救济

4.2.1　体育赛事新媒体转播权的侵权形式

在新媒体产业快速发展的过程中，由于技术水平的相对落后、相关法律法规的缺失，造成了我国网络侵权现象日益严重，著作权的保护难度逐步增大。奥运会期间我国针对网络侵权现象制定的一系列措施及政策得到国际奥委会的高度评价及肯定，但经统计发现仍有接近 20 家媒体机构出现了侵权现象。通过分析以往的侵权案例发现，我国体育赛事新媒体转播权的侵权行为主要表现在非授权网站擅自转播比赛视频、擅自为公众提供相关赛事的链接或点播服务、个人用户擅自上传赛事信息的行为等。

4.2.1.1　非授权网站为公众提供搜索、链接服务的侵权行为

《信息网络传播权保护条例》第二十三条规定："网络服务提供者为服务对象提供搜索或者链接服务，在接到权利人的通知书后，根据本条例规定断开与侵权的作品、表演、录音录像制品的链接的，不承担赔偿责任；但是，明知或者应知所链接的作品、表演、录音录像制品侵权的，应当承担共同侵权责任。"《中华人民共和国侵权责任法》第三十六条规定："网络用户、网络服务提供者利用网络侵害他人民事权益的，应当承担侵权责任。网络用户利用网络服务实施侵权行为的，被侵权人有权通知网络服务提供者采取删除、屏蔽、断开链接等必要措施。网络服务提供者接到通知后未及时采取必要措施的，对损害的扩大部分与该网络用户承担连带责任。网络服务提供者知道网络用户利用其网络服务侵害他人民事权益，未采取必要措施的，与该网络用户承担连带责任。"由此可知，搜索、链接服务提供行为并不能构成直接侵权行为，只能将其视为起帮助作用的共同侵权行为。在实践中，对于搜索、链接服务造成侵权行为的性质认定上一直存在分歧。在我国众多体育赛事节目侵权案例中，绝大多数法院都将未经授权私自为公众提供涉案赛事节目的搜索、链接服务行为视为不正当竞争行为。

案例 1：2014 年，央视国际网络有限公司在诉北京我爱聊网络科技有限公司侵害著作权及不正当竞争纠纷案中，原告央视国际网络有限公司独占享有通过信息网络向公众转播中央电视台的全部频道以及提供各频道播出的全部电视节目的权利，被告北京我爱聊网络科技有限公司在央视电视的授权期限内未经许可擅自通过一款名为"电视粉"的安卓系统手机客户端软件和信息网

络向用户实时转播了中央电视台的伦敦奥运特别节目。原告认为,被告未经许可向用户实时转播了中央电视台播出的大量的伦敦奥运会比赛的电视节目,严重侵犯了其依法拥有的广播组织权,同时也违反了公平原则、诚实信用原则的不正当竞争行为。被告认为,本案不属于侵害广播组织者权的范畴。央视国际网络有限公司不是广播组织者权的主体,广播组织权的主体是广播电台、电视台,故央视国际网络有限公司不享有广播组织权,广播组织权也不包含通过网络传播的内容。第二,被告认为自己的行为不属于转播行为,其只是提供链接,不构成侵权。"电视粉"是一款社交软件,满足用户与他人交流、沟通或者发表评论等功能需求,至于通过何种渠道观看节目,并无限制或要求。被告仅向用户提供视频内容的链接服务,播放内容由被链接方提供,我公司不对视频内容进行下载、存储,无法对内容进行传输、复制、编辑等。用户在观看时,知道该内容来源于互联网,因此本案中用户观看到的节目播放网站是央视网,被告只是提供指向央视网的网络链接。被告已经断开了相关内容的网络链接,故不应当承担赔偿责任。法院认为:据国际奥委会的授权确认函及中央电视台向原告的授权协议,确定原告独家享有通过信息网络(包括但不限于互联网等新媒体传播平台)向观众传播、广播(包括但不限于点播、延迟播放)中央电视台所有电视频道的全部电视节目的权利,作为独家权利人,原告同时拥有对外主张及行使上诉的权利。被告未经许可向公众提供在线直播链接服务,且链接后页面未跳转至来源网站;此外,被告在链接过程中对涉案链接进行了编排和整理,因此法院认为被告行为属于恶意行为,判决我爱聊网络科技有限公司于判决生效之日起十日内赔偿央视国际网络有限公司经济损失及合理开支 40 万元,驳回央视国际网络有限公司其他诉讼请求。

案例 2:2013 年,央视国际网络有限公司与广州市动景计算机科技有限公司著作权侵权及不正当竞争纠纷中,原告央视国际网络有限公司经中央电视台授权独家拥有 2014 年巴西世界杯比赛节目的直播和点播权,被告未经授权擅自通过链接的方式向用户提供央视世界杯节目的网络直播。原告认为,被告在未授权的情况下擅自通过信息网络向公众提供巴西世界杯比赛节目的行为损害了原告的著作权,同时也违反了公平原则、诚实信用原则的不正当竞争行为。被告认为,原告所诉之著作权不明确,该权利是否存在、是否可诉存疑。原告没有明确指出被告具体侵犯了著作权中的哪一项权利,其所诉之权利及权利范围不明确。被告是网络服务提供者,在公司运营的过程中仅仅是向用户提供网络链接服务而不是内容服务,在本案件中公司仅向用户提供了世界杯比赛节目的链接,而且链接的网站正是原告的网站,因此并不构成侵权行为。法院判决:据国际足球联合会出具的授权确认函及中央电视台授权央视国际网络有限公司的授权协议,确认原告独家拥有通信息网络向公众传播、广播(包括但不限于实时转播、延迟播放)巴西世界杯比赛节目的权利;被告在未经中央电视台许可的情况下私自通过信息网络向公众提供涉案节目的链接服务,与原告之间形成了竞争关系,因此原告主张的不正当竞争行为成立;其次,由于涉案节目的原创水平较低,达不到著作权中作品的创作标准,故原告主张侵害原告著作权的行为不成立,法院不予以支持。

4.2.1.2　非授权网站为公众提供实时转播的侵权行为

在各国的法律体系中并没有明确规定体育比赛拥有版权或者著作权,包括我国在内的绝大部分大陆系国家在内也都没有明确指出体育比赛本身存在某种权利,这其中包括体育比赛的转播权。在实际操作的过程中,虽然大多数国家在对非授权转播行为的性质划分上存在较大分歧,但对依法保护持权转播商合法权利的观点上趋向一致。国际奥委会拥有奥运会所有比赛的转播权和处分权,任何媒体机构在未经国际奥委会授权的情况下擅自转播奥运比赛的行为均属侵权行为,均应追究其法律责任。持权转播商的合法权利是在国际奥委会及组委会认可的前提下,与其签订合同并支付一定费用的基础上产生的。因此,我们认为奥运会转播权及其他知名赛事转播权在更多的情况下是一项合同权利和商业权利。在我国以往的体育赛事转播侵权案例中,法院大多数情况下仅把以上侵权行为视为不正当竞争,对于原告主张的著作权权利一般不予支持,一些法院认为其创作水平达到作品水平的体育赛事节目除外。

案例:2015 年,在央视国际网络有限公司诉华夏城视网络电视股份有限公司著作权侵权及不正当竞争纠纷案中,原告央视国际网络有限公司经中央电视台授权独家享有通过信息网络(包括但不限于互联网、移动电视、车载电视等新媒体传播平台)向公众传播、广播(包含但不限于点播、延迟播放)2014 年巴西世界杯比赛的权利,被告华夏城视网络电视股份有限公司未经授权许可擅自转播了由中央电视台录制的 64 场足球赛事。原告认为,巴西世界杯比赛节目的录制已不是机械地记录比赛,而是以类似于电影的方式创作的作品,被告未经许可擅自转播比赛节目侵犯了该作品著作权人的相关权利,同时也违反了公平原则、诚实信用原则的不正当竞争行为。法院认为:据国际足球联合会的授权确认函及中央电视台向央视国际网络有限公司的授权书确认,原告享有通过信息网络传播、广播中央电视台制作和广播的全部电视节目,被告的行为侵犯了原告在中国大陆独家转播巴西世界杯比赛节目的权利,构成了不正当竞争;但是,由于巴西世界杯比赛节目的创作水平较低,达不到作品的创作标准,故原告主张的被告侵犯了其依据著作权法中规定的应由著作权人享有的其他权利无法律依据,不予支持。

4.2.1.3 非授权网站为公众提供点播的侵权行为

点播服务是一种新型的媒体传播方式,是计算机技术、网络通信技术、数字压缩技术等多领域融合的产物。点播服务是指根据用户需求播放节目的视频点播系统,它会根据用户的请求把用户所选取的或者所点击的视频文件直接传递给用户,从根本上改变了过去观众被动收看电视节目的不足。非授权网站提供的体育赛事节目点播服务是指大众可以通过其网站利用手机、电脑等工具随时随地观看体育赛事节目的行为。法院一般认为,在未经许可的情况下擅自向公众提供点播服务行为的情节较为严重,行为目的较为明显,应当依照《中华人民共和国著作权法》相关规定进行处罚。

案例:2008 年,在央视国际网络有限公司诉世纪龙信息网络有限责任公司侵犯著作权纠纷案中,央视国际网络有限公司经中央电视台授权拥有通过互联网、移动电视等向公众独家传播中央电视拍摄制作的电视节目的权利,被告世纪龙信息网络有限公司未经授权在其经营的网站实时转播了中央电视台正在直播的奥运火炬珠穆朗玛峰传递节目,并且该网站用户在直播后仍然可以对该视频进行点播回放。原告认为,奥运会火炬珠穆朗玛峰传递节目归央视国际网络有限公司独有,未经中央电视台授权许可其他任何互联网和移动平台等新媒体都不得进行擅自转播和重复播放,被告未经许可擅自向公众提供直播和点播服务,侵犯了其"圣火耀珠峰"奥运节目的信息网络传播权和广播权。法院判决:根据奥林匹克章程规定,"圣火耀珠峰"奥运节目的著作权应归属奥委会所有;据中国政府和国际奥委会协议约定和授权,中央电视台拥有第 29 届奥运会赛事及相关活动在中国大陆新媒体转播的独家权利;原告拥有涉案节目的信息网络传播权,其合法权益受法律保护,其他个人或者组织不得侵犯;被告侵犯了原告的信息网络传播权。

4.2.1.4 个人用户擅自上传赛事信息的侵权行为

以往体育赛事画面或者信息都是经由电视媒体等商业机构进行传播,在互联网高度发展的当代,个人用户变成了同商业机构类似的体育赛事转播主体。例如,个人用户利用手机、DV 拍摄视频上传至网络;教练员、运动员、裁判员等参与人员在博客中播放自己所参与的比赛视频或图片等。2013 年,在体奥动力体育传播有限公司诉上海全土豆网络科技有限公司网络侵权纠纷案中,原告体奥动力体育传播有限公司经亚洲足球联合会独家授权享有 2011 年亚足联亚洲杯在中国地区独家专有实况转播及后续播放权、因特网和手机传播权，被告上海全土豆网络科技有限公司在未经许可的情况下擅自在其设立的网站对亚洲杯比赛进行了全场网络播放。原告认为，原告拥有2011年亚洲世界杯独家播放权，被告在未经原告许可的情况下擅自播放，对原告造成了巨大的经济损失，也严重影响了原告的商誉形象，因此向法院主张被告行为构成网络侵权。被告认为，原告主张以上侵权行为属于物权范畴，但是物权法系规定该权利只能约束订约双方，与被告无关；其次，原告没有足够的证据证明原告拥有涉案视频的互联网传播权；此外，被告是信息网络空间储存服务商，案件视频是网站用户上传的，与被告无关，且根据现有技术无法对视频进行完全审查。法院判决如下：《中华人民共和国侵权责任法》规定，网络用户、网络服务商提供者利用网络侵害他人合法权益的，行为人应承担相应的侵权责任，但由于原告主张被告侵犯独家转播权的证据不足，法院不予支持。虽然在上面案例中法院未给予原告支持，但是法院也表示网络用户在未经许可的情况下私自利用网络侵害他人民事权益的行为法院不予支持，相关人员应当承担相应的侵权责任。

4.2.2 体育赛事新媒体转播权侵权的救济措施

法理学中法律救济指的是权利主体的合法权益受到他人或者组织非法侵害时，是为弥补、恢复或者补救权利人合法权益所制定的一种法律制度，是有关国家机关受理和做出的具有法律效力的某种活动。到目前为止，我国网络版权侵权法律救济途径主要分为以下四个方面：① 协商调解；② 民事救济；③ 行政救济；④ 刑事救济。四种救济方式相辅相成、相互依存，并非相互排斥、相互独立的。体育赛事新媒体转播权的侵权行为以及各项侵权行为应该承担何种责任等相关的要求、规定均未在《中华人民共和国体育法》及其他相关法律体系中得到明确体现。因此，本书认为视侵权行为的种类和性质情节的不同，体育赛事新媒体转播权侵权行为的相关法律救济措施或者是手段应包含协商调解、民事救济、行政救济和刑事救济四种。

4.2.2.1 协商调解

协商调解是指双方当事人在相互谅解的基础上依据国家法律条例及社会公德，通过摆事实、讲道理促使双方达成和解协议，自行解决矛盾纠纷的一种方法及途径。根据调解主体和矛盾性质的不同，可以选择仲裁调解、法院调解或行政调解等方式进行。协商调解与其他解决方式相比，省时、省力、省财，并且能够有效防止经济损失的进一步扩大，利于双方团结，增强双方当事人之间的往来。因此，解决新媒体侵权纠纷过程中，双方当事人一般根据侵权性质的严重程度及行为过失来考虑救济方式，但在尽可能的情况下，都是通过协商途径解决的。

4.2.2.2　民事救济

我国《中华人民共和国民法》《中华人民共和国著作权法》《最高人民法院关于审理涉及计算机网络著作权纠纷案件适用法律若干问题的解释》等法律法规中对侵犯网络作品著作权及邻接权的法律责任、赔偿责任、法律适用等问题做了明确规定。《信息网络传播权保护条例》中也有关于网络侵权的相关民事救济规定。《中华人民共和国民法通则》《中华人民共和国著作权法》《信息网络传播权保护条例》中规定的民事救济措施主要包括：① 停止侵害；② 消除危险；③ 排除妨碍；④ 消除影响、恢复名誉；⑤ 赔礼道歉；⑥ 赔偿损失。根据以往的相关侵权纠纷案例判决可以看出，我国体育赛事新媒体转播侵权的民事救济方式主要体现在停止侵害、赔偿损失、赔礼道歉三个方面。停止侵权是指网络服务提供者在接到权利人通知后应移除、删除涉案作品或者停止相关接入服务的提供。赔偿损失是指权利人有权获得赔偿，赔偿金额由侵权人所造成的实际损失来计算。赔礼道歉是指侵权人针对自己的侵权行为向权利人发出的道歉声明，道歉声明一般是发在侵权人的侵权网页上面，并要有一段时间的保留。针对我国体育赛事新媒体转播的侵权现象，我国相关部门应加大对侵权网站以及侵权机构的民事处罚力度，震慑侵权者的侵权行为，遏制侵权事件的发生。《中华人民共和国民法通则》《中华人民共和国著作权法》《信息网络传播权保护条例》中规定的民事救济措施均适用于体育赛事新媒体侵权纠纷案例。

4.2.2.3　行政救济

随着网络技术的飞速发展，作品的使用范围正在日益扩大，使用方式也在日益多样化，版权人没有足够的时间和精力去了解自己的作品在何时何地被使用，造成网络侵权现象日益泛滥，仅靠法院来处理类似的纠纷事件略显不足，因此，大多数国家允许国家行政部门或者法律授权的裁判组织来处理类似的纠纷事件。随着我国网络版权侵权行政救济政策的不断涌现，体育赛事产业相关管理部门加大对我国体育赛事新媒体转播权的保护，体育赛事新媒体持权转播机构也应联合对那些未经授权擅自转播赛事节目以及播出授权范围以外内容的媒体机构进行重点监控，对拥有不良传播记录的媒体单位由广电总局网络监管中心给予及时通报或警告，对损害社会公共利益的媒体机构由行政管理部门责令停止侵权，并给予罚款。

4.2.2.4　刑事救济

对于侵犯版权或者邻接权行为的，大多数国家规定了刑事诉讼程序和制裁措施。对于侵权行为主观方面的构成要素，大多数国家都强调只有在故意为之的情况下才构成犯罪。例如，日本、美国规定只有在行为人知道或者有足够理由认为其侵权行为是有意而为之的情况下才构成犯罪，无意识侵权或过失犯罪一般不承担刑事责任。《中华人民共和国刑法》对侵犯版权、邻接权的犯罪行为及刑事责任做出了相关规定。《中华人民共和国著作权法》中有有关侵权行为刑事制裁的相关条例，并详细列举了构成犯罪的八种侵权事实，对于构成犯罪的侵权行为，相关部门将追究其刑事责任。从我国以上刑事处罚来看，加重对侵权行为的惩罚程度已成为将来发展的一种趋势。因此，在体育比赛期间，相关管理部门应联合行动、紧密合作，及时有效地遏制盗播现象，对于情节严重的应给予刑事拘留或监禁并给予罚款。

4.3　我国体育赛事新媒体转播权的法律保护

4.3.1　我国体育赛事新媒体转播权的法律保护现状分析

(1)《中华人民共和国体育法》的相关规定及评价

我国体育法共设八个章节五十五条，无体育赛事新媒体转播权或体育赛事转播权的任何规定，仅第三十五条涉及我国体育产业知识产权的保护。第三十四条规定："在中国境内举办的重大体育竞赛，其名称、徽记、旗帜及吉祥物等标志按照国家有关规定予以保护。"针对上述的"有关规定"我国并没有相关司法条例给予明确解释，导致我国体育赛事新媒体转播权保护在体育法中处于无章可循、无法可依的尴尬局面。

(2)《中华人民共和国著作权法》的相关规定及评价

著作权保护的对象是文学艺术和科学作品。《著作权法实施条例》第二条规定："著作权法所称作品，是指文学、艺术和科学领域内具有独创性并能以某种有形形式复制的智力成果。"《中华人民共和国著作权法》第三条规定："本法所称的作品，包括以下列形式创作的文学、艺术和自然科学、社会科学、工程技术等作品：(一)文字作品；(二)口述作品；(三)音乐、戏剧、曲艺、舞蹈、杂技艺术作品；(四)美术、建筑作品；(五)摄影作品；(六)视听作品；(七)工程设计图、产品设计图、地图、示意图等图形作品和模型作品；(八)计算机软件；(九)符合作品特征的其他智力成果。"我国大部分学者对体育赛事转播权的保护还存在较大争议，但对体育赛事节目的法律保护却趋向一致。他们认为，体育赛事节目应属于《中华人民共和国著作权法》保护的范畴，只是在把体育赛事节目视为“作品”还是“制品”的问题上还存在较大分歧。由以上相关规定可以看出，虽然一些司法机关在处理相关的侵权案例时会把著作权和邻接权作为案例的判决依据，但多数是以兜底条款论处。从体育赛事新媒体转播权对我国体育赛事产业的重要性和特殊性来说，以兜底条款作为相关纠纷案例的判决依据显得有些无力和牵强。

(3)《中华人民共和国民法通则》的相关规定及评价

《中华人民共和国民法通则》是保护我国法人或公民合法民事权益，是处理和调节公民、法人之间民事关系的权威法律。在体育赛事转播权侵权案例中常把《中华人民共和国民法通则》第一百一十八条和第一百零六条作为体育赛事节目的法律保护依据。《中华人民共和国民法通则》第一百一十八条规定：“公民、法人的著作权(版权)、专利权、商标专用权、发现权、发明权和其他科技成果权受到剽窃、篡改、假冒等侵害的，有权要求停止侵害，消除影响，赔偿损失。”第一百零六条规定：“公民、法人违反合同或者不履行其他义务的，应当承担民事责任。公民、法人由于过错侵害国家的、集体的财产，侵害他人财产、人身的，应当承担民事责任。没有过错，但法律规定应当承担民事责任的，应当承担民事责任。”体育赛事转播权的权利人在行使权利或进行权利利益划分时，应遵循诚实守信、公平公正、自由的原则。民法的一个基本原则就是对民事主体之间欠缺相应的民事规范进行处理和调节，确保民事活动的公平公正。因此，《中华人民共和国民法通则》成为我国现阶段体育赛事转播权案例判决中应用最多的法律之一。

(4)《中华人民共和国合同法》的相关规定及评价

《中华人民共和国合同法》是调整平等主体之间的交易关系的法律。从笔者掌握的资料来看，国内外的体育赛事新媒体转播权的交易基本上都是以签约合同的方式实现的，体育赛事新媒体转播合同是体育赛事转播交易中明确双方权利关系的重要文件。《中华人民共和国合同法》第八条规定：“依法成立的合同，对当事人具有法律约束力。当事人应当按照约定履行自己的义务，不得擅自变更或者解除合同。依法成立的合同，受法律保护。”鉴于目前我国体育赛事新媒体转播权的法律性质及权利归属尚不清晰，调整体育活动的主体法律《中华人民共和国体育法》也没有对体育赛事转播权或者体育赛事新媒体转播权做出任何明确规定，《中华人民共和国合同法》成为调整和规制我国体育赛事转播权或新媒体转播权交易的重要途径和方法。从众多赛事纠纷案例中可以看出，体育赛事转播权的交易合同成为法院判决的核心法律依据。

(5)《中华人民共和国反不正当竞争法》的相关规定及评价

《中华人民共和国反不正当竞争法》对知识产权具有兜底保护的功能。《中华人民共和国反不正当竞争法》第二条规定："经营者在市场交易中，应当遵循自愿、平等、公平、诚实信用的原则，遵守公认的商业道德。本法所称的不正当竞争，是指经营者违反本法规定，损害其他经营者的合法权益，扰乱社会经济秩序的行为。本法所称的经营者，是指从事商品经营或者营利性服务(以下所称商品包括服务)的法人、其他经济组织和个人。"在相关案例判决中《中华人民共和国反不正当竞争法》仅仅扮演着兜底的角色，其作用和效果都无法满足我国体育赛事新媒体转播权现阶段的交易需求。

(6)《中华人民共和国刑法》的相关规定及评价

《中华人民共和国刑法》是建立在权利人著作权成立的基础上，我国体育赛事转播的权利属性尚未明确，因此，在以往的体育赛事转播侵权案例中，法院一直未有根据《中华人民共和国刑法》处罚的先例。

4.3.2　我国体育赛事新媒体转播权法律保护制度存在的缺陷

(1) 体育赛事新媒体转播权立法尚属空白

体育赛事转播权作为一种新型的无形财产权，并没有得到我国相关法律的确认和重视。纵观我国所有相关法律文件，"体育赛事转播权""转播权""体育赛事新媒体转播权"等名词均没有在我国的法律文件得到体现，也没有任何一项法律对体育赛事转播权或体育赛事新媒体转播权做出详细的条文规定。从严格意义上来说，"体育赛事转播权"并非是一个法律概念。"转播权"在我国法律体系中尚属空白。《中华人民共和国刑法》第二百一十七条和第二百一十八条有关于侵权问题的规定尚不能应用到我国体育赛事新媒体转播权的保护中，因为以上侵权规定是建立在著作权成立基础上的，《中华人民共和国著作权法》以及一些知识产权的国际条约并没有将"体育赛事新媒体转播权"作为一项新型的知识产权纳入我国著作权法的保护范畴。在现阶段，我国体育赛事新媒体转播权受到侵害时无法适用《中华人民共和国体育法》《中华人民共和国著作权法》《中华人民共和国刑法》等相关知识产权法律文件。在体育赛事新媒体转播权的转让实践中以及侵权纠纷案件处理中可适用的法律只有《中华人民共和国合同法》《中华人民共和国民法通则》和《中华人民共和国反不正当竞争法》中的部分兜底条款。我国国家体育总局作为我国体育产业的主管部门，为调整和规范我国体育赛事产业的发展，也曾先后出台过针对我国体育赛事转播的通知，但是这类通知文件的法律效力普遍较低，而且具较强的行政干预色彩。

(2) 体育赛事新媒体转播权的权利归属尚未明确

各国对体育赛事新媒体转播权法律属性的界定尚未达成统一意见，因此在体育赛事新媒体转播权的权利主体、客体以及权力内容的规定上，各国的观点也不尽相同。有的国家认为体育赛事新媒体转播权的权利主体为体育赛事组织者，有的国家认为体育赛事新媒体转播权的权利主体为运动员或者俱乐部，有的国家认为体育赛事新媒体转播权的权利主体为体育协会或体育联盟，还有的国家认为体育赛事新媒体转播权的权利主体应该为体育赛事组织者和参加比赛者，而我国习惯上认为体育赛事新媒体转播权的权利主体为体育赛事组织者。但各国对体育赛事转播权的权利属性认定都是从整体意义上考虑的，体育赛事节目和体育赛事转播权作为两种性质不同的权利，其权利主体、客体以及权利内容也不尽相同。由于其权利属性的模糊不清，导致我国体育赛事侵权事件频繁发生，相关权利主体在维护自己合法权益时屡屡受挫。我国对体育赛事新媒体转播权权利属性的认定迫在眉睫，因为相关权利主体、客体以及权利内容的明确界定将成为我国判决体育赛事转播纠纷案件的关键所在。

(3) 体育赛事新媒体转播权侵权保护机制尚未完善

随着互联网技术的蓬勃发展，利用互联网传播体育赛事已成为现阶段绝大多数媒体机构的首选。伴随着体育赛事新媒体传播的兴起，网络侵权问题随之而生，带来了体育赛事新媒体转播权保护的问题。2008 年北京奥运会期间，我国打击未经授权擅自传播奥运会赛事的行为得到国际奥委会的高度评价及众多国家的一致好评，但是未经授权擅自转播体育赛事节目的现象仍是屡禁不止。在互联网高速发展的时代，网民可以通过网络转播或直播平台观看或下载体育赛事节目。为保护我国体育赛事新媒体转播权相关权利人的合法利益，改善体育赛事新媒体转播的转播环境，遏制我国赛事转播网络侵权行为的发生，我国相关部门颁布了一系列的规章制度。但这些规定仅仅只是行政规章及部门规章，法律效力较低，适应范围相对狭窄，无法从根本上遏制网络侵权现象的发生。其次，我国现有的体育赛事新媒体侵权保护制度多数是事后救济机制，严重缺乏体育赛事新媒体转播权侵权的预防机制。我国绝大多数网站上的体育赛事信息资源是通过盗播体育赛事信号实现的，但是法院却没有充分法律依据进行打击和规制，仅仅依据一些兜底条款对其侵权行为进行规制，惩罚力度较弱，致使网络侵权现象日益严重，暴露出我国体育赛事新媒体转播权侵权保护机制的立法漏洞。

4.3.3　我国体育赛事新媒体转播权的法律保护措施

4.3.3.1　健全和完善我国体育赛事新媒体转播权的法律体系

（1）将体育赛事新媒体转播权纳入法律保护范畴。将体育赛事新媒体转播权作为一项新型的知识产权进行重点保护。在体育赛事新媒体转播权的问题上，现阶段我国主要依靠行政规章、政府部门出台的规范文件、地方性的法规文件以及相关法律文件的兜底条款进行处理。在体育赛事新媒体转播权的权利归属、权利内容、权利许可、权利转让以及侵权责任划分等重要问题上，我国一直缺乏高层的法律文件进行明确规定。因此，笔者认为应将体育赛事新媒体转播权确定为一项绝对权，并明确规定其权利的法律性质、权利归属、适用范围、授权转让和侵权处理等问题，形成以《中华人民共和国体育法》为主体，以《中华人民共和国合同法》《中华人民共和国反不正当竞争法》《中华人民共和国民法通则》以及政府部门规章制度为辅助的法律保护体系，全面利用法律手段来调整、规范我国体育赛事转播行为及转播秩序。例如，在体育法中新增规定：体育赛事节目制作同影视作品和艺术作品一样，具有独创性及可复制性。符合《中华人民共和国著作权法》中作品的特征属性，不属于我国著作权客体的排除对象，受《中华人民共和国著作权法》保护；一般竞技类项目不具备《中华人民共和国著作权法》中作品的属性，不受《中华人民共和国著作权法》保护，受《中华人民共和国合同法》和《中华人民共和国民法通则》的保护。

（2）对著作权法进行修改，扩充广播组织权的权利内容，将体育赛事新媒体转播权纳入广播组织权的保护范畴。从我国现有的广播组织权利内容可以看出，此权利仅能限制未经许可以无线方式传播他人电视节目信号的行为，权利保护范围较为狭窄，严重影响了对我国广播电台以及电视信号的保护。在《世界知识产权组织保护广播组织条约》修改草案中规定：广播组织应当享有控制“以任何手段同步或迟延传播其广播信号”的专有权利。可以理解为，广播组织机构对其播出的体育赛事节目信号拥有绝对的权利，其他任何机构、组织或者个人，在未经权利许可的情况下，以任何手段传播或转播其信号节目均属侵权。这一规定适应现代网络技术的发展，彻底摒弃了过去以传播手段判断是否属侵权行为的尴尬局面，大大加大了对体育赛事类节目的侵权打击力度。对广播组织权的内容进行修改，将体育赛事新媒体转播权纳入广播组织权的保护范畴，将会彻底弥补我国在互联网上的侵权漏洞，法院在对其类似侵权案例进行判决时也无须再依据《中华人民共和国著作权法》中的兜底条款对网络盗播行为进行规制和处理。

(3) 将体育赛事新媒体转播权纳入录音录像制作者权的保护范畴。《中华人民共和国著作权法》第四十四条规定："录音录像制作者对其制作的录音录像制品，享有许可他人复制、发行、出租、通过信息网络向公众传播并获得报酬的权利；权利的保护期为五十年，截止于该制品首次制作完成后第五十年的12 月 31 日。"从许可电视台播放来讲，此项权利并不涵盖网络转播行为，作为体育赛事节目的制作权利人无法利用此项条款来明确自己的合法权利，也无法利用此项条款阻止、规制他人未经许可擅自经过网络转播体育赛事节目的行为。因此，笔者认为应扩充录音录像制作者权的权利内容，这样就拥有了控制其作品以任何形式进行转播的权利。

(4) 将体育赛事节目纳入作品的范畴。笔者认为依据体育赛事节目可复制性及创造性的特点，可以将其纳入作品的范畴。例如，将体育赛事节目归纳到以电影作品或以类似摄制电影的方法创作的作品这一条例。依据艺术体操、花样滑冰等难美类项群竞技项目具有的创造性智力劳动的特点，将其创造性的难美类向群竞技项目纳入音乐、戏剧、曲艺、舞蹈、杂技艺术作品。这样不仅确立了体育赛事节目及难美类向群竞技项目属于著作权法的范畴，也将使我国体育赛事节目的侵权泛滥现象得到有效遏制。

(5) 制定体育赛事新媒体转播权保护及实施条例。体育赛事产业是我国体育产业的重要组成部分，每年我国都会举办许多体育赛事，包括马拉松赛事、大型综合赛事、单项赛事等，体育赛事转播权的销售成为各种赛事的重要经济来源。因此，出台体育赛事新媒体转播权保护及实施条例已是大势所向。笔者认为，这项条例的内容应该包含体育赛事新媒体转播权的法律属性、权利性质、权利主体及客体、权利的内容、权利的流转、权利的内涵和延伸以及侵权保护等。康妮芝(2008)在《我国体育赛事电视转播权的营销策略研究》一文中认为，在条例的制定过程中应借鉴欧美国家的成功经验，平衡观众知情权与体育赛事新媒体转播权主体财产权的关系，以及在权利销售过程中垄断竞争方面的问题等。现阶段，我国体育产业刚刚起步，体育赛事转播市场还不成熟，利益冲突及利益竞争已逐步凸显，制定及实施体育赛事转播权保护及实施条例将会使我国体育赛事转播市场得到进一步的规制和调整，为我国体育赛事产业的快速崛起打下坚实的基础。

4.3.3.2　明确体育赛事新媒体转播权的权利归属

体育赛事新媒体转播权的权利归属及权利内容的确定是其权利开发及权利保护的基础。在我们完善立法，加强对体育赛事新媒体转播权保护的同时，应该加强对体育赛事新媒体转播权的认识与理解。《关于电视转播权管理有关问题的通知》中指出，体育比赛的电视转播权归比赛主办单位所有，但此条例并没有对体育赛事转播权的客体及权利内容做出详细明确的划分，不能满足我国现阶段体育转播市场的需求。因此，笔者认为我国应加快体育行政体制管理改革的步伐，明确体育赛事新媒体转播权在交易中的经济关系和权利内容，理顺各个权利主体之间的权利关系和利益关系，促进体育赛事转播市场的稳定发展。例如，按照“谁付出、谁收益”的原则，体育比赛主办单位拥有对本场比赛的体育赛事转播权。按照制播分离的原则，体育赛事节目播出单位通常拥有体育赛事节目的所有权。随着我国体育产业的快速发展，我国体育赛事转播权交易也逐步开始走向规范化和市场化，明确界定我国体育赛事新媒体转播权的权利归属及权利内容成为我国体育赛事转播市场健康、稳定发展的首要条件。

4.3.3.3　完善我国体育赛事新媒体转播权的侵权执法机制

我国体育赛事新媒体转播的监管主要涉及以下几个部门：体育赛事知识产权保护部门、信息网络转播部门、网络版权保护部门、影视主管部门等。由于体育赛事新媒体转播权侵权案例的特殊性，仅仅依靠一个执法部门很难对侵权行为进行查处。因此，笔者认为只有建立一个多部门相互配合的侵权执法机制，才能使体育赛事网络侵权行为得到有效遏制。总结北京奥运会新媒体版权保护的经验，相关部门可以联合公安系统、国家版权部门以及工业和信息化管理部门等，成立一个多部门相互配合的执法体系，由版权部门负责收集网络侵权线索，公安部门负责对涉嫌案件进行侦查办理，通信部门负责提供涉案网站的相关信息，以及事后对涉案网站的行政处罚，既分工明确又密切合作。此外，国家信息网络监测中应加强与国家版权中心以及其他相关部门的协调与合作，充分发挥网络信号检测的优势作用，借助其提供网络视频版权监测及调查取证服务，为我国体育赛事的安全保护提供基础性的保障。

4.3.3.4　建立我国体育赛事新媒体转播权的侵权预防机制

网络传播极为迅速，难以控制，体育赛事新媒体转播权的侵权行为一旦发生就可能会为持权人带来严重损失或产生严重影响，仅依靠事后的侵权救济机制来弥补权利人的合法权利显得有点滞后，因此，建立一个侵权预防机制已迫在眉睫。笔者认为，当前应该在侵权行为未出现之前就应用各种新技术手段为体育赛事新媒体转播权提供保护，例如数字版权管理平台加密技术可以覆盖多个行业与主体，实现新媒体版权的主动保护；通过“水印”技术可以实时跟踪各种盗播行为；运用影视基因技术则能够避免遭到非法复制以及盗版等；新媒体版权保护机构通过技术手段把正版信息转化为数字代码，接着开展监测跟踪定位，可以在第一时间监测到非法侵权行为，有效打击盗版与盗播。其次，政府部门可以采用北京奥运会关于新媒体版权保护的成功经验，在有重大赛事的时候设立新媒体版权保护中心，和参与转播的新媒体机构共同组建版权保护联盟，彼此协调监督、取长补短，共同打击盗播与盗版行为。

4.3.3.5　规范我国体育赛事新媒体转播权转播合同

当前，我国体育赛事新媒体转播权立法尚属空白，法律属性及权利归属尚不清晰，体育赛事新媒体转播合同成为制约当事人权利关系的重要法律依据，因此，规范我国体育赛事转播合同成为现阶段的当务之急。笔者认为，在规范、调整我国体育赛事新媒体转播合同的过程中应尤其注意以下几个方面的问题：① 体育赛事转播信号以及体育赛事节目的权利主体和客体。在组织体育赛事的过程中，由于体育赛事组织者或主办方在筹办比赛的过程中花费了大量的人力、财力、物力，按照“谁投资、谁受益”的原则，体育赛事新媒体转播权一般归体育赛事组织者或主办单位所有。一般情况下，体育赛事新媒体转播合同是由赛事主办单位或组织者与新媒体转播机构签订的，转播机构既是体育赛事信号的制作者，也是体育赛事节目的播出者，如体育赛事信号和体育赛事节目的版权无法厘清，将引起当事人之间的权利纠纷。② 体育赛事新媒体转播权的转播类型。体育赛事新媒体转播权在转播范围上有全国和地方之分；在转播内容上有赛事报道、赛事集锦、赛事录像之分。因此，在合同内容上一定要体现出体育赛事转播权的类型。③ 授权期限。体育赛事新媒体转播权是体育赛事活动的主要产品。随着时间的不断推移，人们对某一赛事的热衷度也会随着时间的变化而逐步下降，体育赛事新媒体转播权的转让价格也会随之而降低。因此，转播权的授权期限也将成为转播合同的核心内容。④ 体育赛事新媒体转播权的授权金额。转让价格是当事人双方最直接的利益关系，因此在转播合同中当事人一定要明确授权金额之内的权利内容，以此来避免金额和权利的纠纷。⑤ 体育赛事新媒体转播权违约责任的确定。在实践中，合同当事人往往对违约责任的重要性认识不足，为了尽快完成交易，通常情况下双方当事人对阻碍达成交易的某些条款完全不做约定或者约定宽泛，如依法承担违约责任或依法承担赔偿责任等，导致事后无法主张赔偿。因此，在赛事转播合同中一定要明确双方的违约责任，做到有据可依。⑥ 新媒体转播机构的广告经营范围。吸引广告商广告投资是媒体机构出巨资购买体育赛事转播权的重要因素之一，但在实践的过程中，体育赛事主办单位或组织者为保证赛场的清洁，往往会限制媒体转播机构的广告经营范围，因此，持权转播机构的广告经营空间也将是当事人双方日后产生纠纷的关键所在。

第 5 章 我国体育赛事新媒体转播权市场开发研究

5.1 我国体育赛事新媒体转播权市场开发回顾与展望

《国务院关于加快发展体育产业促进体育消费的若干意见》(国发〔2014〕46 号)中明确要求:"放宽赛事转播权限制,除奥运会、亚运会、世界杯足球赛外的其他国内外各类体育赛事,各电视台可直接购买或转让。"《中国足球改革发展总体方案》中也明确指出:"建立足球赛事电视转播权市场竞争机制。创新机制,实现足球赛事电视转播权有序竞争。改革足球赛事转播权收益分配机制,确保赛事主办方和参赛主体成为主要受益者。创新足球赛事转播和推广运营方式,探索传统媒体和新媒体在足球领域融合发展的实现形式,增加新媒体市场收入。"不论是奥运会、亚运会、全运会这样的综合性赛事,还是世界杯、中超、英超这样的单项赛事,体育赛事转播权在体育赛事产业发展中具有举足轻重的作用。随着信息技术的革新,新媒体也成为体育赛事转播的重要传播媒介,"互联网+体育"成为市场热点,互联网企业纷纷以赛事转播为切入点介入体育市场,各大网络媒体争相投入巨额资金争夺国内外体育赛事转播权。例如,乐视体育投入巨资不断引入国内外顶级赛事转播权,腾讯在 2015 年出资 5 亿美元成为 NBA 未来 5 年在国内唯一一家数字媒体合作伙伴。然而,我国体育赛事新媒体转播权却面临着"热竞争和冷保护"两重局面,新媒体机构花费巨资购买的转播权,能否回本及盈利还面临着巨大风险,如何对拿到的体育赛事转播权进行市场开发,怎样找到适合中国市场的变现出口,是我国新媒体共同面临的难题。

5.1.1 新媒体竞相购买国内外优质体育赛事转播权的原因分析

2015 年是我国体育产业迎来大发展的一年，各项体育产业扶持政策密集出台，各类资本蜂拥进入体育产业各个领域，尤其是互联企业竞相购买国内外优质体育赛事新媒体转播权。通过网络和移动媒体观看体育资讯的观众迅速增加，各大网络门户及各大企业参与了国内外体育赛事转播权竞购，其原因主要由以下几方面：

（1）我国体育赛事转播权价值实现的历史分析

特殊的体育电视业格局，造成我国体育赛事转播权价值长期处于低谷状态，市场开发没有充分发挥，我国体育赛事市场开发收入大部分依靠赞助，而转播权的市场开发收入不足 10%。随着网络时代的到来，新媒体正式介入体育赛事转播权，成了体育赛事转播的媒介，极大地加快了对体育赛事的宣传速度，促使体育赛事产业飞速发展。《国务院关于加快发展体育产业促进体育消费的若干意见》中指出："研究建立体育产业资源交易平台，创新市场运行机制，推进赛事举办权、赛事转播权、运动员转会权、无形资产开发等具备交易条件的资源公平、公正、公开流转。按市场原则确立体育赛事转播收益分配机制，促进多方参与主体共同发展。"这标志着我国对体育赛事转播权政策开始松绑，放宽了对体育赛事转播权的限制。互联网尤其是移动互联网快速发展，新媒体迅速崛起，成为体育赛事转播一股强劲的新生力量。我国大部分电视机构具有事业性质，无法向社会进行融资，其资金来源主要依靠上级政府拨款和电视广告收入，没有大量资金去购买国内外优质体育赛事转播权；然而，新媒体机构大部分都是互联网企业，具有较强资本融资能力，能够筹集到大额的资金购买国内外优质体育赛事转播权，在新的体育赛事转播权竞争格局下，国内外体育赛事转播权价格将会呈现巨幅增长。我国体育赛事转播权价格交易将会因体育赛事转播权限制制度的放开和新媒体的积极介入而呈现井喷式增长。

（2）优质体育赛事数量少且具有较高商业价值

目前，能够吸引广大群众眼球的优质体育赛事非常稀少，主要有世界杯、奥运会、英超、中超、欧洲五大足球联赛、美国四大职业联赛等一些品牌赛事。这些赛事有一个共同特点是具有较高的关注力，处于体育赛事转播权金字塔的顶端，具有较高的商业价值，能为体育赛事转播权持有者带来商业赞助权、转播权、衍生品开发权、门票销售权、衍生品销售权等一系列权益。体育赛事转播权与其他行业具有兼容性，能够促进衍生产业发展。体育赛事还具有强观赏性、强娱乐性、互动性等特征，如散打、拳击、跆拳道、篮球等运动项目观赏性强、对抗激烈，观众对比赛欣赏的门槛低，不需要了解太多项目规则就能看懂且参与其中，极易形成体育项目爱好者和网上粉丝社交群体。体育赛事能够聚集一大批忠实的体育球迷和爱好者，这些粉丝因为热爱而聚集在一起形成巨大的“网聚效应”，这种“网聚效应”又可转化为巨大商业价值，许多企业因此愿意出巨资做广告。体育粉丝的关注度决定了体育赛事的收视率，收视率又决定了赞助企业广告、衍生产品的开发效益等收益。有了优质的体育用户的支持，将产生高价值的无形资产。总之，如今的体育赛事转播权已成为广大资本、互联网企业巨头、体育产业创业者手里争相抢购的目标。

(3) 我国群众对体育赛事消费需求逐步提高

随着人们生活水平的逐渐提高，人们更加关注自己内心需求，现代社会生活的快节奏加大了人们的压力，人们需要调节心情，体育赛事给人们提供了一个平台，通过现场直播或转播观看体育赛事促使自身情绪的变化，在比赛过程中通过加油助威、呐喊等方式调节了身心，放松了心情。由于观众对体育赛事的观赏与参与，体育赛事的知名度得到提高，人们对体育赛事的了解越来越多，不仅仅满足于对体育赛事的观赏，自身对体育运动的需求也开始逐渐强烈，各种体育锻炼、室外活动等应运而生，人们从心理方面认识到体育健身的重要性。各类体育赛事的开展也为不同的人群选择不同的运动项目打下了坚实的基础，让人们全面了解自己的运动喜好，进而刺激人们参与体育的主动性、积极性，进而促进体育消费水平的提高。于晗等(2013)在《基于产权理论的体育赛事转播权开发研究》一文中认为，体育赛事文化消费需求提高既得益于国内外重大体育赛事对中国体育市场的重视，也与国内各媒体对体育爱好者的培育有关。

(4) 新媒体在转播体育赛事方面具备的优势

新媒体比电视在转播体育赛事方面具有以下优势：① 技术创新，创造直播观看新体验。随着网络直播技术的提高，网络直播的流畅性以及 VR、AR、360°全景拍摄技术、3D 技术、超高清等技术运用，提高了观众观看体育赛事时身临其境的虚拟体验。新媒体通过技术改进及升级，改善了新媒体转播体育赛事画面的清晰度和流畅性，提高了赛事直播的画面清晰度，从高清提高到超高清，创造了更好的用户观赛体验。② 内容创新，实现跨屏直播。新媒体发挥便捷性、随意性和多选择性的优势，通过新媒体可以同时直播不同的体育赛事，满足不同观众的观赛需求，观众即使是在上班途中、在公交车上和地铁上也能通过车载电视、手机等观看比赛。③ 多互动，实现和观众更好的交流。

与传统电视媒体不同，新媒体能运用“弹幕”技术，使观众能够更好地表达观看情绪，增加与观众的互动，能够更好地了解观众的实时感受，这种个性化的传播模式让每一个观众均有参与的感觉。④ 多样付费，培养观众付费观赛的习惯。传统媒体电视购买体育赛事转播权主要依靠广告，且无付费订阅收入，市场开发模式比较单一，而新媒体购买体育赛事转播权可形成转播、赞助、门票、衍生品等各种形式的体育消费。例如，IPTV 的变现方式包括广告及点播付费；OTT 业界公认的四大变现方式有运营的付费模式、电视游戏、电商和广告。网络端新媒体变现方式更为多元，实现了从体育赛事运营到体育赛事信号播出，从体育赛事信号内容到流量的一体化运营生态。

(5) 通过网络观看体育赛事的年轻网民数量大幅度提升

目前，手机在上网设备中占据主导地位，且呈现 PC 端的体育赛事观众向移动端流转的态势。网民的年龄结构主要以 10～39 岁群体为主，为利用互联网进行体育赛事直播提供了良好的受众基础，随着新媒体直播技术的提高以及手机等移动媒体的普及，人们观看体育赛事直播习惯发生了改变，通过网络、手机等新媒体观看体育赛事的观众数量大幅度提升，新媒体在体育赛事转播市场的比重逐步上升。

5.1.2　我国体育赛事新媒体转播权市场开发历程、模式及特征

体育赛事转播权是体育赛事产业中的重要资产，是体育赛事组织和联盟授权各类专业体育公司和互联网媒体制作体育赛事视频而获取收入的一种权利。体育赛事新媒体转播权市场开发是指转播权持有者主动使用体育赛事所拥有的新媒体转播权资源，通过与企业之间的市场交换行为，尽可能地提高赛事经济效益的过程。目前，我国体育赛事新媒体转播权竞争已进入互联网企业竞相出巨资购买的阶段，我国体育赛事新媒体转播权市场开发大致分为以下三个阶段：亏损阶段、初盈利阶段和资本抢占市场阶段。

5.1.2.1　亏损阶段：尝试“独立经营、会员付费”模式及特征

“独立经营、会员付费”的模式是指新媒体机构拿到体育赛事转播权后并不分销体育赛事转播权，全部比赛只通过自己运营的数字播放平台让观众付费收看，天盛传媒成为亏损阶段的主要代表。天盛传媒在 2007 年斥资 5 000 万美元买下英超 2007—2010 年三个赛季的中国大陆新媒体直播权，模仿英国天空电视台的市场开发模式，不向任何电视台分销版权，而是采用单月收费、全年收费的方式，在其运营的欧洲足球频道上独家播出英超联赛。对于习惯免费观看体育赛事的中国观众来说，收费观看英超根本行不通，球迷对天盛

“付费模式”观看英超的模式产生不满，观看英超联赛的球迷数量大大减少，转为观看德甲、意甲、欧冠等其他免费观看的联赛。2008 年天盛推出“差异化销售模式”吸引观众，将观众分成四层结构，为不同用户提供差异化服务，开展向购买天盛机顶盒的观众提供免费观看英超赛事的活动；2009 年，天盛承受不住经济压力将部分场次转播权出售给电视台免费播放。天盛传媒为了吸引球迷，与长虹和创维电视公司达成“买电视送英超”足球联赛的营销活动，在国内 40 多个城市推广这一模式，以电视销售的分成方式试图挽回败局，这一捆绑销售模式给天盛传媒挽回了部分球迷。据媒体统计，对于习惯免费观看体育赛事的中国观众来说，天盛此举导致英超观众大量流失。

该阶段特点：① 对新媒体转播权的市场开发尚处于探索阶段，营销方式简单粗暴，没有固定的模式和传播渠道；② 新媒体机构错误估计受众的消费理念和消费习惯，强行推出付费观赛模式；③ 体育赛事新媒体转播权买卖双方市场没有真正形成，对国内外体育收费频道的认知上存在误区，导致购买体育赛事节目的新媒体机构破产倒闭。

5.1.2.2 初盈利阶段：开启“转播权分销、免费与付费”相结合模式及特征

分销模式是指新媒体机构购买了体育赛事转播权之后，将赛事转播权不仅自己在平台上播放，还分销给国内其他新媒体机构进行直播和点播体育赛事的方式。这种分销模式又分为中央电视台分销奥运会、世界杯转播权模式；其他新媒体机构购买国内外职业联赛转播权后，再分销转播权的模式。

(1) 央视分销奥运会、世界杯转播权模式

2008 年，中央电视台下属央视国际网络有限公司 CNTV 以 2 000 万元价格获得北京奥运会新媒体转播权，除了在 CNTV 直播奥运赛事外，还以 3 000 万元～5 000 万元的价格卖给国内多家商业网站转播奥运赛事，此举央视净赚 4 亿元。2009 年 3 月，中央电视台与国家奥委会签署了 2010 年和 2012 年冬夏季奥运会新媒体转播权，2012 年伦敦奥运会新媒体转播权分销时，央视加强了大赛新媒体版权控制，为了防止几大门户网站分流广告，影响央视广告招商，特将伦敦奥运会转播权分成 A、B、C 三个资源包。其中，A 类资源包售价 5 500 万元，主要包括直播、点播和央视节目；B 类资源包价格为 3 500 万元，主要包括直播和点播权；C 类资源包价格为 2 800 万元，主要包括点播权。从 2010 年起，中央电视台就加强了对世界杯转播权的控制，不再分销世界杯转播权，而是在 CCTV5 及自己运营的 CNTV 上独家转播，该模式使中央电视台的广告销售大幅度提高，销售额度超过了 15 亿元。

(2) 新媒体机构分销国内外职业联赛转播权模式

这种分销模式的代表是新英体育。2010年，由IDG和新雅迪传媒共同组建的新英体育接棒天盛传媒，花费3 000多万美元买下了英超2010—2012年度三个赛季的中国大陆独家转播权。为了挽回中国英超球迷，重新培养中国观众收看英超的习惯，新英体育吸取了天盛的教训，采取“版权分销、免费与付费”相结合模式获得成功。2012年，新英体育斥巨资再次获得英超2013—2019年度六个赛季的英超转播权。面对高昂的英超版权投资，迫使新英体育在打造英超品牌的同时，思考如何通过英超赛事转播获取利润的营销模式，最终新英体育采用“版权分销＋付费直播”的模式。版权分销方面：新浪、腾讯和乐视几大互联网巨头分别从新英体育处购买了英超联赛互联网转播权。免费与付费直播方面：新英体育不仅分销版权，还在自己运营的直播平台上播出英超，新英体育采取“免费＋付费”的模式，将英超比赛分成免费观看和付费观看两种类别，其中40％的英超比赛场次采取免费方式供观众观看，60％英超比赛场次采取收费方式供观众观看。新英体育这种市场开发模式一方面满足了英超球迷看球的需要，另一方面培养了英超球迷付费观看的习惯，让英超球迷逐渐适应看球付费的消费习惯。在收费方式方面，新英体育根据中国消费者的习惯，采取单场、单月、单支球队购买等比较灵活的销售模式，逐步培养球迷的付费意识。

此阶段特征为：① 中央电视台对奥运会、世界杯新媒体转播权分销时经历了先松后紧的过程，加强了对奥运会、世界杯转播权的控制，搜狐网、新浪网、PPTV等拿下的是奥运会点播权和播映权，大多情况下连分销权都没有获得，更未获得奥运会和世界杯多元运营权、赛事节目版权及衍生品的开发权。② 新英体育在天盛传媒付费失败的基础上更加谨慎地尝试采用多种运营模式来增加经济效益，新英体育通过转播权分销、付费与免费相结合等新模式逐渐开始盈利。

5.1.2.3 资本抢占市场阶段：资本竞相购买新媒体转播权，多元化变现模式及特征

多元化变现模式是指体育赛事新媒体转播权市场开发进入了广告收益、赛事冠名、付费点播、体育周边衍生品开发、赛事游戏改编及流量变现多元化市场开发阶段，乐事体育是多元化变现模式的代表。《国务院关于加快发展体育产业促进体育消费的若干意见》提出未来体育产业引入市场化手段、简政放权，扩大体育产业市场规模，引发了新媒体购买体育赛事转播权的热潮，体育赛事新媒体转播权多元化变现问题日益凸显。2015年年初的亚洲杯是中国体育赛事转播权放开后的首个大赛，打破了大型赛事一直由中央电视台独家

垄断的局面,具有标志性意义。体育赛事转播权交易的放开,市场交易处于充分竞争阶段,国内外优质体育赛事转播权转让价格呈现跨越式增长。在体育赛事转播权市场竞争局面下,那些多年深耕赛事版权、深挖赛事转播内容且拥有雄厚资本的互联网公司有望成为新的领导者。

该阶段特点为:① 许多互联网企业与资本大鳄投入巨资竞相购买国内外体育赛事转播权,转播权价格跨越式增长,转播权争夺激烈;② 新媒体网站获得并非是体育赛事转播权这一单项权利,还包括再授权、二次开发和运营等多项权利,有利于体育赛事转播权的多元化市场开发;③ 由于优质赛事转播权的高昂成本,转播权市场准入门槛高,中小企业难以进入;④ 各互联网企业围绕体育赛事转播权开始布局,试图打造完整生态产业链。

5.1.3 我国体育赛事新媒体转播权市场开发存在的问题

5.1.3.1 体育赛事新媒体转播权市场开发不足

我国体育赛事市场开发方式主要包括商业赞助、赛事门票、特许经营和媒体版权。当前,我国体育赛事的主要收入来源是商业赞助,占比高达70%以上,转播权收入不到10%,然而,体育市场开发程度较高的国家体育赛事转播权开发费用高达30%～50%。其原因有以下几个:

(1) 行政干预程度较高。我国体育赛事重要资源掌握在政府部门手中,其掌握着体育赛事的绝对管理权。体育主管部门掌握了具有影响力的重大体育赛事和知名运动员资源,其他社会体育组织很难介入运营。

(2) 中央电视台高度垄断了国内外优质体育赛事转播权市场开发。为了减少国际大型体育赛事转播权的竞争,《关于加强体育比赛电视报道和转播管理工作的通知》要求重大的国内外体育赛事电视转播权由中央电视台负责谈判,其他电视台不得参与竞争,体育赛事转播权市场形成了高度垄断。国际赛事转播权主要包括奥运会、亚运会、世界杯等赛事;国内大型综合赛事的转播权主要包括全运会、城运会、农运会等赛事。央视垄断国内外重大体育赛事资源,使得我国体育赛事转播权市场开发价值不高,商业价值被低估。

(3) 交易存在市场开发不充分问题。在我国,由于国内外优质体育赛事转播权市场被高度垄断,造成体育赛事转播权交易价格主要以行政定价为主,市场定价不充分。主要体现在体育赛事运营方和营销方议价能力较弱,体育赛事转播权的价值没有得到充分体现。体育赛事转播权市场开发不足,体育赛事转播权资源分配极不均衡,许多地方体育电视台没有办法获得优质体育赛事转播权,发展势头逐渐削弱,以致退出体育赛事转播竞争。

(4) 体育赛事版权价值实现模式方面,用户付费观看体育赛事习惯尚未形成。我国用户体育消费主要用于体育健身、体育用品业等方面的消费,通过电视和新媒体付费观看体育赛事的习惯尚未养成,我国新媒体机构花费巨资购买的体育赛事转播权,其盈利模式大部分依赖于赞助、广告,其他盈利模式还需不断探索。

5.1.3.2 体育赛事新媒体转播权利属性不清和法律保护难度大

新媒体依托于互联网,然而互联网本身的点对点传播、实时播放、成本较低等特点为体育赛事新媒体转播权维权保护带来不便,体育赛事与体育赛事节目的新媒体转播主权难以明确,法律保护难度较大。主要体现在以下四个方面:第一,存在立法空白,司法判决不统一。对于体育赛事转播权及体育赛事节目法律规定存在空白,目前《中华人民共和国体育法》和《中华人民共和国著作权法》并没有规定体育赛事节目属于作品或制品,加之体育赛事新媒体保护难度大,侵权现象频发,维权难度较大,出现侵权案件时,由于体育赛事没有法律明文规定,法院很难定性属于什么性质的侵权案件,判决结果也不尽相同。第二,侵权事件一旦发生,难以确定管辖法院。例如,一位网民在北京海淀区一个网吧,从盗版网站下载了中美男篮在五棵松体育馆进行的现场直播比赛,于当日将下载的比赛上传到一个论坛,5 日后在青岛这段视频又被上传到另外一个网站。在此情况下,新媒体持权转播商面临的侵权行为人包括了网民、盗播网站、论坛和上传的网站,违法地点也涉及北京海淀区、青岛等地,按照我国民事诉讼法的规定,侵权行为由侵权行为地法院管辖。因此,我国对于体育赛事新媒体侵权救济不是很容易。第三,诉讼对于体育赛事新媒体转播权保护具有滞后性。2008 年,我国举办第 29 届奥运会,采用的保护手段是以行政保护为主、司法保护为辅的救济手段,但这只是奥运会才采用的保护方式,行政保护手段动用的行政手段较多,并不能推广于其他体育赛事转播权保护,对于一般的体育赛事新媒体侵权还是以法院的司法救济为主,但诉讼判决需要走严格的司法程序,由于体育赛事新媒体侵权行为大多发生在移动平台和网站上,时效性强、传播速度快,侵权一旦发生,缺乏侵权终止和证据保全制度,侵权救济难以立即执行。

5.1.3.3 体育赛事新媒体转播权缺乏社会保护意识和氛围

社会各界人士对于体育赛事新媒体转播权保护意识和保护氛围不足,主要体现在体育赛事转播权市场、新媒体产业界和体育赛事观众三个方面。体育赛事组织和协会具有对约定的体育赛事转播权进行市场开发的权利,相比国外同行业而言,我国体育赛事组织和协会的市场开发能力和意识严重不足。

2016年,NBA中国地区转播权费用达到每年6亿多,然而CBA市场开发却不尽如人意,有些体育赛事、俱乐部为了扩大体育赛事影响,要反过来出钱请电视台和网络运营商转播体育赛事,形成体育赛事转播权市场开发“倒挂”现象。由于体育赛事转播权拥有极大的商业价值,体育新媒体产业界因各种原因无法成为合法的持权转播商,而又想借助知名体育赛事营销,盗播和非法链接体育赛事画面的侵权行为不断出现,侵权行为往往表现为未经授权便擅自盗播和链接体育赛事画面,以达到宣传或盈利的效果。观众对于侵权行为持暧昧、容忍甚至鼓励的态度,一方面与整个社会对侵权行为持容忍和许可的认知相符,另一方面也是观众通过合法渠道无法欣赏到体育赛事视频的无奈之举。

5.1.3.4　转播权市场开发的中介机构不健全

由于我国体育赛事转播权市场没有放开,优质体育赛事转播权资源被中央电视台高度垄断,体育赛事中介市场秩序不规范,中介机构规模较小、竞争力不强、行业自律缺乏,我国体育赛事转播权中介市场发展很不成熟,导致我国在体育赛事转播权市场开发和运营管理方面不能严格遵循体育赛事转播权市场交易的经济规律,我国体育赛事转播权价格普遍处于低估阶段。体育产业发达国家体育赛事转播权交易价格之所以高,主要原因是这些国家的体育赛事转播权交易均有中介机构参与,采用了市场化的现代经营方式和先进的营销手段。发展比较成功的英超、美国四大职业联赛等体育赛事,其转播权交易一般由体育联盟和体育组织负责,再对体育赛事中介组织进行控股或者由授权中介公司统一和各大传媒机构进行谈判磋商,最后达成转播权出售协议。我国中介机构发展较晚,规模较小,参与体育赛事转播权交易次数不是太多。目前,我国体育赛事产业发展亟需规范化和专业性强的中介机构来协助共同开发和销售体育赛事转播权。

5.1.4　体育赛事新媒体转播权市场开发的发展趋势

(1) 技术和内容的双创新扩大了新媒体转播权市场开发渠道,付费观看成为趋势

《国务院关于加快发展体育产业促进体育消费的若干意见》引发了体育赛事转播权转让的市场开发机制,“互联网＋体育赛事直播”改变了体育赛事直播产业,无论是体育赛事呈现内容,还是体育赛事制播技术,都会因新媒体企业加入体育赛事转播得到创新与提升。

制播技术创新方面:由于体育赛事转播权信号的制播分离,可以集结一批

专业人员制作水平比较高的体育赛事画面,提高体育赛事观赏性。制作团队运用VR/AR技术、3D技术、360°全景拍摄等摄影技术手段,可以使观众获得身临其境的观赛体验。通过弹幕技术可以提高线上观看直播的用户实现互动交流,提高用户黏性。内容创新方面:由于体育赛事转播权价格迅速攀升,为缓解优质体育赛事转播权带来的价格成本压力,一些新媒体机构积极介入体育赛事产业链上游部分,将体育与娱乐结合起来,打造体育赛事真人秀节目等。技术和内容创新必将提高新媒体转播、直播及点播体育赛事节目的观赏性和流畅性,同样的内容谁家的制作水平高,谁就能得到更多的付费用户。伴随着软件技术的开发和应用,用户不同性质和功能的信息需求得到了极大满足。在体育产业发达国家,在线付费观看体育赛事已成为常态,而我国在线付费观看体育赛事还有很大的发展空间。随着人们收入水平的提高以及年轻人消费习惯的改变,新媒体观看体育赛事的及时性及便捷性优势凸显,付费观看体育赛事逐渐获得用户认可,一些优质赛事内容已经有越来越多的用户愿意付费观看。例如,腾讯公司推出NBA付费会员服务,证明分层次、分场次的付费模式有大规模推广的可行性。

(2) 体育赛事节目保护力度加大,为体育赛事节目市场开发保驾护航

目前,加强体育赛事新媒体节目保护已使政府部门、司法实务、法律学术、媒体传播、体育版权运营等各方面达成更多共识,成为继文学、音乐和影视作品之后的版权保护热点和焦点,吸引了社会各界的广泛关注。对于体育赛事转播节目的法律保护需要建立国家立法、行政执法、法院司法判决、行业保护联盟、企业建立维权法律部门、加强舆论监督、增强社会保护氛围及提高社会保护体育赛事版权意识等综合治理机制。

立法方面:通过修改法律,将体育赛事节目纳入著作权法保护体系,将体育赛事节目纳入体育法保护范围,厘清体育赛事节目的法律性质和权利边界。司法方面:统一体育赛事节目侵权案件的司法尺度和裁判标准,加强体育赛事节目的知识产权保护。执法方面:各部门应加强体育赛事节目侵权的执法力度,成立反盗版部门,做到侵权发生后快速查处、迅速解决、关闭网站、加重处罚。在美国和欧盟国家,以立法形式确认了体育赛事节目法律性质,体育赛事转播权收入占体育赛事收入三分之一甚至一半以上。我国只有加大对知识产权的保护力度,版权投资才能真正撬动体育消费新板块。因此,应率先建立强大的版权保护团队,建立由体育赛事版权预警、网上侵权监测、侵权快速通知、侵权证据收集、行政投诉、司法诉讼等组成的体育赛事节目生态立体保护系统,建立行业自律和纠纷解决机制,为体育赛事节目市场开发保驾护航。

(3) 体育赛事新媒体转播权市场开发内生外收，建立多元化变现的体育产业生态链

“互联网+”给体育赛事产业带来了深刻影响，无论是赛事转播权的交易，还是赛事转播权的运营和开发，以及体育赛事衍生产品的开发，体育赛事的上、中、下游产业链均发生了巨大变化。目前，新媒体斥巨资购买体育赛事转播权不再像以前那样仅仅购买播映权，而是购买体育赛事的全媒体转播权及运营开发权。因此，今后高价获得体育赛事转播权的新媒体将会全力打造生态体育产业链。例如，乐视体育推出了生态体育产业链盈利模式，其现已成为我国颇具影响力的综合体育视频网站。

(4) 新媒体机构助推了体育赛事转播权价格竞争，推动了体育赛事产业健康发展

体育赛事转播权限制的放开，激活了体育赛事转播权市场转让与开发，国内互联网巨头和资本大鳄介入体育赛事新媒体转播权转让市场，体育赛事转播权转播费用大幅度提升。随着网络带宽及网速的提升，1080P 超高清和 AR、VR、3D 等技术将更多地应用于体育赛事转播，极大地改变了用户观赛的体验和参与性。据相关数据统计，通过手机、移动设备等观看体育赛事的人数大幅度提高，新媒体成为观看国内外体育赛事直播的重要途径。转播权转让费用提高将会给国内体育职业联盟和俱乐部带来稳定的收入来源，体育俱乐部将会有更多的资金去培养优秀运动员和引进职业运动员，激活体育运动员转会市场。体育赛事质量的提高，也将会吸引更多的体育迷关注和观看体育比赛。体育比赛观赏性的提高，反过来促进了比赛转播权与赞助费价格的上升，这一连锁效应将会大大改善我国体育赛事产业发展环境，从而形成良性循环。

5.2 中美体育赛事节目盈利变现模式比较研究

《国务院关于加快发展体育产业促进体育消费的若干意见》中要求放开除奥运会、亚运会、世界杯等转播权竞争限制，引发各新媒体机构竞相高价购买国内外体育赛事节目。《国务院办公厅关于加快发展体育竞赛表演产业的指导意见》要求“推进体育赛事制播分离，体育赛事播放收益由赛事主办方或组委会与转播机构分享。大力支持体育新媒体平台发展。”然而，体育赛事节目盈利变现模式仍处探索之中。作为我国体育赛事节目付费模式的先驱，天盛传媒曾尝试采用会员付费方式收回成本，然而高昂的会员价格、颇受诟病的制

作以及版权纠纷等原因使得英超球迷大量流失。与天盛传媒相比，新英体育的英超版权营销策略较温和，采取的是分销付费直播的模式，实现了体育赛事节目的盈利。乐视体育开创了高价购买体育赛事节目的先河，以打造中国版 ESPN 为目标的乐视体育曾购买囤积了多项体育赛事节目版权。但过多地运营会员付费体系，而忽略了体育赛事节目本身，加之过剩的资源也让其难以消化。至今，中国新媒体机构购买的国外具有较高影响力的众多体育赛事节目商业模式单一，变现压力大，我国观众付费观看体育赛事节目尚处培育期，会员付费观赛模式举步维艰、体育赛事节目成本过高的问题困扰着体育赛事转播市场，体育赛事节目市场开发之路并不好走。在资本趋于理性的情况下，如何找到体育赛事节目变现的出口，成为亟待解决的问题。美国 ESPN 开创了体育赛事节目付费会员的先河，具有较高的盈利能力和成熟盈利模式；推特作为美国社交平台，为了吸引更多网络用户，近年也开始布局体育赛事节目，二者都对中国体育赛事节目变现具有较高的借鉴价值。

5.2.1　体育赛事节目内涵及分类

体育赛事节目是获得授权的电视台、互联网站、互联网电视、IPTV 以及以移动媒体等全媒体终端播放的以体育赛事为主的节目。体育赛事节目信号制作主要采用制播分离方式，信号可以委托专门机构制作，或授权赛事播出方进入赛场，由赛事播出方自行架设拍摄机位，制作直播节目。体育赛事节目制作是将来自体育场地不同角度拍摄人员摄制的体育赛事信号，经过导播对镜头合理、流畅地选择与切换，加上一些资料信息（主持人解说、字幕、镜头回放、运动员特写、计时、计分）的配合，转换成体育赛事信号，通过传播系统（卫星、微波、光缆、网络）传送到各个电视台、互联网和移动媒体。体育赛事节目制作关键因素是体育赛事信号的制作水平和相关经验。

体育赛事节目按照播出时间是否与体育赛事同步分为直播、点播、延播等几类：① 直播，在体育赛事比赛现场将体育赛事的进程同时制作，并通过电视或互联网播出体育赛事信号的播出方式。② 点播，电视台提前做好节目，由观众选择播放，即根据用户的需要播放相应的视频节目，从根本上改变了用户过去被动式看电视的不足。③ 延播，延播的全称是“延时播出”，指不能直播的比赛在稍后的时间推迟播出，一般时间差不会大于 5 个小时，否则将成为“实况录像”。

5.2.2 体育赛事节目主要盈利模式

对花费巨资购买赛事转播权的新媒体机构来说，采用何种渠道将购买的体育赛事节目变现，是一个亟待解决的问题。目前，由于国内观众尚未养成付费观看体育赛事的习惯，新媒体企业购买体育赛事节目的盈利模式尚在探索之中。大卫·罗（2013）在《体育、文化与媒介：不羁的三位一体》一书中认为，优质体育赛事极具稀缺性，从体育赛事信号制作企业或体育赛事组织者那里竞购了体育赛事转播权的新媒体企业，尝试从不角度赚回先期投入的资金，其盈利模式如图 5-1 所示。

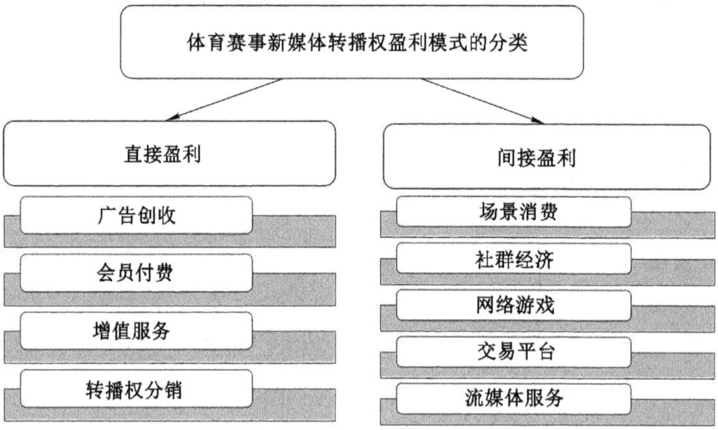

图 5-1 体育赛事节目盈利模式的分类示意图

体育赛事节目盈利模式分为直接盈利和间接盈利两种类型。其中，直接盈利包括广告创收、会员付费、增值服务和转播权分销；间接盈利包括场景消费、社群经济、网络游戏、交易平台和流媒体服务。

5.2.2.1 直接盈利模式

（1）广告创收。体育赛事是注意力经济，媒体平台通过播放体育赛事节目吸引广大观众观看体育赛事节目，企业向媒体平台缴纳广告费用以投放广告。我国传统电视媒体播放体育赛事节目收入渠道较为单一，且无付费订阅收入，国内主要体育电视媒体 90％以上的收入来自广告。新媒体平台通过对用户提供体育赛事信息浏览、优质体育资源、搜索引擎、会员注册等形式来引起体育赛事受众的注意力，培养忠实体育用户。这种通过提供体育产品和服务获取的注意力资源作为一种隐性产品转化成广告收益来实现，是最基础、最原始的媒体盈利模式。

(2) 付费会员。随着用户消费观念的转变及对体育赛事知识产权的保护力度持续增加，体育用户对赛事付费的接受度越来越强。目前，包月包年观看体育赛事节目的会员数量还不是太高，但是愿意为关键赛事付费的用户超过一半，而接受为特定赛事打包付费的受众则接近一半。

(3) 增值服务。在向用户提供基础服务（多为免费）的同时，以收费的形式向用户提供额外的个性化服务。增值服务盈利模式是指通过提供个性化移动端服务向用户收费而实现收益的模式。

(4) 转播权分销。媒体通过独家购买的体育赛事节目不仅在自己平台上播放，而且向其他媒体平台分销体育赛事节目，收取价格不菲的体育赛事节目分销费用。譬如，中央电视台购买的奥运会、世界杯等比赛的转播权，曾经向国内其他媒体分销。新英体育也曾经将独家购买的英超转播权不仅在自己网络平台播放，而且将体育赛事节目分销给电视媒体和网络平台以获取版权分销收入。

5.2.2.2　间接盈利模式

(1) 场景消费。李竹荣等(2008)在《传媒产业融合时代体育赛事转播权经营》一文中认为，媒体通过发展更为先进的视频制作和转播技术，如360°全景观赛、虚拟演播室、VR虚拟观赛等为球迷提供差异化服务。而体育赛事节目全产业价值链开发的闭环生态系统可为用户创建一个集观赛、社交、直播、出行、游戏、购彩等为一体的线上休闲服务场景，这种基于不同用户的差异化场景消费模式让人与商品之间形成一种有情感的良性互动关系，从而激发体育赛事节目观赏者因景消费。

(2) 社群经济。“情感”是优质体育赛事节目变现的核心，社群才是体育粉丝经济经营的关键。社群是一群价值观和审美互为认同、可以一致行动、双向互动、沟通效率较高的群体。体育赛事优质内容之所以能够实现溢价，恰恰得益于社群，大大减少了互动和交易的成本。同时，大量独特的共享内容在社群内部自发产生，造就了产品与用户间的双向关系，共同作用形成闭环互动的范围经济系统。

(3) 网络游戏。王相飞等(2015)在《大型体育赛事新媒体转播权的开发》一文中认为，可以凭借游戏方面的优势打造体育赛事主题互动游戏，在与体育赛事实况内容结合后，将会拓宽游戏的使用场景，在电脑端和移动端推出更具有体育赛事场景化的游戏。盈利渠道主要包括虚拟装备买卖、增值服务、发展周边产品等，网络游戏有极高的用户黏性，可以带来强大的盈利能力。

(4) 交易平台。传统的实体店网络化,销售体育赛事衍生产品包括球星周边、智能设备等,如苏宁易购、乐视商城等,不仅可以直接销售体育产品,也可提供产品交易的平台,通过差价或者租金获得收益。由于网络的虚拟特性,减少了仓储等成本,交易获得的利润相对较高。

(5) 流媒体服务。在互联网或局域网采用流媒体方式传送音频、视频和多媒体文件的媒体格式。流媒体在播放前并不下载整个文件,而是只将开始部分的内容存入内存中,其数据流随时传送随时播放,包括媒体付费订阅服务、由广告支持的免费流媒体服务。流媒体服务以其特有的便捷性、交互性,在年轻群体中发展迅猛。

5.2.3 体育赛事节目盈利模式的构成要素

传统电视媒体购买的体育赛事节目90%以上的收入为广告创收,通过企业赞助获得收入,新媒体企业构建了体育赛事节目盈利模式的多元化体系。虽然各个媒体企业的盈利模式各不相同,但这些盈利模式都具有相同的构成要素。

盈利增长点是企业获得利润所依靠的产品或服务。例如,腾讯体育和乐视体育的主要业务均为直播、自制节目、智能设备销售和广告制作,同时在经营中又各有特色;苏宁体育主要依托于其强大的线下平台,通过体育赛事节目运营支持其他业务,着眼全局;ESPN则以其丰厚的体育赛事节目资源和成熟的制播体系吸引会员付费;推特主要依托其广阔的用户群体和在线直播模式扩大用户群体,吸引广告创收。

(1) 盈利措施

盈利措施是指企业供应的产品或服务和企业为吸引用户购买企业产品而采取的活动,它反映了企业的投入状况。企业常通过采取奖励性措施来扩大用户规模,也会采用差异性策略吸引目标客户群体。

(2) 盈利屏障

企业为保护自身的盈利而采取的一系列针对竞争对手的防范措施被称为盈利屏障,是企业为维持长久盈利而构建的壁垒。其核心是保护企业自身的竞争优势,需要关注竞争对手的情况,随时做出动态调整。

5.2.4 中美媒体企业的体育赛事节目盈利模式分析

随着体育转播权限制被放宽,新媒体可直接购买或转让大部分国内外各类体育赛事转播权。“互联网+体育”已成为资本的宠儿,稀缺的转播权资源引发资本狂热竞争。截至 2017 年，腾讯、苏宁、乐视等已经基本垄断了大部分的赛事转播权。而在国外，传媒霸主 ESPN 已经打造了世界最大的体育节目电视网，它不仅拥有海量版权资源，更拥有丰富的变现方式和成熟的盈利模式。

5.2.4.1　腾讯体育的矩阵模式

腾讯体育以 NBA 转播权为核心，以其自身的全媒体平台优势打造了尽可能多的模块抢占 NBA 的各个细分市场，这就是腾讯的“矩阵战术”。具体表现为“体育＋社交＋支付＋游戏”模式，将用户有机地串联起来。“体育＋社交”是腾讯通过 QQ、微信、朋友圈的社交链创建“包厢”服务，这种参与式观赛服务一旦创建，用户关系可随时激活；腾讯体育还打造各种赛事社区和球星专属社区。“体育＋支付”是在整合了社交场景和体育场景之后，又上线赛事竞猜功能，受众投注竞猜问题，由此成功接入支付端口，实现体育和支付的结合。腾讯体育开通体育会员支持银行卡、微信支付、财付通等付费方式，并且腾讯体育为体育会员提供特别权益，包括高质量转播、去除广告观赛等，吸引了超过一半的会员付费观看 NBA。“体育＋游戏”则是在深度开发 NBA 转播资源的过程中，为了拓展体育赛事转播权价值链，腾讯体育依托其游戏庞大的用户群，凭借游戏业务的推广经验，开发出不同类型的体育游戏，包括竞技类、角色扮演类、模拟经营类游戏等。由此可以看出，相比传统媒体主要依靠广告费盈利的模式，腾讯体育盈利模式逐渐从单一到多元，除传统的广告费用外，还包含付费直播、周边运动产品销售、体育会员付费、赛事游戏消费等。

5.2.4.2　乐视体育的体育生态圈模式

乐视体育提出生态圈理念，其核心是在内部开发优质内容吸引用户，通过赛事转播权价值链开发以便推动体育纵向一体化发展、丰富体育产品线来提升用户黏性，如提供增值服务、打造乐视商城作为交易平台、开发运动场景相关数据库等；对外则推行生态开放战略，将生态圈向合作伙伴开放，通过资源共享提高使用效率以创造更多价值，形成良性循环。乐视推行体育生态圈模式主要采用以下两种运营策略：① 广泛购买赛事转播权。具体来说，乐视体育积极寻求优质赛事转播权，面对英超、NBA 等稀缺转播权已被竞争对手买走的情况，乐视决意打造全体育播放平台，即买下尽可能多的赛事转播权。在高价将中超转播权资源买入后，又大手笔接连买入几百项小众赛事转播权，力图抓住细分体育市场受众的注意力。② 提供衍生品服务。与转播权投入相比，乐视只凭赛事广告、会员付费等方面的收入难以回本，因而乐视体育将盈利关键点放在赛事转播权衍生服务上。乐视体育开发乐视 TV、乐视手机等智能硬件作为观赛终端，通过购买会员赠送硬件的方式将用户资源盘活，通过乐视商城作为交易平台销售球星周边、超级自行车、运动相机等体育衍生品获得收入。在自主研发体育衍生品的基础上，乐视体育还通过建立超级自行车社区、举办群众赛事等活动来提高用户活跃度。此外，乐视将转播权价值链进一步延伸，进军多个体育相关产业。例如，2016 年乐视体育与永乐文化集团合资创立了乐加乐体育，作为互联网体育票务销售公司，乐加乐体育将利用乐视已有的场馆、赛事 IP、体育明星等资源，沟通主办方、俱乐部与消费者，为三方提供服务，从而将赛事转播权价值链上、下游结合起来。基于在转播权价值链的全面布局，乐视体育极大拓展了赛事转播权的盈利范围。

5.2.4.3 苏宁体育的线上、线下整合模式

作为我国互联网直播赛事领域的开拓者，苏宁体育基于 PPTV 及其庞大的电商资源，结合线上服务、线下体验，围绕足球形成赛事转播权运营、体育衍生品销售、体育会员付费的全产业链。一方面，苏宁在足球 IP 资源上发力，将欧洲五大足球联赛以及中超、亚洲杯等热门赛事转播权收入囊中，而苏宁体育在北京、上海、南京拥有三大制播中心，依托体育专业人才，升级用户服务，全方位、立体化围绕新媒体转播权布局体育产业。尤其苏宁体育获取中超联赛新媒体全场次独家版权协议后，将差异化服务深入精准营销之中。苏宁体育线上、线下整合模式运营策略主要如下：

(1) 场景消费助力交易平台构建。企业进军体育界要考虑品牌效应，苏宁对体育领域的重视是众所周知的，但它并不是因为转播权本身的价值而去投资，更重要的是考虑到其旗下其他设备和服务的销售。通过赛事服务与消费者对接来传递苏宁的品牌形象和产品信息，通过苏宁易购、苏宁置业大量的实体店和生活广场以及合作伙伴提供的各种线上、线下的平台，把体育变成连接消费者重要的渠道。在消费升级的趋势下，体育新媒体转播权连接的是情感消费品。用户以体育赛事为载体，共同体验胜利的喜悦、失败的悲伤，将个人情感升华成集体的狂热与感性。而在当下碎片化时代中，PPTV 用户日均停留时长已达 40 分钟。这种感性的留存与共鸣比苍白的点击更有意义。而这样的连接也更有助于品牌融入转播权之中，获取受众的认同与好感。如苏宁“购酒节”，就是基于苏宁庞大而智能的零售与物流体系，帮助 PPTV 提供“30 分钟内下单，畅饮看球”的服务，实现了交易平台、品牌和用户的共赢。

(2) To B 端广告创收，To C 端差异化会员服务。苏宁体育盈利方式以 To B 端和 To C 端为主。To B 即企业端，以广告收入为主。有别于传统电视广告，PPTV 创新了互联网广告思维，通过体育和品牌的联动，使企业与球队

或者赛事形成长期合作关系，以获得可观的收入。To C 即用户端，通过会员付费而盈利。为了避免收费对体育赛事或者对球队的品牌推广的影响，苏宁体育推出个性化收费服务。苏宁体育还将具有小众特色的转播权融入平台，通过足球连接大众。由于高净值用户人群对价格高低不敏感，是典型的情感消费品，因而苏宁第一次尝试将 WWE 有偿观看时，就有 30 万用户付费，超过 WWE 在中国总用户量的 10%。

(3) 社群经济引流。在获得了英超(稀缺转播权)、PPTV 和龙珠直播(播放平台)、国际米兰以及中超球队后，苏宁的体育版图还需要接通 C 端消费者的平台，所以投资专业领域体育社区势在必行。作为足球垂直领域的资讯平台，拥有媒体＋社区＋电商平台属性的"懂球帝"被苏宁纳入囊中。苏宁推广"懂球帝"平台在保证直播品质感的同时，通过打造社区、分享短视频、原创体育节目等多样化形式开发转播权资源。不但要形成用户社群感，也需要以提供互动红包等方式让受众在讨论赛事之余将注意力分散到体育衍生产品中。但是目前"懂球帝"盈利关键点依然是广告和电商，超过一半的收入来自广告。此外，就苏宁整体业务而言，"懂球帝"的电商平台能够与苏宁第三方支付业务对接，同时用户也是重量级变现通道。

5.2.4.4　ESPN 的会员付费与广告收入模式

ESPN 是美国一家成立于 1979 年专门播放体育节目的有线电视联播公司。经过几十年的发展，ESPN 已成为全球体育传媒第一大品牌。会员费和广告收入是 ESPN 收入的主要来源。ESPN 开创了体育赛事节目会员付费之先河。目前，ESPN 占据了美国体育移动传播的 35%市场份额。ESPN 的成功主要来自以下三个方面：① 内容为本。ESPN 非常注重播放的体育赛事节目观赏性和后期赛事包装，为了提高体育赛事节目观赏性，ESPN 采用最先进的体育赛事信号制作手段，多角度呈现精彩镜头。如在赛马的马鞍上安装摄像机，呈现赛马过杆的精彩镜头；在 NBA 比赛的赛场布置 24 个机位，为观众提供不同角度的视角体验；运用 360°全景技术、AR/VR 等各种技术手段加工制作体育赛事节目，提高观众的现场体验。② 贴近受众。ESPN 针对不同区域观众喜好来提供不同类型的国际及地区性体育赛事节目，以迎合不同体育爱好者的体育需求。如 ESPN 除把 NBA、欧洲足球联赛等知名赛事引进中国外，还引进了热门赛事 XGames。ESPN 每年为腾讯平台提供"World of XGames"等极限赛事与周边节目。ESPN 利用其本身有线电视网络积累的庞大用户资源，通过采取将新媒体与有线电视网套餐捆绑销售的措施来开辟新的新媒体平台，获得付费会员订阅的收入，ESPN 所有通过电视媒体收看节目的会员，都能够被授权在网络媒体和其他移动媒体终端收看电视节目的直播或碎片化内容。③ 全媒体平台。ESPN 不仅拥有 6 个美国本土频道及 24 个海外电视频道来播出体育赛事节目，而且积极拓展互联网电视、网络、移动媒体、IPTV、杂志等全媒体平台，为体育爱好者获取体育赛事信息提供了更多的选择。ESPN 针对不同平台采取有针对性推广策略，提供差异化的服务模式。在赛事转播方面，ESPN 通过其丰富的全媒体平台为赛事转播权提供多元变现渠道。除了播出比赛赛事，ESPN 还制作很多和赛事相关的品牌节目，这些节目不但在电视上播出，而且还被数字化处理并传输到互联网上，用户通过移动终端就可以观看这些节目，从而带来不菲的广告收入。

5.2.4.5 推特的流媒体服务布局模式

推特经历了互联网初期使用人数的几何式增长后，目前已陷入停滞状态。为了吸引更多用户，推特努力发展直播流媒体和促生原生内容，体育内容就是推特的布局重点之一。在社交媒体纷纷布局体育内容之后，推特近来在体育上活动也较为频繁。其一，通过与传统媒体合作转播赛事。推特和天空体育合作，通过官方推特账号收看进球和精彩瞬间的精选集锦；用户还能够在推特上观看赛后分析；英超联赛的视频片段将通过推特向用户播送。其二，与体育组织签约。推特和美国各大体育赛事签订转播合约，收获了多项赛事的转播权，其中包括美式橄榄球联盟、国家冰球联盟和美国职业棒球大联盟等赛事。在推特上球迷能免费收看 NBA 赛前周报、NBA 独家节目、赛事精华等内容。推特是实时体育直播互动的理想平台，能够即时推送 NBA 相关信息并为球迷提供内容讨论平台、开展社区活动等以满足球迷的互动性需求。其三，推出移动应用。推特推出移动应用后，注册用户和非注册用户都可以通过电视应用观看推特上的直播视频。用户还可以在电视上播放推特旗下短视频分享制作的视频，一边享受更优质的视频和内容服务，一边获得同步发推文的体验。用户不需要额外支付费用，用户甚至不用注册推特就能享受这套服务，这扩大了推特潜在用户的范围。

推特在体育比赛上的投入，一定程度上是为了改变人们对于推特的固有印象，同时是为了更好地让广告商贴近用户。虽然看直播不是必须要进行身份验证，但直播内容存在的一部分意义也是为了让用户产生相互交流的意识。而视频现在是产生利润的最佳广告形式。Jihan(2011)在 *Public video gaming as copyright infringement* 一文中认为，用户的聚集产生病毒式营销的效果，又带来了更多的流量，直播流媒体和原生内容吸引更多用户登录并停留。转播体育赛事还能帮助推特获得更多的视频广告收入。

5.2.5　中美体育赛事节目盈利模式的构成要素比较

5.2.5.1　盈利增长点比较

(1) 腾讯体育盈利增长点

腾讯体育基于强大的社交基因，以自制节目、周边游戏、赛事直播、发展腾讯会员为主业，并逐步扩大业务范围，丰富产品内容。腾讯体育从 2015 年起围绕 NBA 在产业价值链上全面展开，在进行高科技赛事直播的同时，腾讯体育先后策划多档自制体育节目，包括赛事集锦、竞技与战术评论、篮球综艺以及球星纪录片等。此外，腾讯体育与腾讯成熟的支付系统对接来支持会员付费、购买游戏装备以及售卖周边产品，如智能设备、球星手办、运动用品等。

(2) 乐视体育盈利增长点

相对腾讯体育聚焦头部 IP 相比，乐视体育购买了许多在国外享有较高知名度但在国内尚属于小众或新兴的体育赛事项目，着眼于“大而全”，在自身多达几百项赛事转播权的基础上，打造乐视体育产业生态圈，集“赛事运营＋内容平台＋智能硬件＋增值服务”于一体。乐视通过体育打通生态圈，利用广阔的生态权益吸引用户转化成为付费会员。

(3) 苏宁体育盈利增长点

苏宁体育相比乐视体育有很大优势，苏宁以其庞大的资本和线下的支撑让苏宁体育有耐心花时间慢慢培育市场，所以目前苏宁体育对迅速盈利没有要求。苏宁集团的战略是将体育业务作为其他版块业务的桥梁，对此进行长线布局，由此探索出更多转播权变现的方式。

(4) ESPN 盈利增长点

ESPN 盈利点主要是付费会员，ESPN 依靠王牌节目吸引大批用户，此后迅速购买大量赛事的独播权，在美国所有现场直播的体育赛事中，ESPN 转播的比赛超过了一半。凭借旗下多家网站、移动平台以及电视台，ESPN 构建了全方位、立体化的体育赛事直播体系，以此吸引了大量的付费体育订阅会员。

(5) 推特盈利增长点

推特正致力于打造一个体育社群综合体，而不仅仅是讨论体育的平台。视频一直都是推特发展战略的核心部分，推特斥巨资引入核心赛事直播，展现出其创新性的互联网思维。

5.2.5.2　盈利措施比较

(1) 腾讯体育盈利措施

腾讯体育运作体育赛事节目开发矩阵，凭借自身的全媒体平台以及巨额资本投入，运营多种方式，是以顶级篮球独播权为核心的赛事转播媒体。腾讯体育在以NBA转播权为核心的基础上，通过对用户数据的分析精心细分市场，不仅重金投入了美国大学生篮球联赛，还不断追逐顶级赛事转播权。如此昂贵的转播权费用，即便腾讯本身有极高的流量以及全媒体平台的优势，还仅仅是勉强维持盈亏平衡。但是腾讯重金购买NBA转播权的意义不止于此，如今大数据是所有网络巨头依赖的生存基础，依靠大数据能够获知数以亿计球迷的喜好，从而据此展开精准营销。腾讯体育也在推广会员制，吸引了大批NBA球迷，而已发展的会员多为忠实粉丝，用户黏度和活跃度很高，这些用户将会是之后腾讯增值产品的消费者。腾讯布局体育产业不但获取了流量、吸收了会员，而且成功打通社交、支付、游戏、体育等会员系统，实现一账通，进而拓宽营销渠道，提升用户活跃度，提高资本转化率。

(2) 乐视体育盈利措施

乐视意图构建终端＋内容的闭环生态圈，让用户利用硬件(手机、汽车等)作为入口，享受乐视浩瀚的内生以及外购的内容资源，以此培养用户的黏性消费习惯，并转移至其他硬件。乐视体育会员可以享受广阔的生态权益，超级会员可以免费得到某些乐视硬件，享受线下赛事购票的VIP通道、购物商城的超低折扣、易到的接送服务等。乐视体育希望以此实现自己的会员战略，即以会员付费为主要的盈利来源。

(3) 苏宁体育盈利措施

苏宁体育以足球为核心载点，再连接苏宁集团六大产业相关的资源，和各个品牌主进行联动，体育不受年龄、地域、阶层的限制，苏宁体育可以通过PPTV体育直播等将苏宁的品牌和商品信息传递给各种不同层次的用户。苏宁的优势在于其不仅有先进的线上交易平台，而且实体门店、生活广场也遍布全国，让用户可以很方便地达成交易。苏宁体育除了以其场景消费助力交易平台外，也通过构建To B端广告创收和To C端差异化会员服务、社群经济引流的方式实现变现。苏宁体育在北京、南京、上海都建立了制播中心，在保证转播质量的同时，也打造了自己的系列体育节目，发展了自己的体育社区，通过名嘴解说、创意口播、红包互动等形式引发用户对足球相关商品、品牌的热情。

(4) ESPN盈利措施

ESPN也在向新媒体转型以吸引通过移动设备观看比赛的观众。通过流媒体平台的搭建，将ESPN旗下的在线视频媒体WatchESPN从有线电视捆绑付费中分离出来，独立出来的 WatchESPN 更具竞争力。ESPN 的收入有近 2/3 来自会员付费，1/3 来自广告。会员付费订阅占了绝大部分的收入，因此在移动端，ESPN 还是将付费会员盈利模式作为首位。此外，ESPN 还通过与 Vice 达成伙伴关系，以及与 Youtube 进行合作，在线销售体育内容。

（5）推特盈利措施

推特有三种方式出售赛事相关广告。一是直播广告，但这一方面推特的权益有限，因为这一部分广告早就被 NBC、CBS 等国家电视台垄断，所以推特和地方台合作而获得部分直播广告权益。二是片头广告，就是比赛集锦的片头广告。在这方面推特有其独特优势，如 2016 年通过 NFL 比赛集锦片头广告组合，推特就获得 2 000 万美元的收入。三是直播赞助，推特通过其直播平台推送赛事分析、赛事花边和视频剪辑，这些直播接受广告商的赞助。

5.2.5.3　盈利屏障比较

（1）腾讯体育盈利屏障

腾讯体育拥有丰富的全媒体平台，NBA 选择了腾讯作为其中国区合作伙伴。平台越多，优质内容的产出能力就越强，转播权也就越容易变现。腾讯体育还在多屏传播上布局，在内容全媒体化的基础上，通过对不同渠道的分析，实现了内容的精准推送。腾讯体育的赛事内容能够通过 PC 端腾讯网、移动新闻客户端、视频客户端、大型游戏平台、搜索引擎、QQ 等多个渠道推送。依托其丰富多样的媒介种类和庞大的用户群，腾讯视频盈利模式逐渐从单一到多元，除去传统的广告费、会员付费外，还开发了自营运动产品、改编 NBA 游戏等盈利模式。

（2）乐视体育盈利屏障

乐视体育的独特竞争优势在于其重金购买的版权，也是其吸引付费会员的重要筹码。乐视体育在初创阶段难以买到当时已各有所属的头部转播权，于是另辟蹊径从高尔夫、棒球等小众赛事领域入手形成数量上的规模，而海量的转播权资源赢得了资本青睐，乐视体育融资规模水涨船高。

（3）苏宁体育盈利屏障

苏宁体育独特的竞争优势在于其线上优质转播权资源和线下支撑与硬件资源，苏宁以其丰厚的财力将顶级转播权、播放平台、中超球队以及连接用户的体育社区收入囊中。苏宁体育已经初具规模，但如何实现盈利才是解决一切问题的关键。如何让更多用户关注线上赛事，如何让更多用户走到线下去踢球、购买装备。归根到底，重点在于如何将用户和产品实现有效连接，从这个角度看，苏宁的任务仍然艰巨。此外，虽然苏宁手握顶级赛事资源，但是转播权也有时间限制，而优质转播权是吸引用户注意力的核心，在优质资源此后的归属并不能确定的情况下，苏宁能否在期限范围内吸引忠实用户，尚且未知。

（4）ESPN盈利屏障

ESPN独特竞争优势在于其品牌，ESPN将其自身打造成品牌，通过优秀的自制节目、大量的独播权、创新性的赛事转播技术、丰富的媒体平台以及高品质的服务获得忠诚付费用户。ESPN转播的赛事占了美国所有直播体育赛事的一半以上。ESPN构建的体育赛事转播体系是立体化的，它拥有数十家电视台、网站和移动平台，无论是体育联盟，还是球队和运动员都受其影响。ESPN通过对赛事和球员的包装、推广、营销，控制着公众“消费”体育的方式，它超越了报道体育赛事本身，而开始掌控赛事。但日益高涨的转播权成本以及不断下滑的广告收入让ESPN营收表现低迷。掌控一多半的美国体育赛事直播权的背后是高昂的版权费，高成本运营让ESPN不断提高会员订阅费，向用户转嫁成本，于是导致近几年来会员订阅数量下滑，有形成恶性循环的趋势。

（5）推特盈利屏障

推特的独特竞争优势在于其庞大的用户数量和“免费”的推广策略，而且非注册用户也可以观看推特上的直播视频。由于进入门槛低，使用便捷且灵活，具有深厚的市场潜力，但同时也面临着激烈的竞争。越来越多的社交媒体投身于体育产业，甚至推特在2014世界杯一战成名的直播服务“实时推特消息”也被竞争对手模仿。

5.2.6 我国体育赛事节目盈利变现存在的问题

（1）新媒体企业对接渠道尚不完善，线上线下交易不能贯穿平台

面对上游居高不下的转播权交易成本，新媒体企业承接时需要具有消化这一巨额资源的能力，而增加盈利来源的重要途径就是运营多样化的新媒体平台。例如，乐视主要依靠其乐视网承载的流量平台，乐视商城也并未形成规模，不足以吸引消费者的关注；而苏宁体育的布局尚未完善，旗下PPTV和“懂球帝”并不能将稀缺的足球资源价值完全释放出来。

（2）忽视大众市场关注的转播权资源，误用长尾理论

长尾理论基调是边界成本极低甚至低至无边界成本。也就是说，当边界成本极低时，产品线拉得越长越好。但要注意的是，长尾是小众的聚合，并不是将主流的大众市场抛弃，而是在满足大众的前提下满足小众占领更大的市

场。虽然乐视体育曾持有300多项赛事超万场比赛的转播权，但大多数是小众赛事，并且大量的小众转播权均为重金购买，边际成本很高，这样的扩充并没有意义。乐视在扩展体育相关业务时，相关赛事的运营推广没有跟上，也就没有形成一定量级的用户群。

(3) 用户资产未完全开发，流量得不到有效转化

我国体育用户的付费观看模式尚需培养。由于用户的观看习惯和新媒体的个性化服务造成的对赛事集体气氛展现不足等原因，新媒体企业购买的转播权尚且不能将受众从传统媒体前争夺过来。此外，习惯了免费观看赛事的体育用户，再接受付费模式还需要一段时间的培养。虽然腾讯体育采取了免费＋付费的模式，在很大程度上维持了观众的满意度和用户黏性。但在将近半年的休赛期间，用户活跃度大大降低，而在流量为王的新媒体时代，半年的用户低迷状态意味着极大的成本损失。这一方面是因为多数受众只在有自己关注的赛事时才会打开网站；另一方面，用户在平台能获取到的价值有限，用户间及用户与平台的沟通机制未能健全，当平台出现新业务时用户整体转化率不高。因此，由于缺乏完备的支付体系，平台功能较为单一，未能营造用户冲动消费场景。其海量用户流量得不到有效转化，偶尔的营销运动装备还要用户进行多次跳转，无法实现较高盈利水平。

(4) 缺少核心竞争力，重视运营品牌而非打造独特产品

拥有完备的支付系统、强大的社交背景以及全媒体平台的腾讯体育在重金购买转播权后，仍致力于现发展用户群，吸引流量。而进入资本运作阶段的乐视体育并未走这种新媒体公司的以流量模式开端的稳妥道路，而是开始频开发布会，宣传乐视品牌和概念来吸引融资。原本的乐视体育打算依靠付费会员和乐视商城交易平台实现盈利，但是小众赛事内容的用户变现程度不高。因此，乐视体育又提出生态圈理念，通过赛事转播权价值链开发、丰富体育产品线来提升用户黏性，通过资源共享提高使用效率以创造更多价值。这样的构想极具创新色彩，但乐视更多还是丰富产品线来扩展版图，超级自行车、智能设备、与付费会员相连的乐视电视甚至乐视薯片都被生产出来，却没有具有独特竞争力的核心产品，仅仅是用“生态”概念进行资本融资和扩张。

(5) 新媒体平台盲目扩展业务，关联度不够，难以推广

对于新媒体企业来说，其核心是将用户串联在体育平台内的各个业务之间，最终形成实际盈利。新媒体企业若盲目扩张平台业务，不仅会造成内部沟通壁垒问题，还可能致使其缺乏盈利模式的风险控制能力。在整合不同平台直接的业务时，需要充分进行市场调查、大数据分析以及专业团队的深入研

究。这样新媒体企业才能对转播权的盈利模式进行正确的判断和决策，识别盈利模式的优劣。乐视体育构建“生态圈”需要基数庞大的观众，在与腾讯竞争 NBA 转播权失败后，乐视开始购买各种中小赛事版权。繁多的体育项目版权造成乐视的运营成本大涨，因为每个体育项目的垂直细分领域有其独特之处，需要相关专业人员深入专注其中，而很多小型赛事在中国还处于起步阶段，用户规模还未成型，很难在短期将转播权价值都挖掘出来，需要乐视投入大量的推广费用，这给乐视的财务状况造成了沉重的负担。正是由于新媒体企业在规模扩大之后的多层次分工安排，各业务之间的沟通成本大大提高，信息的传输效率难以支撑新媒体企业做出正确的决策，在此基础上再行扩张容易滋生风险。

(6) 僵化学习国外转播权盈利模式，忽略培养本土市场

天英体育盲目效仿英国天空体育而失败。乐视体育跟风模仿美国体育媒体的盈利模式。ESPN 作为美国著名的体育平台，拥有超过百项赛事转播权，而且其百亿美元的年收入有近三分之二来源于付费用户。而以打造中国版 ESPN 为目标的乐视体育，则出手购得比 ESPN 更多的转播权。此后，乐视开展付费会员的盈利模式，推出超级体育会员服务，但其却过多地运营会员付费体系，而忽略了赛事本身内容资源的开发。体育节目等赛事内容资源是连接体育用户与平台情感联系的重要桥梁，乐视仅仅是学其形，而非掌握其盈利本质，只看到了美国的 ESPN 推行会员付费观看盈利模式，却忽视了其为培养本土市场所付出的时间和经济成本。

5.2.7 提高我国体育赛事节目盈利变现的发展对策

(1) 加快全媒体平台发展，上下游资源对接降低渠道费用

更多的新媒体平台可以将转播权价值最大化转化，从整体上降低了单个渠道费用，为消费者创造更大价值，拓展更广泛的利润空间。渠道优化核心在于开发新媒体平台、推广服务与转播权资源共享。如何通过转播权盈利才是新媒体取胜的关键。ESPN 积极向新媒体和新技术平台转型，通过多平台让转播权为公司带来收益。除了在平台上直播体育赛事，ESPN 还会围绕赛事制作优质的内容节目推送给用户。每一场直播赛事后 ESPN 还会制作一些精彩回放，在 ESPN 的各电视及网络平台上播放，并插播广告收取广告费。众多的播出平台让 ESPN 在赛事转播权定价谈判方面拥有了巨大的优势。ESPN 与腾讯合作将制播新技术引入中国，腾讯基于其全媒体平台不仅通过转播权开发矩阵模式让变现渠道更加具有想象空间，还进一步推广赛事，打开

中国市场，这是上游 NBA 将其数字媒体独播权授权腾讯的重要原因。王相飞等（2015）在《大型体育赛事新媒体转播权的开发》一文中认为，全媒体平台购买上游顶级转播权资源时更加具有话语权，而且通过集中采购，更加方便下游企业与上游进行谈判，也有利于战略合作伙伴关系的建立。通过渠道优化实现双赢的盈利模式还可以通过上下游直接对接降低成本，上游组织签订独家合同，将其比赛授权给新媒体平台转播，而其他平台无权转播。数字技术、网络技术的发展，使得众多上游组织可以跳过中介公司这一环节借助新媒体平台直接与海量用户实现在线对接，短时间内实现赛事的快速传播与共享。这种排他性转播不仅可以规避从中介公司购买独家版权的高额费用，还可以获取转播的先进技术，提高制作水平，打造从上游的明星培养、自制内容到中游的秀场直播、在线互动，再到下游的客户端和线下粉丝见面会等的全产业价值链开发的闭环生态系统。

（2）利用流媒体服务和长尾效应，提高持续盈利能力

流媒体服务除了引流来提高广告收入和交易平台流量的作用外，还可以让转播权分销简单化，买下全媒体转播权的企业可以将转播权进行二次分销。此外，流媒体服务吸引年轻群体的注意力，让用户再次为赛事开销，在用户可以接受的定价范围内引导用户付费，并增加和用户的即时互动性，有力地增加了用户黏性，忠实用户的养成增加了长期盈利的可能性。而日益增长的用户群体使长尾营销成为可能。长尾是小众的聚合，并不是抛弃大众，是在满足大众的前提下满足小众以占领更大的市场。随着体育市场的不断细分、消费的小众化以及网络交易成本的下降，体育新媒体转播权市场的长尾效应也越来越明显。腾讯体育以 NBA 的成功运营经验为基点，进一步将需求导入利基产品，将需求由曲线的头部带向尾部，逐步向其他北美大型体育赛事扩展；而苏宁体育、乐视体育和 ESPN 更是购买丰富的转播权，开发主流市场和小众市场以有效扩大消费者规模。长尾要创造利润，首先要依靠优惠获得客户，热门产品靠少种类、多销量营收，冷门产品靠多种类、小销量获取利润。其次，长尾模式并不刻意吸引消费能力最强、最有价值的用户，而是最大范围地争取长尾用户，而免费是吸引流量的关键，也是付费的先决条件，用户在免费享用服务后，自然会决定是否付费。第三，长尾区域小众体育转播权需要依靠头部区域顶级转播权流量的带动，如乐视即使购得多项赛事转播权，但是在热门赛事中超与亚冠因未及时续费而失去转播权后，用户大量流失。第四，尾部小众赛事产品与头部热门赛事产品建立关联实现长尾的重构，使以往处于尾部的产品能在新规则中转到头部，转播权资源获得持续盈利的能力才成为可能。

(3) 扩展盈利点,社群经济与用户数据库盈利模式

体育新媒体转播权需要新的盈利突破点。从体育市场性质来看,高品质与全方位的服务是其盈利的重要来源,高品质和个性化的服务不仅能提高用户满意度,还能够促进忠诚用户的形成,尽可能多地建立与消费者的接触点来开发用户服务利润增长点,用户流量变现就是其突破口。其一是数据库盈利模式。用户在不同平台通过不同方式观看或者参与赛事时,大量的信息构成了一个强大的数据库,这一数据库时效性很强而且极具针对性。据此,可以对这些用户的数据进行深层次挖掘,并进行分析整理,提供给想利用新媒体平台对球迷进行营销的公司,让营销者跟踪这些用户。企业也可以通过这个数据库及时了解用户对产品的反馈信息。其二通过运作社群经济引流,发掘粉丝变现渠道。在内容运营阶段,借助优质转播画面与内容产品吸引用户;在社群凝聚阶段,要将已经吸引的用户发展成为会员,再把拥有共同理念和价值观的会员凝聚为社群,凝聚社群的方式有发展线上权益、开展线下活动等,通过线上互动与线下活动相结合的方式,促进会员互动、增强社群凝聚力。在变现阶段,通过社群电商实现内容变现,以社群会员为主要目标群体实现精准营销,销售与用户的兴趣、需求密切相关的周边产品。依赖前期社群成员和粉丝的积累,变现相对容易。这种变现模式的关键是需要形成稳定的社群。社群的形成需要强有力的组织者、共同的价值观以及密切的互动。交易互动是将价值相互认同的用户群体看作产品生产发展方向的数据提供者,用户提供的数据作用于产品,改进后的产品再推销给用户,形成良性互动的关系,使产品的生产销售更加理性化。目前的社群经济大多带有粉丝社群的特征,即因为喜欢同一个球星或者俱乐部而组建的社群。

(4) 在市场占有率拥有绝对优势的基础上,施行生态圈盈利模式,减少风险

乐视体育如今深陷危机,但作为中国新媒体“先行者”,它在推动尊重赛事版权和创新付费观赛模式上都有很大贡献。乐视曾经致力于打造生态圈,生态圈就是一个传递能量和价值的生态系统,这个系统各部分之间要有本质的联系,并建立出完善的组织秩序。但乐视在构建生态圈的过程中各要素的配置过于离散,能量和价值的传递脉络不清晰,组织构架和配套软硬件也没有完全到位,产品虽多但看起来像简单的堆砌,这种扩张无助于用户黏性的形成,无法为品牌带来溢价,所以乐视所构想的生态圈并没有真正地建立起来,而只是体现了一些生态圈的概念,初步具备了一个雏形。但乐视体育也有自己的优势,如海量的版权、高质量的转播技术、优秀的主持人等,随着生态圈的日益

完善，乐视将逐步成长起来。总之，一个闭环“生物圈”至少要维持其某个环节具备强大市场优势，不然整个生态系统就难以维持，同时由于构建“生物圈”的成本非常高昂，所以失败的代价往往十分巨大。

（5）购买转播权不仅要基于新媒体特性，还要考量运营推广能力

由于新媒体和传统媒体之间存在着竞争，因此新媒体要考虑其购买的转播资源的排他性与受众的收看习惯问题。如虽然某比赛的新媒体转播权被乐视独家买下了，但用户仍可以通过电视台免费收看一些重要场次，这就降低了用户购买乐视会员的需求。此外，这类赛事对新媒体直播平台的需求并不迫切。如中超联赛大部分都在晚上进行，球迷可以通过传统媒体电视机收看。而腾讯转播的 NBA 比赛大多数在北京时间上午进行，中国球迷多数无法从电视上实时收看，而只能通过新媒体收看。此外，中超赛事有很强的地域性，比如广州球迷往往只看广州队的比赛，自然广告费也有限。而 NBA 是在中国影响力比较大的外来赛事，中国电视台的转播又非常有限，加上转播时间集中在上午到中午，看电视不方便，所以 NBA 的球迷对新媒体的需求很迫切，于是腾讯 NBA 基本实现了收支平衡。

（6）回归开发体育新媒体转播权市场主业，构建适应我国市场的和谐供需关系

想要打造中国版 ESPN 的乐视体育，花巨资囤积大量转播权，但转播权并不会自然变现，一般来说为了培养市场而需要付出的推广费用要远远高于购买转播权本身的花费。如 ESPN 一方面借助先进制播技术提高赛事的可观看度从而培养受众的收看惯性，另一方面还制作优质的节目培养用户黏性，待市场发展成熟后再推出会员付费模式。相比较而言，乐视体育对市场培养阶段重视不足，只把转播权作为营销手段来进行资本运作，吸引融资。虽然乐视体育构想的愿景很好，但市场没打开，根基不稳。乐视体育只看到了 ESPN 可以凭借会员付费观看盈利，却忽视了 ESPN 为了培养市场和用户付费习惯所付出的大量资本和精力。因此，我国体育新媒体应实行谨慎的财务策略，在购买转播权之外预留足够多的资金用于赛事的运营推广，将市场推广放在重要位置，同时投放资金与精力进行内容制作和打造品牌赛事节目，让被赛事吸引进来的观众能留下来，培养用户黏性和忠诚度。这样，新媒体购买的转播权才能变现，转播权上下游才能达成共赢，我国新媒体体育赛事转播权开发才能健康可持续发展。

第6章 体育用品业知识产权创新机制及对策研究

6.1 体育用品业知识产权发展的相关理论问题

知识经济时代的经济增长以智力资源为第一要素，是工业经济高度发达的时代产物，代表着人类生产力与科技发展的方向。人们对知识拥有的权利和知识本身所具有的特征是通过知识产权来实现的。知识产权是知识经济的资源，是科技、知识、经济与法律等结合的产物。知识产权促进知识经济形成与发展的作用越来越突出，进入21世纪，知识产权正成为各国和各企业在综合实力竞争中的主要手段和工具。

6.1.1 体育用品业的内涵

体育产业是为社会提供体育产品和体育服务等相关类别经济活动的总和，是现代服务业和先进制造业两者组合的重要部分，在满足群众体育需求、增加社会人员就业、调整经济产业结构、推动经济增长等方面具有独特的作用和功能。体育产业的总体规模受到集群化、国际化等因素的影响，逐步成为国民经济的重要组成部分，现代体育产业结构如图6-1所示。现代体育产业结构构成部分较以往分支更加明确、细致，顺应点面兼顾、优劣互补的发展趋势，促进各个要素流通全球化，推动体育产业综合性产业集群的建立，有利于协调各分支行业统筹运作、协调发展。

体育用品业属于广义体育产业的一个分支，是体育产业的支柱行业，体育产业的发展对推动经济提升起到不可忽略的作用。现代体育产业从市场分工角度进行分析，主要包括体育用品制造业和体育用品销售业，其合称体育用品业。体育用品在广义上可界定为：主要用于人们参与体育活动并符合体育活动相关要求的一种特殊生活消费品的总称。从上述观点引申，体育用品业则

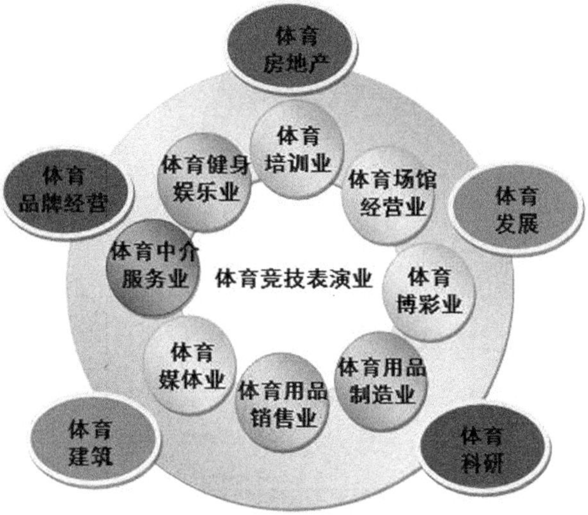

图 6-1　现代体育产业结构

是指生产销售给人们用于参与体育活动并符合体育活动相关要求的一种特殊生活消费品企业的集合。体育用品业按其产品分类，主要分为运动服装业、运动鞋业、体育器材业等三大子行业。

运动服装业主要负责人们参与体育活动穿着服装的生产和销售，从竞技体育和群众体育角度看，运动服装有专业竞技运动服装和大众运动服装两类。专业竞技服装主要供专业运动员使用，具有专业性、科技性、美观性等特点；大众运动服装主要供人们从事体育锻炼活动使用，具有舒适性、运动性、美观性等特点。运动鞋业是指生产销售人们参与体育活动并符合体育活动要求的鞋类企业的集合，主要从事专业竞技用鞋和大众运动用鞋的生产销售，其界限明确、专业性突出。体育器材是从事体育活动的物质基础。体育器材业主要从事相关体育项目所需器材的生产和销售，在我国已有很长的历史。

6.1.2　知识产权主要组成部分及与体育用品业相关类别

在极大丰富人们日常生活的同时，体育项目也带动了体育用品业的发展。体育用品主要包括运动服装、运动鞋和体育器材，产品种类多、数量大。知识产权作为企业的一种无形资产，涉及产品的研发、制造、销售等多个环节。体育用品业涉及知识产权的权利主要有著作权、专利权、商标权、反不正当竞争权。图 6-2 对体育用品涉及知识产权的相关类别进行了解释说明。

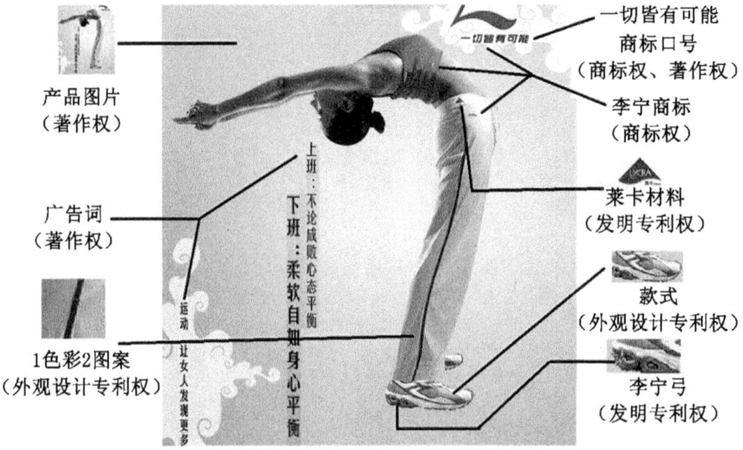

图 6-2　体育用品业与知识产权相关类别释义

（1）体育用品著作权

体育用品在生产销售过程中涉及著作权的权利很多，著作权包括人身权和财产权，创作人对产品图片、广告词、商标口号等智力成果享有发表权、署名权、修改权和保护作品完整权、复制权、出租权、展览权、汇编权、放映权、信息网络传播权、摄制权、改编权、翻译权等。智力成果作品涉及文字作品；口述作品；美术、建筑作品；摄影作品；电影作品和类似摄制电影的方法创作的作品；工程设计图、产品设计图、地图、示意图等图形作品和模型作品等。体育用品中创作的商标的口号、广告语、图片、产品的设计图、产品的说明书、广告中的旁白以及产品的示意图等都依法享受法律赋予的应有权利。

（2）体育用品专利权

专利的多少是一个企业层次高低的重要体现。体育用品业发展迅速，其对于专利的竞争也十分激烈。产品的外形图案、款式及色彩搭配属于外观设计专利权，而制造产品的材料、技术等属于发明专利权，专利权权利人拥有该产品的使用权、制造权、许诺销售权、销售权、进口权等权利。体育用品专利权主要涉及产品的生产制造技术、色彩搭配、款式设计、外观图案、材料发明、技术发明等权利。

（3）体育用品商标权

体育用品业最常见的侵权行为就是侵犯他人的商标权，商标权具有专用权、禁止权、转让权、许可权及续展权等。产品会在显著位置标示其专有商标，便于消费者识别,图 6-2 中“李宁”的标志是该产品的商标,李宁公司依法享有法律赋予商标的权利,任何人或单位没有经过李宁公司的许可,不得进行生产、销售及仿冒。另外,商标口号作为商标的一部分,同商标一起进行产品的标示,也受到商标权的认可和保护。

(4) 体育用品反不正当竞争权

知识产权相关的不正当竞争行为包括商业假冒行为、商业虚假宣传行为、侵犯商业秘密行为及商业诋毁行为。其中,商业秘密是指不为公众知悉或轻易获得的具有实际价值或潜在价值的技术秘密和经营秘密。反不正当竞争权能有效遏制违法行为的产生,打击商业假冒行为、商业虚假宣传行为、侵犯商业秘密行为及商业诋毁行为等。体育用品业中存在的不正当竞争行为同其他行业一样,但主要表现为商业假冒行为,对知名品牌进行假冒,侵犯了相关企业的合法权益,扰乱了行业秩序,必须坚决予以打击。其中,商业秘密包括技术秘密和经营秘密,体育用品在生产制造过程中的技术秘密及销售过程中的经营秘密等相关权益,越来越受到体育用品企业的重视。

6.1.3　知识产权对提升我国体育用品业国际竞争力的作用

李宁、安踏、匹克、金陵、泰山、红双喜等品牌在国际市场发展势头迅猛,中国体育用品业还需进一步提升企业的国际竞争力,而提升国际竞争力的关键就是增强企业的核心竞争力。企业核心竞争力的精髓是创新能力,创新是企业研发新技术、创造新成果的必要条件。企业只有不断地增强自身的核心竞争力,不断提高创新能力,不断研发核心技术,从而获得更多的专利权等自主知识产权,才能促使企业在国际市场竞争中占据优势。知识产权能够对企业核心竞争力提供法律保障,自主知识产权作为企业的无形资产对增强企业总体实力、推进品牌战略、提升国际竞争力有着积极作用。

(1) 知识产权与企业核心竞争力的关系

企业核心竞争力包括企业生产技术的开发和创新能力、本身的知识和技能、企业经营管理能力、企业文化等多个方面。企业核心竞争力主要体现在技术的开发和创新能力及品牌价值上。企业品牌价值源自消费者的认可度,消费者对品牌的认可度越高,其品牌价值越高。但是消费者的认可度是企业靠产品的质量和技术含量一步步积累起来的,归根结底,企业核心竞争力还是体现在生产技术的开发和创新能力方面。

通过图 6-3 可以看出,核心竞争力的组成包括知识、技能和创新能力三个部分,知识对应知识产权的著作权,技能和创新能力对应知识产权的专利权。

创新能力才是真正的核心竞争力,创新能力的高低直接影响着专利申请的数量。知识产权属于核心竞争力的子集,而核心竞争力是企业的无形资产,企业在获得知识和技能的同时,通过相关法律部门的认可也获得了知识和技能的所有权,也就是知识产权。知识与技能是知识产权在企业核心竞争力上的有力表现,企业通过知识产权附加的知识与技能提升自身竞争力,而创新能力是企业立足的根本,企业只有不断创新,开发出新的知识与技能,才能为企业的发展提供不竭的源动力。在企业不断地对核心技术进行研发的过程中,行为是企业自主的,研发的智力成果归企业所有,企业享有智力成果使用的权利,这是企业自主知识产权。知识产权与核心竞争力相辅相成、相互促进,知识产权为企业的核心竞争力提供必要的法律保障,而企业的核心竞争力为知识产权的存在和延续创造了条件。可以说,企业核心竞争力的具体表现在工商经营活动认可后就形成了知识产权。

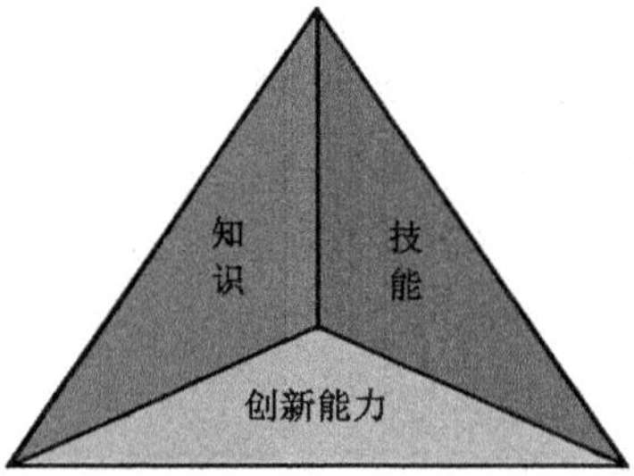

图 6-3　核心竞争力的组成关系

通过图 6-4 可以看出,企业核心竞争力包括外层和内层两部分,主要包括市场导向能力、产品质量、自主知识产权核心技术、创新理念和管理机制。市场导向能力直指产品的开发与销售,引导企业前进的方向,企业产品的开发与创新、新技术的形成等都需要市场给予准确导向。产品质量关系到企业的技术与创新能力,是品牌立足的根本,是新技术开发积累的成果,有利于企业获得更多的商标品牌附加值,拥有更多的专利,为企业的长足发展提供保障。自主知识产权核心技术是企业立足的根本,是知识产权对于企业核心竞争力提升作用的重要体现,直接影响和反映了企业竞争力的高低,为企业的稳步发展提供了坚实的动力。创新理念直接影响到创新能力的高低,创新能力是企业发展的不竭动力源泉,只有不断创新,开发新技术,提高知识能力,才能获得更多拥有自主知识产权的技术和专利。管理机制主要是对人才的团队协作、组织、经营的管理,是人才获得知识与技能成果质量的诠释,优良的管理机制会促进企业创新理念的发展，为企业合理有序运营提供保障。

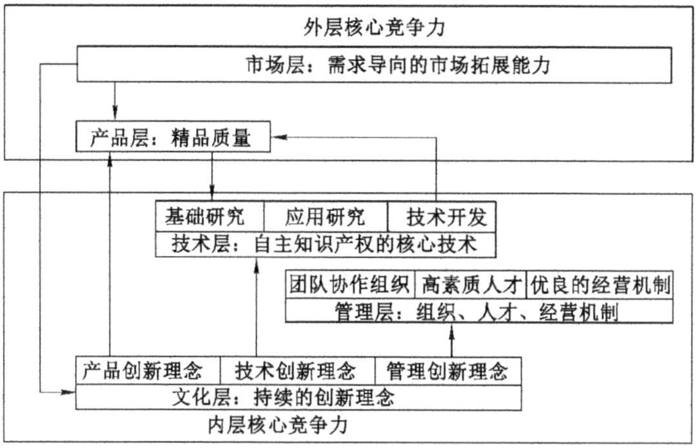

图 6-4　企业核心竞争力模型

（2）知识产权有利于提升企业实力和创立行业标准

源动力是企业家对核心团队的建设与机制设计，是企业的动力源和核心命脉，关系到企业发展的动力和方向，决定了企业的命运。知识产权在源动力上表现为产品的创新性研究与开发、设计师团队构建所带来的知识成果，其涉及的外观专利、技术专利、发明专利等都需要知识产权为企业源动力的发展保驾护航。安踏的发展规划是知识产权在规划力方面表现的典型实例。2005 年，安踏在国内成立了第一家体育用品行业的运动科学实验室，致力于运动力学的研究，为其产品提供了科学技术研究的平台，便于新技能的研发。

标准对于企业的发展具有重要意义，而企业层次的差别相对于标准的意义也不同。一个企业的某项技术专利在一定范围内成为进入市场的标准，其逐步发展成一个技术专利标准化，当这项技术要进入市场时，必须通过标准许可化。一项技术一旦成为某种标准，就成了企业控制市场规则的有力武器，这正是特等企业成为特等的原因。而二、三等企业想要进入这一领域，就必须认可特等企业制定的标准，这些标准都关联着众多的专利技术、商标许可等知识产权，需要支付高昂的许可费用，在获得许可后才能进行生产，并且生产还要服从标准的管理，其实质就是知识产权的保障和利用。一项标准在确立之前，先要通过技术专利这一关，只有在取得专利之后才有可能发展成为标准。

企业生产的产品需要消费者的认可，而产品的认证、标准的确立关系着企业的总体实力。标准的层次很多，如国际标准化、区域标准化、国家标准化、行业标准化等，而行业标准相对于我国体育用品业是最需首先创立的。行业标准的确立主要是靠技术创新发明和自主知识产权，通过技术专利进行发展，确立行业领先优势，逐步形成行业标准。在国内品牌体育用品中，“红双喜”乒乓球在 1960 年被国际乒联正式批准为国际比赛用球，成为中国第一个走向世界的体育品牌。像“红双喜”这样通过国际单项协会认证，在国际大赛中已经得到检验的国内品牌不多，而通过国际权威质量认证机构认证和获得国际体育组织认可的国内品牌很少，当务之急应当首先确立行业标准。随着企业实力的增强和核心竞争力的提升，企业在信息与技术成果方面，应加强对知识产权的保护力度，促进体育用品的标准化和质量认证。只有建立完善的知识产权保护运用体系，才能达到产品的行业标准化，进而创立区域标准化，为创立与国际接轨的技术、环保、安全等国际标准化打下基础。

(3) 知识产权有利于提升企业形象

关税和贸易壁垒的逐步取消，为我国体育用品业的发展提供了更为宽广的出口市场，良好的经济环境为我国体育用品业的发展奠定了基础。李宁公司作为中国体育用品业的龙头，在提升企业形象、加快迈进世界名牌行列方面采取了有效手段，先后为中国、法国、西班牙、阿根廷、瑞典、越南等多个国家和国际顶级赛事组织提供比赛的各项装备，涉及篮球、网球等十几个项目。

无论是品牌形象还是质量，李宁同一流品牌相比还存在很大差距，差距就在于品牌形象上。企业形象的提升、国际品牌的树立，离不开知识产权在其中发挥的作用。知识产权有助于企业运用品牌发展战略，创立体育用品企业的无形资产。名牌的效应和效益是企业的无形资产，在市场经济运作条件下，无形资产可以转化为有形资产。企业专利提升了商标价值，而商标价值又反作用于企业专利的发展。商标价值大小取决于消费者的认可度、忠实度等，专利技术能为产品质量提供保障，提高消费者的认可度与忠实度，提升企业商标的价值。商标价值在转化为有形资产后，为专利技术的开发研究提供充足的资金保障。

企业在提升企业形象、创立世界知名品牌的过程中，通常采用知识产权引导策略，主要有以下三个方面：① 建立研发基地，增强自主知识产权。研发基地的建立，为企业开发新技术、提升新技能提供了良好的发展平台，是企业增加专利核心技术的主要方法。李宁公司对于研发基地建设非常重视，先后在广东、香港建立研发中心，汇集的是李宁人的智力创造和知识成果，成就的是知识产权赋予李宁的核心技术。② 实施人才战略，提升企业软实力。企业的发展离不开创新，创新能力的发展离不开人才，只有充足的人才保障，充分发挥团队协作组织能力，才能不断扩大知识产权的权利范围。李宁公司通过人才引进，先后与意大利、法国等世界著名设计师签约，将研发投入到产品设计的专业化、国际化中，这是李宁公司对外观设计专利权的开发研究策略。③ 践行品牌战略，集团化提高国际竞争力。品牌价值越来越受到企业的重视，是企业实力的重要表现。企业要充分发挥商标作用，增加品牌附加值，从而获得更多利益。集合各个品牌群体力量，走集团化发展道路，有助于企业的国际化发展。李宁旗下品牌包括李宁、李宁 LNG、艾高、新动、红双喜、乐途、凯胜，各个品牌相互影响、价值共享，集团化的发展有利于消费者增加对品牌的认可度，提升品牌价值。

6.2　我国体育用品业知识产权自主创新环境的 SWOT 分析

我国体育用品业发展迅猛，从起步时期的来料加工，到后来的贴牌生产，再到现在的自主品牌开发经营，已成为我国体育产业中成熟的行业。我国作为全球最大、生产种类最多的体育用品制造基地，应转变产品经营模式，逐步向品牌经营和产业集群化方向发展。我国虽然生产许多世界著名品牌产品，但我国体育用品业尚处于初、中级阶段，对外加工占据主导地位，不利于企业长远发展。企业规模小、自主产品少、竞争力弱、体系不完善，是导致企业对自主知识产权研发不足的根本原因。

6.2.1　我国体育用品业的发展状况

近年来，我国体育用品业发展迅猛，依托"中国制造"的全球化战略得到了良好的发展，取得了骄人的业绩。我国体育用品制造占据了世界体育用品四分之三的生产份额，其中在运动鞋方面超过 70%，在乒乓球方面超过 80%。我国也是世界上制造体育用品种类最多的国家，"中国制造"正在逐步发展成为我国体育用品业走向世界的一张国际名片。体育用品业是体育产业的龙头，占据体育产业增加值约 80%，体育产业增加值的走向基本说明了体育用品业的走向。

国家法规政策的实施为体育用品业的发展提供了良好的外部发展环境，《国家知识产权战略纲要》为企业在规范市场秩序、维护公平竞争、遏制侵权行为、增强竞争力、扩大对外开放等方面创造了条件。《国务院办公厅关于加快发展体育产业的指导意见》的颁布和各省、市、自治区相应政策的出台，为体育用品业的发展指明了方向。在推进完善标准化、加强质量监管和产品认证等措施的保障下，要做大做强体育用品业，推动品牌建设，提升世界地位，增强国际竞争力。

（1）代工仍是我国体育用品业经营的主要方式

我国体育用品制造企业主要分布在东部沿海地区，如广东、福建、上海、江苏、山东、浙江等地。

众多世界名牌之所以将中国作为产品的生产基地，与我国劳动力成本有很大关系。加工生产是产业价值链的低端制造环节，主要依靠劳动力的输出和廉价生产材料赚取微薄的加工费，而产业价值链的高端环节被外商以技术、品牌、市场等自主知识产权方式控制着。以耐克为例，作为全球体育用品行业的龙头，其所有产品都不进行制造，而是通过外包给生产厂家，将生产环节外化，从而减少制造费用和资金占用，充分利用他人要素进行生产，降低自身风险，这也是耐克之所以能以较低价格与其他名牌产品竞争的一个重要原因。

虽然我国体育用品业的发展规模不断增强，中国也号称世界头号体育用品制造国，但成绩的取得过多依靠“中国制造”，而非“中国创造”。我国体育用品业缺乏自主知识产权，缺乏技术技能等知识成果的开发创造与创新，不利于核心技术的形成，核心竞争力低，所以只能处于初、中级阶段，生产制造的产品以中低档次为主，具有价格竞争力强的特点，竞争方式主要采用以量取胜。由于我国体育用品自主品牌企业生产规模普遍较小，并且缺少自主产品的研发，大部分依靠代加工的经营方式，抗风险能力较弱。这些问题直接导致企业不可能投入大量资金进行产品的研发和技术的创新，导致研发能力不足，不能很好地创造自主知识产权，核心竞争力缺失，不利于企业长远发展。

体育用品业是我国的一个传统产业，市场潜力大，但是由于起步较晚、标准化程度比较低、品牌效应不强等原因，使我国体育用品业没有形成规模化的生产方式。再者，我国体育用品企业大部分分布在沿海地区的乡镇，具有乡镇企业的特征，不利于形成规模经营，市场集中程度不高，没有核心竞争力，在一定程度上制约了我国体育用品业的发展。科学技术是第一生产力，只有掌控智力成果和知识信息，把握运用、保护好知识产权，逐步走向以技术、品牌为核心竞争力的高端产业价值链，才能做大做强我国的体育用品业，提升我国体育用品业的国际地位，从根本上改变我国体育用品业的现状。

（2）民族品牌在国际市场上逐渐崛起

我国民族传统体育历史悠久，近现代的体育事业发展也取得了一定成绩，为体育用品业中民族品牌的发展打下了基础。虽然本土民族品牌在国际上的知名度较低，无论是生产规模、品牌价值，还是自主知识产权创造能力等，还和世界顶尖品牌有一定的差距，但其中也涌现出不少令人期待的民族品牌，如李宁、安踏、红双喜、英派斯等。李宁自 1990 年为中国代表团提供领奖服装、领奖鞋开始，先后为法国体操队、中国跳水队、西班牙男女篮、苏丹国家田径队、阿根廷国家篮球队、中国国家羽毛球队提供比赛装备，并与中国大学生篮球超级联赛、国际男子职业网球选手联合会、中国大学生体育协会、越南足球协会、瑞典奥委会、西班牙奥委会、NBA 等组织签约，达成战略伙伴关系，旨在推广品牌知名度、扩大国际影响力、提升品牌价值、促进企业发展。李宁通过建立特许专卖营销体系、自营分销网络、海外形象店等营销的方式，与美国杜邦公司、DRD 设计事务所等组织合作进行虚拟研发的方式，与网易、NBA 球星等签约扩大品牌宣传的方式，收购红双喜等集团化发展战略的方式，达到深化品牌价值、提升企业国际化战略规划目的。

晋江作为一个运动品牌之都，对我国体育用品民族品牌的发展贡献了力量。民族品牌采用走低端路线的方式，主要在于做大市场，通过在二、三线城市发展，避开一线城市的世界顶尖品牌，通过市场份额的积累与世界品牌抗衡。361°是晋江品牌的一个代表。环看世界，李宁作为中国体育用品的第一品牌，虽然在国内业绩优异，但在国际市场上作为和耐克、阿迪达斯等世界品牌的有不小的差距。李宁与耐克相比存在专利少、品牌少、核心技术少、品牌竞争力低、品牌价值低等问题，不能充分发挥知识产权的引导作用，运用、创造和保护知识产权的能力还有待提高。

加强政府政策措施的引导，加大知识产权的保护力度，提高知识产权的研发能力，实施技术创新，增加技术产品专利拥有数量，走品牌、技术等聚集的高端产业价值链道路，才能使我国的民族品牌快步走向世界。专利研发、科技创新是发展的关键。以江苏省为例，江苏省是科技大省，高等院校众多、高新企业聚集度高、研发创新能力较强，为江苏省利用高校人才战略、发展区域经济和自主知识产权的创造提供了良好条件。随着《国务院关于进一步推进长江三角洲地区改革开放和经济社会发展的指导意见》《国务院办公厅关于加快发展体育产业的指导意见》《江苏沿海地区发展规划》等一系列法规政策的颁布实施，明确了体育产业的总体定位和目标，为江苏省体育产业的发展指明了方向。

6.2.2　我国体育用品业知识产权保护运用存在的问题

由于我国体育用品企业众多，代工占据主流，对于知识产权运用较少，虽然在发展过程中取得了一定的成绩，但也暴露出不少问题。目前，我国体育用品行业尚处于资本积累的阶段，企业自主知识产权研发能力不足，自我保护体系不完善，没有成立专门的法律部门。在行业范围内，侵权行为泛滥，企业被侵权的问题比较严重，缺乏自我保护性的维权意识或无力进行维权。而造成这些问题的主要原因是企业核心竞争力的缺失，缺乏自主知识产权研发、没有核心技术是企业核心竞争力缺失的主要原因。企业在没有核心竞争力的情况下，为了追逐利益完成资本积累而在市场竞争中生存，通过仿制、造假等手段对行业范围内的知名品牌进行侵权以获取利益。

(1) 企业自我保护体系不完善

我国从事体育用品生产的企业数量多，以中小型企业为主，"三资"企业、私营企业占据体育用品业的主流，企业大部分从事国内外知名品牌的代工，自主开发品牌发展缓慢。从目前我国体育用品业发展的状况来看，我国体育用品业企业规模小、处于资本积累阶段，对于产品研发及专利申请和保护等问题重视程度不够，在出现侵权行为或被侵权时，企业法律动作反应迟钝，维权法律意识薄弱，自我保护体系构建不完善，导致企业的合法权益受到侵害，影响了企业的长远发展。

现阶段，我国体育用品企业还没有完全充分认识到对知识产权保护运用的重要性，法律部门或知识产权管理部门缺失，法律部门在企业自我保护体系的构建中尚处于空白，是导致企业维权困难的一个重要原因。企业应当成立专门的法律部门或知识产权管理部门，负责企业法律问题、商标专利的申请及保护、维权诉讼等工作，及时对产品进行商标专利的注册，对新技术申请专利，以保障企业的合法权益不受侵害。随着我国法制化建设进程的不断提高，法人主体的维权意识也在逐渐增强，当法人主体受到侵权时，企业的法律部门能够快速有效地做出反应，追究侵权人的法律责任，维护企业的合法权益。企业对其商标的重视程度比较高，问题也往往出现在商标侵权问题上，但是从核心竞争力方面来看，企业常常忽视了对于企业设计的图纸、创作的广告词、产品的图案、新技术、生产方案等涉及专利权、著作权等权益的保护，缺乏对知识产权的认知。企业应当加强法律知识的学习，从根本上认识知识产权的内涵，了解自己的合法权益，以丰富企业的维权经验。在产品向市场推广时，企业应增加防伪技术的应用，便于消费者通过一定的途径认清产品的真伪，维护企业和消费者共同的合法权益。企业只有不断完善自我，形成一个全面完善的发展体系，才能立于不败之地。

(2) 行业内的侵权行为泛滥

体育用品业的侵权方式主要表现为商品的造假侵权、广告宣传侵权以及网络侵权。商品造假侵权是指某些企业对其他企业的产品在未经授权的情况下，通过仿制等手段进行产品生产，从而获得商业利益的行为，这是体育用品业侵权案中最主要的侵权方式。我国体育用品业的侵权情况比较严重，而造成侵权行为的原因很多，主要是企业在商业利益的驱使下追逐个体利益。另一方面，造假行为和我国体育用品业的布局也有很大关系，我国体育用品企业以中小型企业为主，主要是私营企业和合资企业，合资企业和部分私营企业生产设备和技术较为先进，从事自主品牌的开发经营或代理加工工作，但是有一部分私营小企业往往从事商品的造假侵权生产。这一部分私营小企业，无力从事产品的开发，生产条件又达不到品牌商家代工要求，为了追逐商业利益及完成资本的积累，往往对市场上的知名品牌进行造假侵权。以运动鞋为例，市场上充斥着大量的高仿鞋，单从商品的属性来看，普通消费者很难分辨真伪，并且高仿运动鞋所涉及国内外品牌众多，严重影响了市场秩序，对正品企业的发展产生了严重的不良影响。只有加强工商部门的执法力度和执法偏差，消除立法漏洞，提高企业的自律能力，维持合理有序的行业秩序，才能从根本上铲除高仿品的生存空间。

商标的侵权是体育用品业在知识产权侵权方面最为严重的，厂家通过仿冒或假冒注册商标、反向假冒注册商标、登记他人商标为企业名称等手段侵权。商标侵权主要通过假冒生产、注册仿冒商标两种方式进行侵权。阿迪达斯公司于 2004 年起诉爱乐鞋业服装(福建)有限公司、北京瑞冠体育用品有限公司等侵犯其商标权。阿迪达斯公司诉这些公司未经许可擅自使用、生产、销售带有侵权标志的服装和运动鞋，误导消费者以为阿迪达斯公司推出的新商标、与阿迪达斯公司存在某种业务联系、侵权商品是由阿迪达斯公司生产制造或许可制造的，从而谋取高额利润。

(3) 企业核心竞争力的缺陷

我国体育用品业发展迅猛，随着代工规模的扩大、自主品牌的崛起，为体育用品业的发展带来了希望，但时至今日仍难以和国际体育用品界的知名品牌相抗衡。与国外相比，我国专利数量少且专利技术含量低，并且国内授权的专利中，国内申请授权所占比重很小，国外申请授权专利占据主要部分；技术含量较高的产品发明中，几乎全部是国外企业或团体申请获得授权的。我国体育用品业之所以会出现如此情况，主要问题就是企业核心竞争力的缺失，主要集中表现在自主知识产权的研发、核心技术的创造、技术与技能的创新，具体表现为研发部门水平不高，缺乏人才投入，知识产权创造、运用能力不强等方面。因为上述原因,我国体育用品行业呈现中低档产品多、产品集中度高、非标准化产品多、自主开发产品少、科技含量低、高档竞技比赛用品少、世界知名品牌产品少的特点。

创新能力才是企业真正的核心竞争力,因为创新能力不易或不能被竞争对手模仿。创新是企业发展的源动力,是企业发展动力的源泉,企业要不断开发提升创新能力,加强对自主知识产权专利的研发,从而提高专利技术的拥有量,才能达到整合提升获得企业的核心技术的目标。无论是技术还是产品,只要有进步有改良就应当及时申请获取法律保障的权益。核心技术的研发,最需要的是智力成果和知识信息,需要人才战略的实施和管理体制的保障,发挥团队组织协作力量,促进核心技术进行研发,才能在市场竞争中立于不败之地。我国体育用品企业长期以代工为主,走来料加工、贴牌生产之路,规模小,资金不充足,自主品牌技术研发资金投入相对不足,影响了企业的进一步发展。企业要想长远发展,就应培养招纳优秀的科研人员,提高科研人员的科研能力,提供充足的资金等条件保障,才能提高核心技术的研发能力,研发出令顾客满意的产品,加快自身发展步伐,缩小同国际知名品牌差距。

6.2.3 我国体育用品业提升国际竞争力的 SWOT 分析

近年来,我国体育用品业发展良好,生产规模、产品利润、品牌价值等稳步增长,虽在国际市场竞争中初露锋芒,但离国际一流品牌还有不小差距,企业国际竞争力还有待进一步提高。鉴于我国体育用品业的现状及存在的问题,对其在市场竞争中存在的优势、劣势、机遇及挑战等进行 SWOT 分析,便于企业对自身情况加深了解,以促进企业的长远发展和国际竞争力的提升。

(1) 我国体育用品业发展存在的优势

我国经济的稳步增长推动了体育用品业的发展。我国经济的腾飞带动了各项事业的发展,借助我国经济发展的力量,我国体育用品业国际知名度也在逐步提升,人才质量逐步提高,加快了与世界一流品牌接轨的速度。另外,我国是人口大国,人力资源丰富、劳动力成本低,可节省企业预算开销,为体育用品业的发展提供了条件。

我国体育用品业集群化发展模式初现雏形。集群化发展模式便于部分企业联合起来,克服资金匮乏的困扰,统筹运作,促进企业自主知识产权研发、产品统筹统销,从而提升整体竞争力。江苏省按照科学规划、联动合作、统筹发展、形成集聚的原则,在全省将体育用品业划分为五个区域:沿江体育产业带、沿海体育产业带、沿大运河体育产业带、环太湖体育产业圈、环洪泽湖体育产业圈，形成带动全局的发展态势。

全民健身的推行提升了体育用品的消费需求。全国各地全民健身运动蓬勃发展，常年参与体育锻炼的人数不断增加，体育需求日益旺盛，体育用品市场不断拓展，有利于体育用品业的快速发展。分析图 6-5，上海市民对于体育用品的消费可以以 1 000 元为基点划界，1 000 元以上高端专业消费人群占比 17.89%，1 000 元以下消费为大众健身消费人群占比 82.11%。根据消费支出情况，大众健身消费人群再也不是一双运动鞋打遍全天下的局面了，消费水平大有提高。

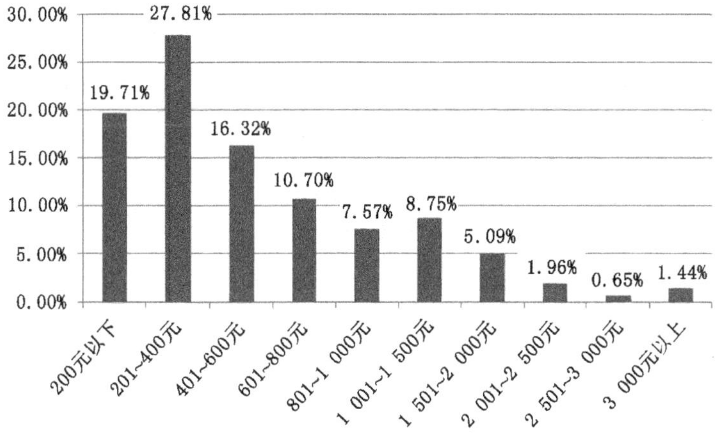

图 6-5　2008 年上海市民用于运动服装、运动鞋的支出情况

由于政府政策扶持力度不足及相关法制法规不完善。对于我国体育用品业来说，中小型企业占据主流，资金普遍不充裕，而政府缺乏引导，相关政策不会倾斜于体育用品业或扶持力度不足。企业在发展过程中会遇到厂房建设用地、企业营业税收等方面的问题，扶持力度不足直接影响到企业的快速发展。相关法制法规不健全，造成行业范围内侵权行为猖獗，尤其是一小部分规模小的私营企业，主要依靠侵权造假谋取利益。要完善相关法制法规，加大对侵权人的资金处罚力度，建设一个合理有效的市场秩序。

企业自主知识产权研发水平低。长期以来，我国体育用品业主流经营方式为代工，依靠廉价劳动力进行人力输出，消耗大量的原材料，对环境生态造成严重影响，却只赚取了低廉的加工费。我国体育用品业自主知识产权研发能力不足，没有相当质量的核心技术，在产品研发、技术创新方面投入不足，取得的成果成效甚微，无法完全支撑企业的核心竞争力，对于知识产权的创造能力还需加强。

企业营销体系与管理模式不完善。随着民族品牌的崛起，企业营销体系的问题愈发凸显出来。企业营销方式单一，体系不完善，只是不断地加大各地连锁经营店的数量，然后扩展海外连锁店，而不是纲举目张的完整体系。耐克公司不仅通过世界各地加盟店来进行营销，还对企业的整个运作链进行了调整，尤其是存货控制体系和海外销售体系，要求经销商必须提前6～8个月就预订其销售总量的80%，才给予10%的折扣，这样就可以对订货情况了如指掌，并且有足够的时间来安排生产，避免产生过多的存货，保证存货获得理想的出厂价。营销体系的建立得益于企业良好的管理模式，管理方面的一个问题就是人才的管理，怎样管理才能发挥团队组织协作能力的力量和体现人才战略的优势，对自主知识产权的研发和技术的创新起到至关重要的影响。

(2) 我国体育用品业发展存在的机遇

相关政策法规的颁布实施为体育用品业的发展创造了条件。《国务院办公厅关于加快发展体育产业的指导意见》从政府领导、政策支持、法规保障、融资、税费、知识产权等方面要求做大做强体育用品业，推动品牌建设，提升国际竞争力。这些政策法规的实施和引导，为我国体育用品业的进一步发展创造了良好的外部条件，使体育用品业的发展在政府引导下明确了方向。

广阔的国际市场为中国体育用品业打开了大门，自主品牌通过国际体育赛事的宣传，影响力也得到了提升。2008年奥运会使我国体育用品业影响力得到了空前的提升，随着后奥运经济时代的到来，国内外市场的广阔前景对我国体育用品业的发展来说是一个难得的契机。体育用品博览会的举办，为我国体育用品业提供了一个展示自我的平台。

自主品牌凭借价格优势可以扩大出口，打开国际市场，提高国际知名度，提升国际竞争力。利用好扩大内需的机遇，深化企业自主知识产权研发体系，扩大企业规模，增强核心技术，提升核心竞争能力。

(3) 我国体育用品业发展存在的挑战

劳动力成本呈上升趋势。随着中国经济的发展，中国劳动力成本也在逐步提高。中小企业的纷纷倒闭与通货膨胀、人力资本上升有很大关系，劳动力成本的上升对企业的发展造成严重影响，耐克公司早期将日本的生产工厂转移到中国，就是看中中国劳动力成本低廉这一要素，现在耐克公司开始将生产工厂扩大转移到越南、马来西亚、印度尼西亚等劳动力成本更为低廉的国家，以获得更多利润。

北京奥运会后国外品牌扩大了在国内的影响力。北京奥运会的成功举办推动了世界体育用品业的发展，虽然我国体育用品业的知名度得到了很大提升，但国外品牌在国内的影响力也得到了发展。怎样立足国内市场并且在国际市场进一步提升国际竞争力，赶超世界一流品牌，对我国体育用品业是一个挑战。

人才战略的实施。人才是企业发展的重要动力，没有人才就没有创新，就不会有企业的长远发展。随着世界步伐的加快，人才流通速度也在加快，怎样招纳科技人才、防止人才流失挑战企业的智慧。世界一流品牌人才济济，待遇高，科研设备完善，为人才的发展创造了良好的条件。我国体育用品自主品牌企业的发展离不开人才，怎样同世界一流企业竞争人才并且防止已有人才的流失，形势十分严峻。

6.2.4　提升我国体育用品业知识产权创新能力的建议

随着体育用品业对国民生产总值贡献作用越来越大，国家对体育用品业发展的重视程度也越来越高。当前，我国体育用品业发展形势明朗，国内市场稳定有序发展，国际影响力急需提高。而知识产权对于企业竞争力提升起到关键性作用，《国家知识产权战略纲要》为企业竞争力的进一步提升指明了方向。在我国体育用品业迈向国际市场的进程中，对于如何提升国际竞争力，结合知识产权，从知识产权创造、运用和保护三个方面提出具体措施：

(1) 提高知识产权运用能力，提升我国体育用品业国际竞争力

提高知识产权运用能力，为我国体育用品业导向。知识产权具有导向作用，而我国体育用品企业知识产权运用能力不高，不能充分把握市场的脉搏，不利于产品的销售。知识产权从侧面反映了消费者的需求，产品设计的款式、色彩的搭配、图案等外观设计直接影响消费者的感官，而产品的质量与技术含量等发明专利间接影响消费者的理性消费。把握消费者的需求，以知识产权为导向，在产品研发过程中把握外观设计专利和发明专利，使产品更能适应消费者的需求，才能扩大市场，提升企业的竞争力。

促进自主知识产权为主体的核心竞争力的无形资产转化，实施品牌战略，增加产品附加值，提高体育用品业国际竞争力。“中国制造”在国际体育用品业中独占鳌头，但“中国创造”却跟不上时代发展的步伐，主要是由于我国体育用品业自主知识产权研发能力低，导致核心技术缺失造成的。企业实力的提

高，离不开对科技含量高并且拥有自主知识产权的产品的开发，要强化自主知识产权，增强体育用品企业实力。只有加大自主研发力度，加快科研成果的转化，才能从根本上增强企业实力。企业的自主知识产权是一种无形资产，在市场经济条件下可以通过品牌建设来转化成有形资产，推动我国体育用品企业实施品牌建设战略，以商标为先锋，以集团化品牌为后盾，通过增加体育用品企业产品商标的内涵和价值、提高产品附加值等手段，充分发挥商标权作用，提升体育用品业的国际竞争力。

发挥行业协会作用，利用好体育用品博览会，提高知识产权运用能力。我国体育用品业协会组织协调能力不强，主要原因是我国体育用品业以合资、私营的中小企业为主，组织协调难度大，不利于统筹运作，协调发展。但是体育用品业协会可以通过宣传政策法规，引导企业发现知识产权的作用，提高知识产权运用能力。另外，近年来中国国际体育用品博览会事业蓬勃发展，对体育用品业扩大品牌知名度、提高商标知名度起到了良好的推动作用。

(2) 加强知识产权保护，提升我国体育用品业国际竞争力

加强体育用品业行业自律，维护体育用品业的有序发展。我国体育用品业侵权问题严重，面对侵权行为不断的现状，行业协会应当宣传打击侵权行为，加强知识产权保护，要求行业范围内体育用品企业加强自律，为了集体的利益必须维护行业正常秩序，落实行业发展形态，稳固行业发展方向，维护行业的有序发展。福建体育用品联合协会针对贴牌造假企业通过行业制裁和封锁等措施，使造假企业失去生存空间，维护了行业的正常秩序。另外，某些企业为了个体利益，迫使整个行业利润持续走低，引发企业之间报复性的不正当竞争，行业协会应及时制止这种“宁让利润、不让市场”的行为。

完善法律制度，保护体育用品业健康发展。不断完善法律制度，消除立法漏洞，改变“有法难依、有法不依”的现状，促使知识产权保护法制化、制度化。我国运动鞋曾在出口法国时，遭到法国的不平等贸易政策，中国政府及时向世界贸易组织申诉，目的就是争取我国体育用品业的合法权益，抵制不平等贸易政策，保护我国体育用品业的合法权益。在国内市场中，应加大工商执法力度，规范执法偏差，打击侵权行为，加大侵权处罚力度，保护企业的自主知识产权。

完善企业管理体系，提高企业知识产权自我保护能力。我国体育用品企业应当成立专门的法律部门，聘请专业律师任职，及时掌握自主知识产权、技术创新及侵害公司权益的最新动态，加强对于知识产权的保护，快速做出反应，维护企业的合法权益。

(3) 拓展知识产权创造能力，提升我国体育用品业国际竞争力

加强政府政策引导，满足拓展知识产权创造要素需求。知识产权的创造离不开企业资金和人才的支持，我国体育用品企业数量多、规模小、自主产品少、竞争力弱。江苏省通过投资体育产业与国有经济同等待遇、省级政府每年设 1 亿元体育产业投资引导基金、拓宽融资渠道、支持体育产业企业上市、发行债券、银行贷款等方式融资、税收优惠、土地供应和工商等方面的优惠政策，为体育用品业在资金方面提供支持，便于企业将更多的资金投入到知识产权创新中去，为提升国际竞争力打下了坚实基础。

人才战略的实施，需要完善的企业管理体系。完善的企业管理体系便于发挥团队协作组织力量，吸引高素质人才加盟，优化经营机制，拓展知识产权创造能力。我国体育用品业国际竞争力不强，主要原因是核心技术质量不高，而实施人才战略，通过高薪优厚条件吸纳科技人才加入，推动技术创新，拓展自主知识产权创造能力，才能不断提高核心技术质量，从而使企业提升竞争力。

加强合作，共同促进行业发展。行业内部可以实行相近企业和相近产品的强强联合，共同研发，增强自主知识产权，改变资金不足所带来的研发不足的现状，逐步由劳动密集型向技术密集型发展。厦门市体育用品生产企业许多关于自主创新的制度和机制，都是伴随企业加强合作而建立的，而企业加强合作达到一定程度就会呈现集群化、集团化的发展模式。企业通过强强联合、兼并联合和资产重组合并集团化，加快资本积累和集中，在地区范围内，实施体育用品业的集约化发展，为拓展企业知识产权创造能力、增强企业的国际竞争力创造了良好条件。

6.3　江苏省体育用品业自主知识产权形成机制

6.3.1　江苏省体育用品业知识产权基本概况

(1) 江苏省体育用品业产值

江苏省经济实力一直处于我国前列。2016 年，江苏年生产总值达 7.6 万亿元，占全国 10.2%，生产总值比上一年增长 7.8%。2017 年，江苏省年生产总值达 8.59 万亿元，比 2016 年增长 7.2%。第三产业的快速发展成为江苏省经济发展的重要力量。

到 2015 年，江苏体育产业实现总产出 2 805.51 亿元，创造增加值 879.81

亿元，占全省地区生产总值的比重为1.25%。体育用品业的增加值在江苏省体育产业的总体构成中占据了主导力量。江苏体育产业进入改革发展的快速通道，产业体系门类不断健全，产业业态结构不断优化，已基本形成了健身休闲、体育培训、场馆服务、竞赛表演等与基本体育服务密切相关的体育本体产业体系，以及用品制造、服务贸易、彩票销售等体现体育产业总量规模的支柱产业集群，同时，体育旅游、运动康复、体育传媒等体现体育与相关行业融合发展的新兴体育产业发展迅速。

目前，广东、上海、福建、浙江、江苏是我国主要体育用品业集中地，体育用品业已经成为江苏省体育产业发展的重要支柱。

(2) 江苏省体育用品业区域布局

江苏省人文气息浓厚，地理位置优越，位于长江中下游，地跨长江、淮河，处于美丽富饶的长江三角洲。江苏独有的经济和地理优势成为我国重要的体育用品业发展地。

江苏根据地理流域划分为苏南、苏中、苏北。由于地域、经济、文化、布局差异，苏南、苏中、苏北区域体育用品业也呈现出不同特色。总体来说，苏南地区凭借地理、经济、资源优势，体育用品业较苏中、苏北来说发展速度快，体育用品门类较为齐全，当下主要多以体育智能穿戴设备及户外体育用品、运动车、船等器材用具为主。苏中多以体育器材和运动护具、运动服装、球类、体育教学科研仪器为主，苏北体育用品企业零散分布，特色较少，以体育器材类居多。

江苏独有的经济和地理成为我国重要的体育用品业发展地，各市的体育用品业也各具特色，如苏州昆山体育服装鞋帽、泰州体育器材等。体育用品在地域上显示出了较大差别，但全观江苏省体育用品企业，门类较为齐全。

部分地域以集聚特色为主，如被誉为体育器材之乡的野徐镇位于泰州市。在扬州江都区武坚镇，球拍、铁件等体育用品成为当地制造销售主流。无锡市体育用品业发展速度较快，目前该市拥有一批专门生产销售体育用品的企业和一大批兼营体育用品的生产企业，主要产品包括球类产品、游泳装备等。江苏省体育用品市场的快速发展，同时也催生了小区域块状经济的快速出现，在南通的如东和海门等地，哑铃、足球成了当地制造销售主流，因当地这一特色而被称之为“哑铃村”“足球村”，这些特色不仅带动了当地经济的快速发展，同时在很大程度上提高了当地居民的生活水平。

除了几个小区域化体育用品企业集聚，其他市在布局上来说企业普遍规模较小、依然处于零散分布式。同时，根据体育用品企业制造、销售产品的比较，发现在地理上体育用品销售企业大多集中在江苏省大中型城市，且江苏南方城市的体育用品业多偏向于智能化产品，贴近体育用品市场发展的主流。位于江苏中部几市偏向于户外运动产品，而位于江苏北部的城市体育用品企业多从事运动器材类和球类产品，且针对近年新兴冰雪项目器材制造、销售较少。江苏省13市体育用品业分布情况如图6-6所示。

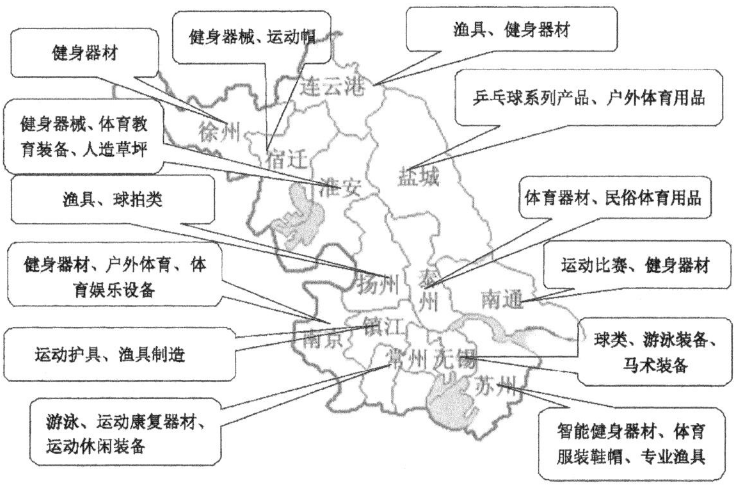

图6-6　江苏省13市体育用品业区域布局情况图

对于商家来说，企业的商标即是品牌，消费者对品牌的信任，使得产品更可靠、更有保障，进而使产品的销量逐渐增加。根据科特勒对“品牌”的定义理解，品牌象征性标识通常是指“商标”。“名牌产品”“驰名商标”“著名商标”在很大程度上代表着产品的实力、信誉和质量，也代表着在消费者心中的地位。它们在引导消费方面发挥着不可替代的作用，对于企业战略发展也有着重要意义。企业的商标通常具有命名、识别和显示商品特定属性的基本功能，商标往往是企业生产销售商品的标志，关系到企业形象及在同类商品市场竞争中的态度，消费者通过商标判断是否为优秀产品，因此商标可以识别品牌，引导消费者购物。与此同时，企业的商标还具有广告效应和拉动产品销售的作用。在日常的产品推销或广告宣传中，企业的商标始终是直观显现部分，这给消费者留下了深刻的印象，同时也加大了企业的商业宣传力度，提高了企业商品知名度，商标对商品采购具有指导作用，商标宣传是最突出、最有效的广告宣传方式之一，是产品推广、广告的核心。企业商标所具有的商品或服务质量、保证和监督功能使得商标与使用该商标的商品之间存在着必然的联系。商标通常代表一种特定的商品，代表一种商品的声誉和质量，企业的商标是企业在市场竞争中取胜的重要手段。名牌、驰名商标使得企业在同类产品的竞争中具有较高的声誉，也是企业在国内外市场发展核心竞争力的有力支撑。

中国企业产品驰名商标的行政认定由我国工商行政管理局商标局或者商标评审委员会确定。驰名商标是商标领域的最高荣誉，驰名商标因具有较强的竞争力、较高的知名度、辐射影响面广等特点，已被大众所熟知和信任，商业价值潜力较高。

江苏省著名商标的认定是由江苏省工商行政管理局进行受理、审查，同时依据《江苏省著名商标认定和保护办法》进行评选。中国名牌及中国驰名商标可向江苏省质量技术监督局和江苏省工商行政部门提出申请。因江苏省驰名商标代表着本省商标质量与形象，江苏省著名商标的认定会严格按照科学评价标准进行评价，通过认定的企业将享受江苏省相关减负、奖励政策及地方相关的优惠政策。

江苏名牌产品的认定是由江苏省名牌产品战略推进委员会负责统一组织实施评价工作，按《江苏名牌产品管理办法》规定，主要对申请企业进行市场评价、质量评价、效益评价和发展评价。

江苏省体育用品企业品牌需要政府和企业共同合作建立。2009 年，江苏省制定知识产权战略纲要时明确提出知识产权事业的发展目标是成为知识产权强省。2015 年，江苏省印发《中共江苏省委江苏省人民政府关于加快建设知识产权强省的意见》，要求政府机关和企业主动适应经济发展新常态，开创区域知识产权战略新局面。在省政府重视创新时势下，规模较大的企业开始注重品牌效应的重要性，不断加大技术创新和市场知名度的提升。在品牌引领购物消费、国外体育用品占据主导市场的当下，国内的体育用品业与国外体育用品业竞争异常激烈。由此可见，江苏省体育用品业必须加大提升品牌建设与知名度，提高市场竞争优势。经统计，江苏省约 48.5%的体育用品企业拥有自主品牌。从 2007 年至 2016 年，江苏省有 5 家体育用品企业获得过“江苏省著名商标”(南通铁人运动用品有限公司获得著名商标 2 个)，4 家体育用品企业获得“中国驰名商标”，5 家体育用品企业获得“江苏名牌产品”，3 家体育用品企业获得“中国名牌产品”(表 6-1)。

表 6-1　江苏省体育用品优秀品牌表

名称	商标及产品名称	企业名称
江苏著名商标	金陵商标	江苏金陵体育器材股份有限公司
	铁人商标	南通铁人运动用品有限公司
	铁人及图	南通铁人运动用品有限公司
	双鹰商标	无锡双鹰体育器材有限公司
	南京边城户外	南京边城体育用品股份有限公司
	楚霸商标	宿迁楚霸体育器械有限公司
中国驰名商标	金陵商标	江苏金陵体育器材股份有限公司
	世霸商标	无锡昆达制球有限公司
	铁人商标	南通铁人运动用品有限公司
	军霞商标	江苏康力源健身器材有限公司
江苏名牌产品	世霸 SUPA 牌运动球	无锡昆达制球有限公司
	军霞牌电动跑步机	徐州军霞健身器材有限公司
	金陵牌电动液压篮球架、田径竞技器材(标枪、铁饼、链球、铅球)	江苏金陵体育器材股份有限公司
	铁人牌健身器材	南通铁人运动用品有限公司
	NDA 牌运动护具	扬州市强劲体育用品有限公司
中国名牌产品	金陵牌田径竞技器材、金陵牌篮球架	江苏金陵体育器材股份有限公司
	多威运动鞋	昆山多威体育用品有限公司
	共创人造草坪	江苏共创人造草坪有限公司

根据驰名商标认定准则，可以发现，几个本土体育品牌开始在国内市场崭露头角。江苏共创成为国际足联优选供应商，其生产的人造草坪无论是在耐磨损还是在运动性能上都经过严格检测达到的高质量水准，依靠外贸业务发展，共创出口业务占整体业务的 70%以上，国际市场占有率达到 14%。

除了江苏省优秀品牌的体育用品企业开始在国内开拓市场外，其他体育用品企业的发展参差不齐，尽管江苏省政府不断重视加快知识产权战略，强调企业创新发展，但是在体育用品业这一行业中，品牌规范类成文较少，51.5%及以上企业没有品牌。江苏省部分拥有品牌的体育用品企业由于当今市场竞争压力大，行业规范不细致，企业又缺乏核心技术和知名产品，资金不足以支撑研发和投入，依然靠制造来维持企业的现状难以进步和发展。没有品牌的体育用品企业及小车间生产厂多以“加工生产”“贴牌制造”为主，产品技术创新低，科技含量不高，没有自主品牌，始终靠加工生产降低成本销售以赚取微薄利润。

(3) 江苏省体育用品业专利

知识产权作为经济发展的产物，又是经济发展的重要源泉，创新具有举足轻重的地位。企业的发展离不开知识创新、产品技术的创新，创造出的产品能够获得消费者青睐和市场认同，创造企业市场价值。所以企业的可持续发展本质就是技术创新，而企业技术创新最直观的体现就是专利申请量。

专利对于企业发展的重要性有以下几个方面：

一是保护企业的产品。企业新产品、新技术的研发需要投入大量的人力、物力、资金作为创新成本，如果新产品或新技术不能得到有效的保护，竞争对手就会通过模仿、复制或不正当手段来进行生产而投入市场参与竞争。这极有可能导致新产品以低成本投入、低价格进入市场而使创新型企业技术受到重创，企业创新成果难以实施，给企业带来难以估量的危害。但如果及时申请专利以法律形式得到保护，在面临被侵权时，就可通过法律武器进行维权，处理那些不法竞争者的模仿和复制行为，获得赔偿。

二是防止对于他人权利的侵犯。企业在确保自己的产品知识产权不受侵犯的同时，也要确保企业自身的产品不侵犯他人的知识产权。因而企业要时刻关注新技术是否已被抢先申请，对知识产权实况进行追踪与调查，获取最新动态。既可以减少企业对于陈旧技术的重复开发，避免科技资源浪费；又可以防止企业对他人知识产权造成侵犯，减少诉讼风险和被告麻烦。

三是增加企业无形资产。企业资产除了有形资产之外，还包括无形资产。无形资产主要是核心发明型专利技术。无形资产潜在的价值通常比有形资产价值要大得多，例如耐克公司以 PE 时代的发展为导向，顺应科技创新的发展趋势，带动了智能体育用品市场的火爆，随之而来的市场价值更是不可估量。

四是企业创新能力的证明。直观有效地了解一个企业的创新能力，最简便的方法便是通过专利，专利拥有量实力性地诠释着企业的创新能力，在同时期同类技术领域，专利技术的先进性能为企业带来竞争优势。在企业间的经济交往中，企业的高质量专利往往优于有形资产。一项具有业界领先水平的专利，最能令人信服且较好证明具有该专利企业的强大实力，能为合作伙伴或客户提供安全可靠的印象，赢得客户信任，树立企业品牌。

五是企业增长收入来源的重要途径。按照专利技术类型、专利标准化、标准许可的基本模式，企业可以通过知识产权许可进行转让，获得大量的资金收入。此外，专利还可以给商标带来额外的溢价效益，因产品具备专利技术被认可，广受赞誉的产品比一般产品能获得更多的利润。

六是企业进行投资和融资的重要手段。企业通过具有的专利技术进行投资，而这些专利技术投射到产品中可以给企业带来无形的广告效应，也可以在一定程度上获得政府项目的申请、资金的支持等诸多效益。所以，专利作为给企业经济带来巨大效益的战略资源，具有极为重要的作用。

综上所述，专利拥有量的直观性和专利技术质量先进性会在一定程度和意义上促进企业的发展，专利技术已成为企业发展与建设的核心。知识产权战略是企业进行自我保护、参与竞争的重要武器，对于体育用品企业来说也是如此。

发明型专利、实用新型专利、外观设计型专利这三种类型专利在本质上都是相同的，但从代表的意义上，发明型专利注重的是有实质性的技术、产品的发明或者方法的发明，在企业中往往代表核心技术水平，也往往是产品核心价值的体现，在一定程度上新型发明创造对于同类别行业的引导与优势是赢得市场占据主导地位的力量因素。实用新型专利较发明型专利来说创造性和技术水平都较低一些，集中在对产品形状结构与组合的更新设计。外观型专利是对产品的装饰或外表的新颖性，如平面图案或是立体造型，或者两者的有机结合。通过规模以上体育用品企业专利数量及企业所在地可以明显看出，江苏省内南部城市企业申请专利量优于省内北部城市企业申请专利量。

专利的发明创造离不开长久的研发与投入，大量的人力、物力、财力是企业创新必不可缺的要素。南通铁人运动用品有限公司为了提高研发专业性，与同济大学及南通大学签订产品技术研发协议，组建科学研发团队，这对于企业向上的发展及打入国际市场是必要的科研措施。在2017年公示的江苏省体育产业资助项目上，政府大量的引导资金投入到较大型体育用品企业的发展和创新上，而对于那些急需升级和支撑的中小型企业却没有获得政策或资金助力，这样，中小型体育用品企业难以开发新技术，只能靠原有资本积累重复加工生产销售，而无创新性可言。

对江苏省规模以上体育用品企业在发明、实用新型、外观设计专利占专利总数的比重后发现，外观设计专利占比为60.9%，实用新型专利占比为25.0%，而发明型专利占专利总数的14.1%。从专利类型和占有比例来看，这些体育用品企业在科技创新上，核心技术发明较少，尖端技术较少，能够将核心技术引领市场成为标准的更是少。如图6-7所示。

(4) 江苏省体育用品业与国外知名品牌耐克比较

耐克公司主要生产销售体育服装类、器材类、运动鞋类、智能装备类等产

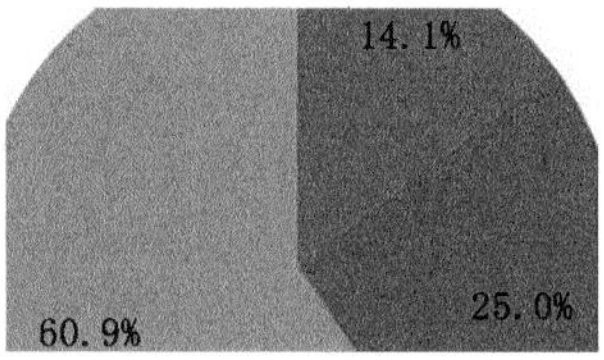

图 6-7 江苏省规模以上企业体育用品企业专利类型

品。自公司成立以来，耐克公司就重视公司产品研发。例如 1978 年，耐克在跑鞋上首次应用 Air 气垫技术，由于其具有良好的缓冲减震作用，能较好地保护踝关节和膝关节，因此此款运动鞋一经投入市场就受到运动员和消费者的青睐。耐克公司为了专利研发，投入了大量研发人员，创造出一批影响体育用品界的技术。近年来，耐克公司的研发人员和专利数量逐年递增，随着科研人员的不断增加，专利数量随之不断增长，耐克公司作为国际一流体育用品企业，名副其实。2004—2014 年，耐克公司研发人员与专利数量如图 6-8 所示。

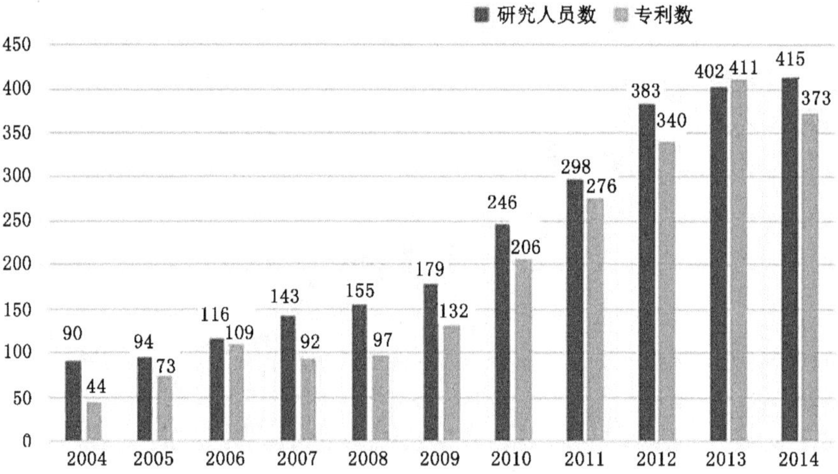

图 6-8 2004—2014 年耐克体育公司研发人员与专利统计

在江苏省规模以上体育用品企业中，拥有专利量最多的为南京万德游乐设备有限公司，总拥有专利量 414 项；而耐克体育公司在 2013 年一年就拥有 411 项专利，在拥有专利数量上对比差距甚大。至 2017 年，同为进行体育运动鞋帽研发的江苏横渡体育用品有限公司在发明专利拥有量上占据江苏省规模以上体育用品企业首位，仅为50项，发明专利量排名第二的为江苏横渡体育用品有限公司46项。根据检索统计，至2017年，耐克公司发明专利拥有量为2 323项(其中鞋类发明专利共计1 337项)。江苏南通铁人运动用品有限公司拥有各类专业技术人员仅160人、江苏康力源健身器材有限公司拥有研发人员200人，江苏省体育用品龙头企业与耐克公司相比研发人员极度匮乏。

耐克作为国际知名体育运动品牌，除了用产品专利作为企业核心竞争力关键外，其成功的销售模式也促进了耐克公司在国际市场的领先地位。耐克公司在全球建立了众多生产基地，公司主体只负责专利研发，由代工生产商进行加工制造，再以低成本买断，进行商标贴牌。耐克公司除了实施这种低成本加工减少自身制造风险的模式外，还在品牌宣传营销上做足了功夫。1986年，耐克打破传统广告模式，选择了当时流行的甲壳虫乐队歌曲作为主旋律，许多年轻人身着耐克鞋帽进行运动健身，突出了新潮风范和时代潮流，使得知名度获得快速提升。此后，耐克每推出新产品，便会在营销宣传上大力投资，针对不同项目选择体育明星作为代言人，针对不同人群突出主题。

在江苏体育用品企业中，大多数企业通过网络营销模式、专卖店营销或通过赞助赛事来提高扩大品牌知名度，鲜有以创意宣传或明星代言人来提高知名度，扩大无形资产。

(5) 江苏省体育用品业与其他省份比较

体育用品业作为江苏省体育产业中开放度最高、增长最快的领域之一，被誉为体育产业的“排头兵”。据江苏省体育产业发展报告显示：2015年，江苏省体育产业从业人数达到56万人，其中体育健身休闲业、体育用品业增幅较为明显，都超过了10%。从业人数最多的是体育用品制造业，达到了28.5万人，从业人员数量最少的为体育场馆服务业，仅为4 181人。此外，江苏省体育产业从业人员的数量预计每年增幅都将超过5%，由此可见，江苏省体育产业吸纳就业人数潜力巨大。

南京、无锡、苏州、常州、镇江、扬州、泰州和南通八市体育用品企业近1 400多家，但体育用品企业较为分散，且规模偏小，多数企业从事原材料加工生产，产品拥有的附加值极低，在一定程度上制约了区域体育产业总体规模的扩大。

在中国名牌产品及中国驰名商标总量上，山东省拥有量最多，为15个；广东位居第二，拥有量为9个；江苏省与上海在并列第三，拥有量均为7个。在中国驰名商标总量上，江苏拥有量为4个，山东拥有量为8个，广东拥有量为

5个，江苏体育用品企业发展较这几个省而言较为滞后。在中国名牌产品数量上，江苏省与上海并列第三，均为3个；相较于排名第一、拥有7个中国名牌产品的山东省而言差距较大。总体来说，江苏省体育产品业的竞争力不强。虽然江苏省体育用品制造业的增加值较高，但大多数企业仍然是贴牌加工，这不利于体育用品制造业的做大做强，也不利于企业的长远发展。见表6-2。

表6-2　我国体育用品大省优秀品牌数量

商标等级	广东	浙江	江苏	山东	上海
中国名牌产品	4	1	3	7	3
中国驰名商标	5	2	4	8	4
总计	9	3	7	15	7

我国体育用品企业2015年排名前100统计中，江苏省共有9家体育用品企业入选，入选数量排名第4位，其中全国排名前20的体育用品企业，江苏省只占有2家，总体国内知名企业数量排名较为靠后。如图6-9所示，江苏拥有国内知名体育用品企业较广东省来说差距较大。

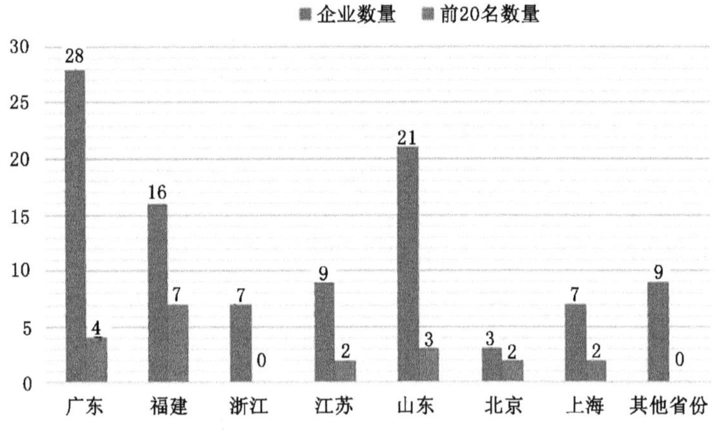

图6-9　我国体育用品企业2015年排名前100统计图

浙江及广东专利总量上超过江苏近2倍，差距较为明显。发明及实用新型专利代表着企业产品的核心技术，影响着企业潜在的市场价值，也决定着江苏省体育用品企业是否能够在同类产品及国内外市场中赢得优势。

6.3.2　江苏省体育用品业自主知识产权形成机制

（1）自主知识产权内涵

自主知识产权又称为自由知识产权，这里所强调的“自主”是指权利人能够独立自主地、不受相关知识产权原权利人的影响、在某种程度上实现知识产权资产的财产价值的权利。

不了解知识产权法的人，会错误地将自行研发的新产品曲解为就是具有知识产权的产品。事实并非如此，创造研发的新产品专利、商标必须经过法律途径，依法申请获得保护，智力劳动成果的关系要在法律上确定下来，创造才能依法享有自主使用及支配，产品才能具备自主知识产权。但若其创造的专利、商标并没有在法律上依法申请注册或授权保护，这样的劳动成果则不被认为是具有自主知识产权的产品。当然，对于知识产权的所有权人来说，其具有自主支配的能力，也就是当企业或个人可以通过资金购买来买断原权利人的专利或商标等依法为己所有，并不受其左右与干涉，这样生产出来的新成果也可称之为具有自主知识产权的新产品。

本书经过知识产权的含义及法律经济因素的综合，将自主知识产权的内涵尝试界定为：自主知识产权重在强调知识产权的取得除了自身经过研发创造之外，也可以在经过合法渠道进行购买他人的专利、专有技术、商标的权利为自主支控。

（2）企业自主知识产权形成机制要素

在社会科学中，“机制”可以表述为“在不忽略事物各个部分存在的前提下，通过协调各个部分之间的关系，为更好地发挥各部分作用的具体运行方式”。在经济学的研究中，采用“经济机制”来表示一定经济机体内，各构成要素之间存在相互联系和相互作用的关系及功能。

本书对机制含义的理解，主要从两个方面进行论述：第一部分就是机制存在的基础条件，也就是构成事物组成的要素；另一方面就是要素作为基础条件，需要各要素之间的联系和协调运行。机制就是通过一定的运作方式把事物各要素之间联系起来，从而能够有机联系协调运行，进而发挥作用。

根据机制的内涵及江苏省体育用品企业自主知识产权发展的内在联系与运行，本书将企业知识产权机制分为如下三大要素：科研创新、管理机构和实施应用，细分为研发资金、人才队伍、实验室、企业家、知识产权管理、企业制度建设、运用保护、投入市场、动态调节等九小要素，如图 6-10 所示。

科研创新要素构成：任何企业的发展或者做强做大都离不开新技术的研

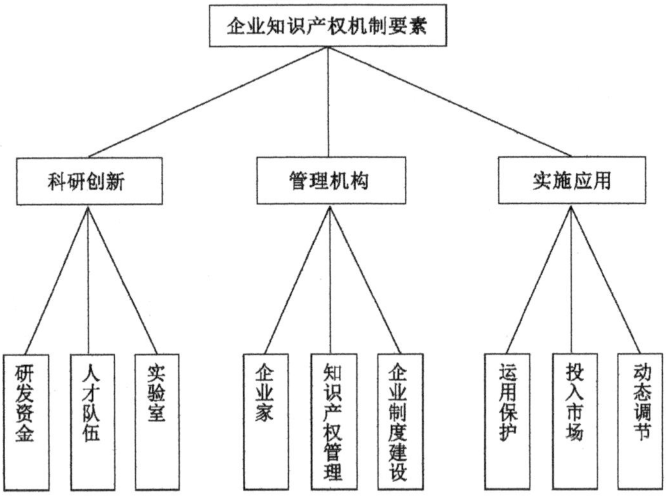

图 6-10 企业自主知识产权形成机制要素图

发与创新，专利是企业创新实力的代表。虽然自主知识产权可以由企业向其他国家、企业或个人进行购买，但是由于购买价格极为昂贵，甚至难以购买到真正的“核心技术”。所以企业要通过科研创新，拥有自主知识产权，一方面可以免去大量知识产权购买资金费用、拥有关键核心技术，另一方面企业也拥有了参与市场竞争的资本。

企业的科研创新并不是一蹴而就的，在自主知识产权创造初期，需要大量的研发资金投入。国际上认为，当企业研发资金与销售总额占比小于或等于1%时，企业在市场环境中生存困难；当企业研发资金与销售总额占比大于3%时，企业拥有市场竞争力。作为被评为中国驰名商标的南通铁人运动用品有限公司和江苏康力源健身器材有限公司，在企业科研创新上投入研发资金作为企业创新保障，2015 年南通铁人投入研发资金 1 100 万元，2016 年江苏康力源投入研发资金约 1 000 万元。2017 年，江苏省对江苏康力源、江苏金陵、南京边城等 13 个体育用品企业进行项目资金资助。而中小型企业研发资金严重缺失，项目研发资金贷款极为困难，为了规避风险，这些企业只从事来料加工，以低利润进行市场销售。

在企业进行研发过程中，原材料的配备、研发设备的购入、人员劳动资金费用的投入都需要大量资金的支持，企业投入的研发资金是进行科研创新的基本保障。在科研财力投入确保的前提下，拥有科研高素质人才团队是确保企业研发的主要贡献者。我国高度重视人才战略建设，高素质科研人才因具备专业的知识和较强的科研实践能力，这对于企业自主知识产权创新来说是至关重要的。

在自主知识产权创新阶段，企业资金和人才的累积必须要在硬件基础上加以实施，换句话说，就是必须确保研发实验室及仪器的配备。科研实验室作为科研人员进行实验、研发的基地，如实验仪器陈旧，会延迟自主知识产权创新的速度，所以实验仪器的先进性影响着研发效率。

管理机构要素构成：一个优秀的企业，离不开眼光敏锐、洞察力强的企业家领导层。企业家对企业自主知识产权的重视，直接决定着企业创新成效的高低。当企业家领导层有极为强烈的创新发展意识，重视自主知识产权的创造，企业创新氛围浓厚，企业的创新成效就高。将自主知识产权与企业的发展相结合，即企业的自主知识产权需要懂法、知法、用法、维法的专业管理层。一方面通过知识产权专业管理者系统讲解与传播，建立企业员工对于自主知识产权的保护意识，为企业知识产权的保护提供保障。另一方面也能够充分挖掘企业自主知识产权的潜力和价值。当企业自主知识产权在进行转让、许可时，知识产权专业管理层可以有效促进企业自主知识产权的经营及合法权益。

企业内部制度建设，是维系企业良好运行的条件。企业内部科学完善的管理体制能够从上至下维持企业正常活动、确保企业运行效率的提高。

实施战略要素构成：企业知识产权专业管理的设置将企业创新的专利、商标经过既定的程序加以保护转化为依法享有的商标权和专利权，将智力劳动转化为具有自主知识产权的产品，企业获得效益，实现经济价值。管理层企业家领导者和知识产权管理者在第一时间对专利、商标申请或注册，由国家知识产权局进行受理、初审、公布、实审及授权，获得司法和行政执法两条途径保障。

市场与企业是命运共同体，企业在市场竞争中顺应潮流，做出快速判断，瞄准时机将具有自主知识产权的产品投入市场，从而在激烈市场竞争环境下拥有一席之地。江苏共创人造草坪有限公司主要针对人造草坪的研发、制造与销售，注重对草坪耐磨、老化、机械物理性能等进行全面检测，不仅迎合了体育用品市场，也成为我国人造草坪标准起草单位。企业发展的先进性除了迎合市场外，要更加注重使自主知识产权产品引领消费者和市场偏向。

企业将具备自主知识产权的产品投入市场、品牌推广后，要时刻关注产品情况及市场对于企业的“反作用”。近年来，我国知识产权侵权案件曝光较为频繁，当企业自主知识产权受到不法抄袭和侵权时，企业要及时通过法律途径进行取证,进行专利或商标的对比,通过司法途径维护合法权益。

(3) 江苏省体育用品业自主知识产权形成路径

体育用品企业作为江苏省体育用品业自主创新的核心主体,资金作为企业创新的保障,关系到企业进行创新的能力和企业人才引进及设施购买能力。管理机构企业领导者指引着企业的发展方向,是企业创新发展、文化导向、制度建设的决策者,负责制定企业制度和政策,企业制度建设则规范着企业运行,激励着企业员工,促进企业上下创新合力的形成。体育用品企业知识产权管理的建立激励企业进行知识产权创造,为企业提供法律氛围。

江苏省体育用品业需要企业在研发资金、人才队伍建设、实验设备等要素上进行合理配置,江苏省体育用品业自主知识产权机制形成不仅是企业进行常规要素的聚集,更是要素之间相互组织、互动有序的实践运行过程。笔者在对江苏省体育用品业知识产权基本概况分析、企业自主知识产权形成机制要素基础之上,构建了江苏省体育用品业自主知识产权形成路径图,如图 6-11 所示。

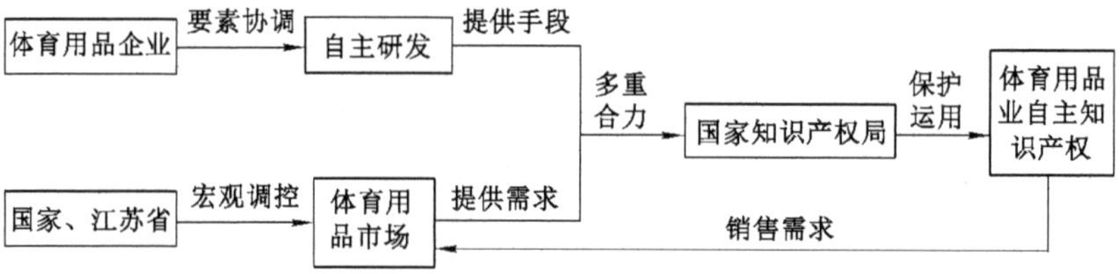

图 6-11　江苏省体育用品业自主知识产权路径图

《国务院关于加快发展体育产业促进体育消费的若干意见》强调,到 2025 年基本建立门类齐全的体育产业体系,体育用品更加丰富,市场机制不断完善,鼓励大型体育用品制造企业加大研发投入,充分挖掘品牌价值。《江苏省关于加快发展体育产业促进体育消费的实施意见》强调了激发体育用品市场主体活力,培育骨干体育用品企业,扶持中小微体育用品企业。

江苏省体育用品企业对于创新的认知不断加深,企业开始注重对要素的建设,意识到单一要素的存在或者某一要素的缺失,都将不利于企业的创新发展,注重对于内部各要素的协同运行、人员配置、部门设立等,逐渐进行自主实验研发。近年来,体育用品市场对各类体育用品需求较多,江苏省体育用品企业大多偏向于器材类、服装类制造与销售,产品数量多但较为雷同,出口国外市场和国内销售市场科技含量高的体育用品较少,体育用品市场竞争尤为激烈。依托国家、江苏省宏观背景支撑，江苏省体育用品企业进行核心技术产品的研发，图形、色彩等的设计，把具备自主知识产权的产品转化为生产力，形成体育用品业自主知识产权，并投入市场满足体育用品市场需求。

6.3.3　江苏省体育用品业自主知识产权形成的影响因素

(1) 政府

国家或地区体育用品业在品牌的发展与建立过程中，离不开政府的政策支撑、机制的引导和保护。在国外，通常会通过建立企业与政府、科研机构三方合体制模式促进经济的发展，获得品牌的提升和知名度的扩大。我国为了调动中小企业发明创造的积极性，出台了政策放宽技术创造与转移的环境。政府对于企业发展的重大意义和作用具体体现在以下几个方面：

首先，对于体育用品业的品牌建设国家及当地政府应当给予政策支撑和扶持。江苏省体育用品品牌正在逐渐建立，企业已经认识到品牌建设的重要性和必要性。江苏省体育用品业要想在国内乃至国际市场崭露头角，就必须以强大品牌作为建设根基，企业品牌的建设需要资金的支撑和投入。江苏省体育用品企业多数以小型生产加工为主，部分企业品牌正在成长中，更需要政府的品牌战略引导和资金扶持。

其次，政府对于江苏省体育用品业的品牌发展建设的环境有着重要的保障作用。江苏省体育用品企业的发展离不开品牌建设，社会创新氛围是企业品牌培养的根基。鼓励本土体育用品在品牌上加大国内知名度，为进军国际市场进行铺垫。政府要在日常宣传方针中突出创新建设，在一定时间段内对企业进行品牌的评选并实施奖励。另外，政府加大对于伪劣仿造产品的打击力度，为企业品牌的塑造与发展提供透明、良好的环境与氛围。

再次，政府制定的体育用品企业行业质量标准引领企业科研技术的创新与研发。政府始终以产品质量为核心进行引导，规范对江苏省中小型企业产品质量的把控，严格进行检测，引起中小型体育用品企业对创新及专利的重视。

最后，江苏省政府对于体育用品业创新资金的引导影响着江苏省体育用品企业创新研发。对于创新投入的专利研发资金可以享有一定的税收优惠政策，不断鼓励企业进行科技创新项目的申报并进行部分资金支持。

(2) 企业

江苏省数千家体育用品企业超过一半以上依靠代工生产制造，还有部分拥有品牌的企业核心竞争力薄弱，品牌影响力小、价值不高，未能在市场占有一席之地。这对于江苏省体育用品业发展来说是个较为严重的问题。企业自主知识产权的建设要紧跟体育时代潮流，注重关注体育市场动态，了解消费者体育用品需求，江苏省体育用品企业要及时调整创新内容。企业要拥有过硬技术与创新支撑，引导市场需求，扩大体育市场消费，成为体育用品市场的主流。

在讨论江苏省体育用品企业的专利研发与建设时，人们往往关心的是企业的创新战略和人才及技术方面的问题，很少有人会注意到企业内部文化的建设。文化是企业发展的动力源泉，什么样的环境造就什么样的企业。如果江苏省体育用品企业员工都能意识到创新的重要性，并主动思考善于发现，那么江苏省体育用品企业制度的建设、品牌的发展、产品的创新都能够处于领先地位。

(3) 保护力度

保护品牌及专利产品不被侵害是企业依法享有的权利。在注重知识产权的当下，有些江苏省体育用品企业认为将商标进行注册、专利申请之后就可以完成对品牌产品的保障，却忽视了延伸保护体系，往往企业面临侵权后，企业部门处理缓慢，没有及时制止事件的发生，维权法律意识薄弱，导致企业利益受损。

较多企业缺乏对知识产权法的熟知和了解，忽略了自己企业侵权他人的行为，导致被追究法律责任。因此知识产权的正确运用和保护，是实现本企业所有的自主知识产权带来的价值，合法运用及有效管理保护机制对于江苏省体育用品企业的良性发展具有长远意义。

(4) 市场营销宣传

江苏省体育用品企业发展与价值的提升需要一定有效合理的宣传与营销。恰当的营销方式可以突出产品特色，为消费者提供明确的选择与认知。此外，除了实用性，当今的体育用品更加强调的是一种文化和个性的内涵，这使得消费者在购买与产品使用的同时，能享受到精神上的满足和愉悦。例如我国知名品牌李宁，其突出的“一切皆有可能”在潜移默化中引发消费者的向上情感和激发出运动带来的无限动力与可能，其响亮的标志语让我们记住李宁品牌，通过品牌的影响力指引消费者进行该品牌其他产品的购买。

当下，江苏省部分优秀品牌企业开始通过赛事赞助进行品牌宣传，提高企业知名度。通常在人们固有的思维中，某种产品的常见性也代表着某个品牌的广泛度与认可度，当企业成为某些赛事赞助商后要突出产品的细节和品牌，让人们时刻感受到品牌的存在。企业在进行赛事赞助的时候，除了对自身的关注度以外，还要注重对赛事的推广，赛事本身的影响力与企业的有机效应是密切联系的。

耐克作为体育用品界的领头军，其在不同类别的用品领域都会有不同主题的宣传广告及时下流行的主题微电影。另外，在鲜明分类的体育用品中，经常能看到明星代言人，如以篮球为主题的体育用品代言人有 NBA 巨星。一方面通过体育明星形象建立品牌主旨，另一方面对消费者来说是极有说服力的。江苏省体育用品企业品牌的宣传与推广，也是影响着企业知名度建立的重要因素。

6.3.4　江苏省体育用品业自主知识产权发展过程中存在的问题

（1）缺乏体育用品业自主知识产权制度支撑与引导，企业自主创新能力不足

目前，我国在知识产权领域已经出台了 4 部专门法律，颁布了 19 部行政法规。江苏省也相继出台了《江苏省专利促进条例》《江苏省著名商标认定和保护办法》等地方性法规文件。但查阅体育用品业知识产权法律文件，只有《中华人民共和国体育法》《奥林匹克标志保护条例》这样针对体育大型赛事知识产权保护文件，关于体育用品业知识产权的行业性准则文件则极为匮乏。当体育用品企业在进行知识产权创造的时候，在没有或缺乏知识产权政策支撑的前提下按照自己轨迹"自由化"发展，难以对行业标准进行统一度量，导致企业在知识产权开端良莠不齐，体育用品业市场即使在发展，也缺乏秩序。这不仅会造成企业在进行自我保护时存在有法难依的现象，也会致使工商管理部门在执法中出现漏洞。

另外，通过研究不难发现，江苏省规模以上体育用品企业的专利量虽然有所进步，但是在核心技术专利发明数量上较少，这对于江苏省体育用品龙头企业的科研来说是比较缓慢的。从江苏省体育用品企业专利类型分析来看，引领市场的核心发明创造较少，技术技能创新缓慢。科研人才极度匮乏。对于江苏省中小型体育用品企业来说，缺少研发实验室、科研人才和资金支持，只能把企业资本的累计周而复始地进行原材料购买生产加工，知识创新意识不强。

（2）体育用品企业对知识产权熟知度低，营销宣传力度不足，较难促进品牌发展

管理部门是指引企业方向的指南针，科学合理的管理建设能够给企业的发展带来秩序。在面对中小型企业对于知识产权法了解甚少甚至完全忽视的

情况下，面对新智力成果创造和商业标记时，因企业缺乏管理体系而没有及时通过正确法律途径及时申请、注册，智力成果无法以法律形式明确为自己所有。

在已拥有的驰名商标和著名品牌的体育用品企业中，知名度宣传力度较弱，没有有效地结合品牌进行宣传。品牌宣传方式单一，当下互联网信息技术更新较快，信息随时会被覆盖，如何让江苏省体育用品业的品牌在体育用品行业占据一席之地，是需要一定的品牌宣传力度和方案的。另外，体育用品企业的发展创新主流应当引导市场和消费者，而不是被动根据市场导向进行发展。结合品牌，让企业在本土占据一席之地，在国内市场成为热门，向国际市场开发，渠道是需要企业专门团队进行品牌维系与营销的。

(3) 江苏省体育用品业区域发展不集中，同类体育用品企业竞争市场较为混乱

分析江苏省体育用品业的分布，可以发现虽各地均有特色，但优势不突出、定位模糊。当谈及浙江省体育用品业时，能够清晰地认知鞋业制造发达。但是江苏省的体育用品企业却定位模糊，江苏省各地的体育用品企业生产特色不同，如江阴的体育用品企业，虽然部分乡镇形成小区域化生产且企业数量可观，如祝塘镇的运动服饰加工、青阳镇的球类生产、月城镇的制艇等，但是知名体育品牌却寥寥无几，能够领先行业的专利技术更是少之又少。

江苏省内体育用品企业大多呈零散分布，许多企业没有专利申请、核心技术研发及创新类体育器材设备制造，只为其他品牌进行零部件生产或材料的加工，资金投入小，体育用品企业之间产品雷同，相互模仿。在许多中小型体育企业包括知名品牌的体育企业里经常会出现一个企业生产多种品牌的现象，从长远的发展角度，会给本土体育用品市场带来价格之争，这极有可能为一些假冒伪劣商品的生产创造机会。这将损坏企业声誉，降低产品的档次。

(4) 体育用品企业规模普遍偏小，知识产权创新滞后阻碍体育用品企业发展

目前，江苏省的体育用品企业一半以上以生产加工为主，企业规模普遍偏小。这对从事中小型加工生产的体育用品企业来说是极其不利的，高昂的成本、微薄的利润使得这些中小型企业的发展处于举步维艰的处境。但由于企业没有专利、名牌产品，技术含量过低，难以改变当前状态，想要转型升级极为困难。

由于绝大部分中小型体育用品企业研发能力有限，知识产权创新落后，产品档次较低，只能提供原材料或者零部件的生产。企业知识产权创新落后、关

键技术缺失，长此以往，体育用品企业难以进行良性可持续发展，丧失体育用品市场的主动权而沦为“加工厂”。低技术含量的制造，企业内部专利、品牌的缺失，外部市场环境竞争激烈，双重压力势必阻碍中小型体育用品企业的发展，致使企业难以转型而被淘汰。

6.3.5　江苏省体育用品业自主知识产权发展对策

(1) 加强政府体育用品业知识产权政策构建，培养科研人才及加大科研资金投入

江苏省体育用品业的发展需要清晰的制度体系和科学的管理办法，加强立法监控。应根植江苏省体育用品业创新发展体系，为体育用品企业自主知识产权的创造提供可依靠的平台，在企业进行研发专利、商标认定初期，有体育用品类知识产权制度文件作为支撑。针对体育用品业知识产权法规的建设可以使体育用品企业了解拥有自主知识产权的重要性、发展性和必要性，使部分对法律了解甚少的企业可以更为直观深入探析，以此强化体育用品业对于自主知识产权观念意识。江苏省体育用品业依据法规程序在自主开发专利和商标时能够及时在国内进行注册，建立及稳固企业的自主知识产权成果。因此，政府要加大对体育用品业的立法及政策构建，避免体育用品企业不健康发展。

通过政策法规引导与制度建设，政府与企业及科研机构之间建立良好的合作机制，政府应充分发挥指导职能，对企业资源进行合理配置，激发中小型体育用品业创新开发的积极性。对于向创新改革升级的体育用品企业，政府应当加大引导资金的投入，创建科研实验室，确保科研经费支撑，有足够资本进行实验，能够为难以长时间投入大量资金的体育用品企业提供良好的转型保障。企业的创新发展，离不开科研人才队伍建设，应将专业化的人才引入企业的研发团队，注入企业创新的新力量。可以加大校企合作模式，一方面可以缓解社会就业压力，防止人才流失；另一方面能够借助学校研发实验室进行创新，节约企业资金研发投入。

(2) 强化企业内部法律建设，设置法律管理部门，丰富品牌宣传渠道

著名的品牌为了巩固加强企业自主知识产权建设及保护，一般在公司内部专门设有知识产权部门。江苏省体育用品企业必须转换思维、更新观念，树立加强知识产权建设意识，对企业自主研发的独有技术及时采取法律途径申请注册专利。同时可以将战略眼光放到还未具有此项专利技术但拥有广阔市场前景的国家，抓住时机进行专利申请，在一定范围内建立稳固的专利网，加

强与提高江苏省体育用品企业核心技术及地位。在企业内部建立法律部门,安排法律专管人员,构建清晰的法律系统,把企业自主知识产权的建设作为重点,促进江苏省体育用品业的自主创新与发展。

人们在选择体育用品时,往往会选择名牌或者有特点的产品。时下国际知名品牌通过电视广告、网络微电影、杂志等途径进行宣传,来吸引消费的目光。这些品牌的宣传赋予了产品一定的情感色彩,使消费者对品牌和产品有了更深入的了解。江苏省拥有众多的体育用品企业,如果能有效进行宣传,一方面可促进本土消费者对品牌的了解,另一方面可提高品牌的广泛度。品牌的宣传一定程度上受影响于品牌代言人,代言人对于品牌文化及产品功能有一定的传达作用。所以,要想在国内体育市场占据一席之地,加入国际市场的主流,品牌代言人的选择是至关重要的。但值得注意的是,品牌代言人的选择要在一定程度上与产品和所传递的文化具有一致性,具有一定的信服度。因此,必要的品牌宣传战略可以促进江苏省体育用品企业品牌的知名度,获得消费者关注,在市场上占据一席之地。

(3) 树立江苏省体育用品企业集群品牌特色,营造企业内部知识产权文化氛围

江苏省体育用品业虽然在近几年来由分散开始向小区域化集约发展,像淮安、南通等地方已经形成了一小批特色体育用品制造销售企业,但龙头企业或是国内外知名品牌较少。区域体育用品特色虽有初步显现并形成一定的规模,但是知名品牌的打造和核心技术产品的缺少不利于这些体育用品企业的市场竞争与长远发展。所以政府应当通过引导促进体育用品企业联合,打造体育用品企业集群,增强体育用品企业实力,加速企业优化,改善单个技术创新落后的状况。推行品牌建设,企业通过加强合作与创新升级,进行自主知识产权开发,在拥有特色制造基础上形成法律保障和核心竞争力,以品牌与专利技术带动区域特色体育制造和销售,赢得国内市场,向国际化体育用品市场进军。

江苏省体育用品品牌的打造离不开企业的文化氛围,企业中每个职员的思维都是独立而有个性的,当企业积极创新发展成为企业文化氛围时,无论是车间的制造员工还是企业的领导者,都将在潜移默化中意识到知识产权建设对于企业发展的重要性。企业优秀的文化氛围引领着职工的行为,鼓励企业职工进行创新,助力企业品牌发展。企业知识产权文化氛围的积淀,在一定程度上促进了职工素质的提升,激励着全体职工齐心协力打造创新型企业。

(4) 建立健全江苏省中小型体育用品企业发展平台,鼓励龙头企业引领

帮扶

促进江苏省体育用品业稳固前进，除了龙头企业的强化发展，还应当加快中小型体育用品企业的创新发展。江苏省政府创建良好的体育用品企业发展平台，是促进这些中小型体育用品企业良好发展的基础，以地域体育用品业特色为前提，进行区域整合，建立体育用品发展基地，制定统一发展规划，建立明确的发展目标和升级路径。

江苏省龙头体育用品企业在向国际化市场开辟路径的同时要帮扶中小型体育用品企业创新，引领知识产权价值观，传授管理理念，引领中小型体育用品企业走向专业化、知识化、创新化发展的道路。江苏省中小型体育用品企业要通过自身强化发展，结合政府搭台与知名企业的帮扶，制订科学发展计划，形成创新转型新思路、万众创新的新局面。

参考文献

[1] 柴晓亮.特殊标志的知识产权研究:兼评《特殊标志管理条例》[D].武汉:华中科技大学,2011.

[2] 常保荣,张焱龙.论体育赛事转播权法律问题及其保护[J].延安大学学报(自然科学版),2015(3):93-97.

[3] 陈锋.体育赛事转播的法律问题[J].国际商法论丛,2010,1(10):117-173.

[4] 陈晓彦.重大体育赛事独家转播与公众知情权的平衡:以欧盟体育赛事电视转播权法律为例[J].中国广播电视学刊,2009(5):73-74.

[5] 陈云霄,刘婧.涉农企业技术创新存在问题及对策:基于杨凌示范区 37 家涉农企业的调查与思考[J].特区经济,2009(1):235-237.

[6] 大卫·罗.体育、文化与媒介:不羁的三位一体[M].2 版.吕鹏,译.北京:清华大学出版社,2013.

[7] 邓国良.体育产业可持续发展战略探析:以江苏为调研个案[J].体育与科学,2006(5):58-61.

[8] 邓文慧.ESPN 的崛起之路:优质版权+内容深耕,缔造全球体育传媒第一品牌[EB/OL].[2018-09-29]. http://www. hibor. com. cn/wap _ detail. aspx? id=2456237.

[9] 第 29 届奥林匹克运动会组织委员会.奥林匹克知识产权保护文件汇编[M].北京:法律出版社,2005.

[10] 丁丽瑛.知识产权法[M].4 版.厦门:厦门大学出版社,2016.

[11] 丁青.江苏省体育赛事市场开发研究[J].南京体育学院学报(社会科学版),2012(5):58-63.

[12] 窦洁洁.我国体育用品业的发展现状及市场前景分析[J].韶关学院学报,2016(2):55-60.

[13] 杜海超,王凌康.我国体育用品业自主创新能力障碍因素研究[J].四川体育科学,2011(2):10-13.

[14] 房晓勇.上海体育赛事产业核心竞争力的研究[D].上海:华东师范大学,2009.
[15] 冯春.论体育赛事转播权的多重知识产权保护[J].中国社会科学院研究生院学报,2015(6):90-94.
[16] 冯晓芳.中国手机用户数创新高 达 5.39 亿 月均增 712 万户[EB/OL].[2007-12-24].http://www.china.com.cn/news/txt/2007-12/24/content_9426344.htm.
[17] 公健.我国体育产业法律制度研究[D].北京:北京交通大学,2011.
[18] 苟爱仙.建立知识产权保护机制[N/OL].[2008-04-25].http://www.ccin.com.cn/detail/6556eb7badc6877b46bf47df66673c24.
[19] 顾立骏.论我国体育用品业的品牌营销[J].中国商贸,2010(12):35-36.
[20] 桂爽.互联网环境下体育赛事节目的著作权保护:兼评凤凰网直播中超赛事案[J].电子知识产权,2015(9):5-13.
[21] 郭惠杰,林竞君,王东升.基于 AHP-SWOT 的产业集群区域品牌战略研究:以江浙地区体育用品业为例[J].体育研究与教育,2012(1):15-18.
[22] 郭树理.外国体育法律制度研究[M].武汉:武汉大学出版社,2008.
[23] 国家体育总局.体育总局关于推进体育赛事审批制度改革的若干意见[R/OL].[2014-12-30].http://www.sport.gov.cn/n16/n1077/n1227/6052579.html.
[24] 何冰,周良君,陈小英,等.中国体育用品业国际竞争力的理论与实证研究[J].体育科学,2007(7):14-22.
[25] 何丽苹.北京奥运会奥林匹克知识产权的保护研究[D].武汉:武汉体育学院,2009.
[26] 贺幸辉.移动互联网语境下里约奥运会网络视频的商业模式与文化影响[J].电视研究,2016(10):10-12.
[27] 侯海燕.体育赛事转播权法律问题研究[J].西安体育学院学报,2015(1):22-26.
[28] 胡峰,刘强,陈彬.奥林匹克知识产权保护[M].北京:知识产权出版社,2008.
[29] 胡峰,吕炳斌,段宝玫.奥林匹克标志知识产权保护:基于国际法与比较法视角的研究[J].体育与科学,2006(2):55-58.
[30] 胡峰,张振宇.论奥运会隐性市场行为的法律规制[J].武汉体育学院学报,2006(4):28-31.

[31] 胡永南，吴斗雷，胡惕.我国体育赛事合同特点与法律适用研究[J].北京体育大学学报，2011(4)：23-26.

[32] 胡用岗.长三角体育用品制造业产业结构与集聚水平研究[J].体育文化导刊，2015(11)：115-120.

[33] 黄博.新媒体环境下体育赛事传播发展趋势研究[J].西部广播电视，2014(16)：21.

[34] 黄海峰.大型体育赛事风险管理研究[D].武汉：武汉体育学院，2009.

[35] 黄昆.广域网加速风头正劲[J].中国计算机用户，2008(13)：54.

[36] 黄世席.奥运会转播权的法律问题[J].华东政法大学学报，2008(3)：110-115.

[37] 黄为群，吴辉.奥运新媒体版权监督的实践与思考[J].电视研究，2008(12)：27-28.

[38] 黄亚玲，赵洁.北京 2008 年奥运会奥林匹克知识产权保护研究[J].北京体育大学学报，2005(9)：1153-1155.

[39] 姬建忠.基于资源视角的济南市体育赛事产业的发展研究[D].成都：成都体育学院，2014.

[40] 江亮."品类定位"视域下中国体育用品业品牌打造路径研究[J].首都体育学院学报，2016(1)：8-12.

[41] 江苏省体育局.加快发展体育产业促进体育消费实施意见[EB/OL].[2015-06-09]. http://www.jiangsu.gov.cn/art/2015/6/9/art_46143_2542963.html.

[42] 姜旭.体育赛事借互联网实现价值多元开发[EB/OL].[2016-03-16].http://www.iprchn.com/Index_NewsContent.aspx? NewsId=89023.

[43] 蒋新苗，熊任翔.体育比赛电视转播权与知识产权划界初探[J].体育学刊，2006(1)：22-25.

[44] 金雪涛，于晗.英国体育赛事转播权营销分析[J].体育文化导刊，2011(9)：89-92.

[45] 康妮芝.我国体育赛事电视转播权的营销策略研究[D].武汉：武汉体育学院，2008.

[46] 克里斯·安德森.长尾理论：为什么商业的未来是小众市场[M].乔江涛，石晓燕，译.北京：中信出版社，2015.

[47] 孔令夷.我国体育用品业发展现状、特征及趋势预测[J].科技管理研究，2013(18)：212-220.

[48] 李慧.现场直播节目的作品性质研究[D].上海:华东政法大学,2016.
[49] 李晶.产业价值链视角下体育产业升级机制研究:以苏南地区为例[J].成都体育学院学报,2015(4):19-23.
[50] 李默风.巧借奥运契机微软携央视加速互联网布局[J].IT时代周刊,2008(16):26-27.
[51] 李清玲.NBA电视转播权销售的研究[J].武汉体育学院学报,2006(5):29-32.
[52] 李世笑.我国体育用品业发展现状分析:以李宁公司为例[J].中国市场,2015(1):61-63.
[53] 李婷婷.新媒体对体育赛事传播的影响[J].科技传播,2015(5):118-119.
[54] 李正华.知识产权法实务[M].武汉:武汉大学出版社,2008.
[55] 李竹荣,金雪涛.传媒产业融合时代体育赛事转播权经营[J].北京体育大学学报,2008,31(9):1194-1196.
[56] 梁雨农.论体育赛事电视转播权的法律保护[D].武汉:华中科技大学,2012.
[57] 刘波林.罗马公约和录音制品公约指南[M].北京:中国人民大学出版社,2002.
[58] 刘传哲,王玮,赵树权,等.产业集群与学科集群的协同创新评价体系及反馈机制的构建[J].科技管理研究,2013(14):72-76.
[59] 刘春田.知识产权法[M].北京:中国人民大学出版社,1999.
[60] 刘广飞.耐克营销经验对我国体育用品企业的启示[J].体育科研,2015,36(6):66-70.
[61] 刘宏宇,张成功.欧洲职业足球联赛电视转播权开发研究[J].广州体育学院学报,2009(2):20-24.
[62] 陆虹.新媒体·新奥运·新传播:数字技术背景下的北京奥运传播初探[J].新闻记者,2006(9):32-35.
[63] 吕炳斌.江苏省知识产权市场建设的现状与问题[J].唯实,2017(10):81-82.
[64] 吕永飞,路威平.我国体育用品业品牌营销探析[J].中国商贸,2012(4):87-88.
[65] 马法超.澳大利亚奥林匹克知识产权保护法评介[J].体育与科学,2008,29(2):24-26.
[66] 马丽华.体育赛事吉祥物在我国的知识产权保护[J].中华商标,2008(9):

15-16.
[67] 马晓芳.央视详解转播方案 新媒体转播奥运北京“亮剑”[EB.OL].[2008-02-28].http://sports.cctv.com/special/C20344/20080228/102099.shtml.
[68] 马治国.知识产权法学[M].西安:西安交通大学出版社,2010.
[69] 闵健,朱道辉,胡艳,等.提升我国体育用品业自主创新能力的对策与建议[J].成都体育学院学报,2010(4):1-5.
[70] 倪刚,季浏.国内外体育比赛电视转播权营销策略的研究[J].成都体育学院学报,2002(3):11-13.
[71] 裴洋.反垄断法视野下的体育产业[M].武汉:武汉大学出版社,2009.
[72] 裴洋.论奥林匹克标志的法律保护:国际法与比较法的角度[J].法学评论,2008(2):151-160.
[73] 钱雪芹.我国体育赛事门票纠纷的成因分析及其规制[J].西安体育学院学报,2014(5):545-547,552.
[74] 谌远知.奥林匹克标志权研究[M].北京:中国传媒大学出版社,2008.
[75] 宋亚刚.基于专利视角的我国体育用品企业技术创新能力评价研究[D].上海:上海体育学院,2017.
[76] 宋昱,邹玉玲,陈林会,等.江苏省体育产业发展研究[J].体育文化导刊,2011(9):79-82.
[77] 孙义良.我国体育产业品牌发展战略研究:基于体育用品业自主知识产权创新的实证分析[J].武汉体育学院学报,2010(3):34-39,60.
[78] 孙正樑.论网络直播体育赛事节目的著作权法规制[J].福建警察学院学报,2016(5):58-63.
[79] 孙志超.他国在奥运会知识产权保护方面对我国的启示[J].学术论坛,2008(7):27-30.
[80] 田雨.奥林匹克知识产权保护与反埋伏式营销比较研究[J].知识产权,2007(5):84-90.
[81] 汪全胜,戚俊娣.体育赛事电视转播权转让的法律关系考察[J].武汉体育学院学报,2011,45(7):36-41.
[82] 王大贵.我国体育用品业的发展瓶颈及其可持续发展路径研究[J].南京体育学院学报(社会科学版),2010(4):90-93.
[83] 王景丽.我国体育用品业品牌化运营中存在的问题分析[J].商场现代化,2007(26):136-137.
[84] 王霖.虚拟空间体育赛事隐性营销行为之法律问题研究[J].天津体育学

院学报,2011(3):247-250,268.
[85] 王美,王燕鸣,刘令姝.体育赛事法律问题初探[J].体育文化导刊,2005(4):44-46.
[86] 王迁.知识产权法教程[M].北京:中国人民大学出版社,2007.
[87] 王相飞,陈蔚.大型体育赛事新媒体转播权的开发[J].青年记者,2015(11):72-73.
[88] 王相飞.北京奥运会视频转播中存在的问题及启示[J].山东体育学院学报,2009,25(2):10-12.
[89] 王相飞.北京奥运会网络视频传播状况的回顾与分析[J].体育学刊,2009,16(2):29-32.
[90] 王晓东.美国职业体育赛事电视转播权开发研究[J].体育文化导刊,2007(2):70-73.
[91] 王晓东.英超转播权开发与我国付费体育电视发展[J].传媒观察,2007(11):49-51.
[92] 王言昭.新媒体背景下我国体育赛事转播权的保护研究[J].山东体育学院学报,2015(1):30-33.
[93] 王志学,张勇,王雅琴.经济学视角下体育赛事版权市场的发展[J].北京体育大学学报,2017,40(4):29-36.
[94] 王子朴.当前体育产业研究中的若干焦点问题及研究思路[J].首都体育学院学报,2005(6):6-8.
[95] 魏鹏娟.体育赛事电视转播权法律性质探析[J].首都体育学院学报,2006(5):25-26,37.
[96] 吴汉东.知识产权法[M].北京:法律出版社,2007.
[97] 吴建堂."中国制造 2025"战略背景下的体育用品制造业发展路径研究[J].体育与科学,2016,37(5):55-61.
[98] 吴进新.体育赛事转播权研究[D].广州:暨南大学,2013.
[99] 吴萌萌.论体育赛事转播权的法律保护:以央视国际诉世纪龙信息网络传播权侵权纠纷案为例[D].重庆:西南政法大学,2014.
[100] 吴绪东,张明坤.论体育赛事对城市品牌的塑造[J].河北体育学院学报,2012(1):15-17.
[101] 席玉宝,金涛.正确认识和界定体育用品与体育用品业[J].北京体育大学学报,2006(7):880-882.
[102] 向会英,谭小勇.大型体育赛事体育暴力的法律规制[J].体育科研,2011

(2):74-79.
[103] 徐磊,明宇.耐克专利研发组织网络演进对研发绩效影响的研究[J].武汉体育学院学报,2015,49(11):41-47.
[104] 徐晓敏,郇昌店,郝海亭.市场决定性作用视角下我国体育赛事转播市场的发展研究[J].吉林体育学院学报,2016,32(3):1-4.
[105] 许程程.基于 SWOT 分析的我国新媒体对外传播研究[D].长沙:湖南大学,2012.
[106] 姚鹤徽.论体育赛事类节目法律保护制度的缺陷与完善[J].体育科学,2015(5):10-15,97.
[107] 伊成儒.论我国体育赛事转播权的著作权法保护[J].新西部(理论版),2014(9):83,86.
[108] 衣庆云.体育赛事转播权和体育赛事转播中的著作权法律问题探析[J].行政与法,2015(12):59-65.
[109] 易娟,郭晓琴.多媒体视角下体育赛事转播权的法律保护[J].新闻战线,2016(2):29-30.
[110] 于晗,金雪涛.基于产权理论的体育赛事转播权开发研究[J].生产力研究,2013(6):74-77.
[111] 于善旭.我国体育无形资产法律保护的研究[M].北京:北京体育大学出版社,2009.
[112] 余其刚,汤群.我国保护奥林匹克标志的局限性及法律对策[J].上海体育学院学报,2007(4):18-22,33.
[113] 曾欢.腾讯5亿美元拿下 NBA 做付费直播,难道未见前方“尸骨累累”[EB/OL].[2015-11-21]. http://mp. weixin. qq. com/s? __biz = MTQzMjE1NjQwMQ = = &mid = 401364579&idx = 1&sn = 4733965fd8f3a0357d341a3ff9507e60&scene=0#rd.
[114] 张林.奥林匹克标志知识产权保护研究[D].武汉:华中师范大学,2006.
[115] 张新萍.体育赛事新媒体转播中侵权行为及法律规制[J].天津体育学院学报,2013(2):167-170.
[116] 张轶楠,黄若涛.我国体育媒体的产业现状研究:以体育电视媒体和网络媒体为例[J].现代传播,2009(6):104-106.
[117] 张颖.体育用品品牌竞争力提升的知识产权之维[J].政法论丛,2015(6):152-158.
[118] 张玉超,曹竟成.体育赛事转播权的法律属性研究[J].山东体育科技,

2014(5):14-17.
[119] 张玉超,杨家坤,王月花.我国体育赛事转播权市场开发现状与展望[J].河北体育学院学报,2014(1):13-15.
[120] 张玉超.体育赛事转播权法律性质及权利归属[J].武汉体育学院学报,2013(11):40-46,58.
[121] 张玉超.我国体育赛事新媒体转播权的法律性质及保护策略[J].西安体育学院学报,2011(4):413-417,422.
[122] 张玉超.我国体育知识产权的基本法律问题研究[J].中国体育科技,2014(2):103-111.
[123] 张志伟.体育赛事转播权法律性质研究:侵权法权益区分的视角[J].体育与科学,2013(2):46-50.
[124] 赵倩如.大众媒介视野下的英国现代足球文化发展轨迹研究[D].北京:北京体育大学,2010.
[125] 赵曙光.突破广告:高转化率的媒体营利模式[J].新闻记者,2014(7):78-85.
[126] 郑成思.知识产权:应用法学与基本理论[M].北京:人民出版社,2005.
[127] 中华人民共和国国务院.国务院关于加快发展体育产业促进体育消费的若干意见[R/OL].[2014-10-02].http://www.gov.cn/zhengce/content/2014-10/20/content_9152.htm.
[128] 中华人民共和国国务院.国务院关于印发"十三五"国家知识产权保护和运用规划的通知[R/OL].[2018-01-16].http://www.gov.cn/zhengce/content/2017-01/13/content_5159483.htm.
[129] 钟秉枢,邱招义,于静,等.奥林匹克品牌:中、美、澳三国奥林匹克品牌的比较研究[M].北京:北京体育大学出版社,2006.
[130] 周加启.江苏省体育产业发展现状及特征研究[J].体育科技,2015,36(5):117-118.
[131] 周玲,张家贞.澳大利亚奥林匹克知识产权立法研究[J].法学家,2008(2):149-152.
[132] 周玲,张家贞.从SFAA诉USOC案析美国奥林匹克克标志保护立法[J].人民司法,2008(5):102-105.
[133] 周秋月.论体育赛事电视转播权的国际保护:兼论网络转播权的知识产权保护[D].苏州:苏州大学,2010.
[134] 周召勇,吴永祺.体育用品上市企业的专利竞争力研究[J].体育文化导

刊,2017(5):131-136.
[135] 朱允卫,易开刚.体育用品业的自主创新能力研究[J].体育科学,2008(3):16-27.
[136] 祝建军,魏巍,陈洋.擅自网络实时转播体育赛事构成不正当竞争[J].人民司法(案例),2016(2):96-99.
[137] 庄志勇,颜雪珍,于传伟,等.提升我国体育用品业品牌竞争力的战略思考:以福建泉州为例[J].体育科研,2007(3):1-5.
[138] CALZADA A W.Shut out:the dispute over media access rights in high school and college sports [J].DePaul journal of sports law and contemporary problems,2010,7(1):1-4.
[139] CAROLINE J R,ALLAN H,DANIEL A J.A structured approach for technology innovation in sport[J]. Sports technology, 2013, 6(3): 137-149.
[140] CHANG L Q,SHEN S M.The study on the development and innovation of equipment materials used for China competitive dragon lion dance sports[J].Applied mechanics and materials,2013,2155:451-455.
[141] CHOI H,EUNJU K,YOUNG K E,et al.The role of fashion brand authenticity in product management:a holistic marketing approach [J]. Journal of product innovation management,2015,32(2):233-242.
[142] CHRIS D.Putting shoulder pads on schleck:how the business of professional cycling could be improved through a more American structure[J].Brooklyn journal of international law,2011,37(1):71-80.
[143] EVENS T, LEFEVER K. Watching the football game: broadcasting rights for the European digital television market[J]. Journal of sport and social issues,2011,35(1):33-49.
[144] FALCONIERI S,PALOMINO F,SAKOVICS J.Collective versus individual sale of television rights in league sports[J]. Journal of the European economic association,2004,2(5):833-862.
[145] GORDON H J.The over-protection of intellectual property rights in sport in the united states and elsewhere [J].Journal of legal aspects of sport,2011,21(1):43-73.
[146] HUMS M A.The inclusion of the paralympics in the olympic and amateur sports act[J].Journal of sport and social issues,2003,27(3):

261-275.

[147] JENINE H.Exclusive territorial licensing of content right after the EU premier league judgments[J].Antitrust magazine,2012,26(3):34-37.

[148] JIHAN J.Public video gaming as copyright infringement[J].AIPLA quarterly journal,2011,39(9):3-11.

[149] LEBRUN A M,SOUCHET L,BOUCHET P.Social representations and brand positioning in the sporting goods market[J].European sport management quarterly,2013,13(3):358-379.

[150] MICHELLE N.Foul Territory:identifying media restrictions in high school athletics outside the bounds of first amendment values[J]. Texas review of entertainment and sports law,2012,14(1):59.

[151] NATHANIEL G.Antitrust and the bowl championship series[J].Harvard journal of sports and entertainment law,2011,2(12):54-57.

[152] POOL J K,ARABZAD S M,ASIAN S,et al.Employing fuzzy ANP for ranking the personality of international brands in the sports shoe industry[J]. Journal of modelling in management, 2018, 13(1): 137-155.

[153] ROSCOE S,BAKER P.Supply chain segmentation in the sporting goods industry[J].International journal of logistics research and applications,2014,17(2):136-155.

[154] SABLEMAN M.Link Law:the emerging law of internet hyperlinks [J].Communication law and policy,1999,4(4):557-601.

[155] SALTZMAN R L. Television news access to exclusively owned sporting events:a comparative study[J].Sports lawyers journal,2000, 7(3):1-3.

[156] STEPHENSON P.Aspects of intellectual property management[J]. Computer fraud and security,2005(5):12-14.

[157] SUDIAPTA B,GANESH R. Tackling ambush marketing:the need for regulation and analysing the present legislative and contractual efforts [J].Sport in society,2006,9(1):128-149.

[158] THOMAS S,LEWIS S,DUONG J,et al.Sports betting marketing during sporting events: a stadium and broadcast census of Australian Football League matches[J].Australian and New Zealand journal of

public health,2012,36(2):145-152.

[159] TIM H. Threading American needle: defining a narrow relevant market for rule of reason analysis in sports antitrust cases[J].Virginia sports and entertainment law journal,2011,11(1):247-287.

[160] ZAGKLIS A,KAHLERT H.Restrictions by EU member states on the exclusive grant of broadcast rights on pay-TV upheld[J].Entertainment and sports lawyer,2011,29(1):24-26.

[161] ZAGROSEK R,SCHMIEDER S.Centralized making of sports broadcasting right and antitrust law[J].Seton hall journal of sports and entertainment law,2004,14(2):381-396.